Sumário

Prefácio à nova edição 7
Prefácio à primeira edição 15
Advertência bibliográfica 23

1. Quase uma premissa 27
2. Introdução à sociologia de Pareto 41
3. Pareto e a crítica das ideologias 101
4. A ideologia em Pareto e Marx 135
5. Pareto e a teoria da argumentação 151
6. Pareto e o direito natural 179
7. Mosca e a ciência política 211
8. Mosca e a teoria da classe política 237
9. Mosca e o governo misto 261
10. Democracia e "elites" 283
11. A ciência política e a tradição de estudos políticos na Itália 311
12. Quase uma conclusão 333

Referências bibliográficas 349

Prefácio à nova edição

Esta coletânea de ensaios sobre a ciência política na Itália apareceu pela primeira vez em 1969, como número 3 da coleção "Sociologia e política", dirigida por Alessandro Pizzorno na Editora Laterza. Foi reimpressa duas vezes, sem variações, em 1971 e 1977, como texto universitário, na "Universale Laterza". Desde então se passaram quase vinte anos. Mas o interesse dos estudiosos pela obra de Pareto e de Mosca e, em geral, pela teoria das elites não desapareceu.[1] Eu mesmo continuei a me ocupar

---

1 Limito-me a recordar duas recentes monografias: P. Bonetti, *Pareto*, e G. Sola, *Mosca*, na coleção "I pensatori politici" da Ed. Laterza, ambas publicadas em 1994, e remeto às amplas e atualizadas bibliografias ali citadas. A Pareto foi dedicado um congresso internacional pela Academia Nacional dos Linces, realizado entre 25 e 27 de setembro de 1973, por ocasião do 50º aniversário da morte, cujos anais, publicados pela própria Academia, apareceram em Roma em 1975. Assinalo o recentíssimo ensaio introdutório a novas pesquisas sobre os restantes manuscritos paretianos: Luigino Bruni, *Gli anelli mancanti. La genesi del Trattato di sociologia generale di Pareto alla luce di lettere e manoscritti inediti*. Quanto a Mosca, recordo o seminário internacional promovido por E.A. Albertoni, realizado em Palermo entre 27 e 29 de novembro de 1980, cujos anais, intitulados *La dottrina della classe politica*

dela, ainda que irregularmente. A presente edição compreende dois novos escritos meus sobre Pareto ("Pareto e o direito natural", 1975, e "O Pareto de Giovanni Busino", 1990), novo ensaio sobre Mosca ("Mosca e o governo misto", 1987), relatório de congresso sobre a história da ciência política na Itália (1986) e fragmento inédito sobre o pequeno livro de inspiração mosquiana, *Essenza della politica* [Essência da política] (1946), do historiador Gabriele Pepe.[2]

A teoria das elites ou da classe política é uma teoria realista da política. Como tal, é um perene e saudável convite a observar as coisas da política com olhar desencantado. Não recusa – e como poderia? – ocupar-se do pensamento utópico e das ideologias, mas deles se ocupa para tentar entender qual seja sua função no universo político em que os eventos a serem observados, interpretados, descritos e eventualmente justificados ou não justificados são atos humanos. Ora, os homens são movidos em suas ações não só por paixões e interesses, mas também por crenças, preconceitos, ilusões; influenciam-se uns aos outros com discursos persuasivos ou dissuasivos; usam em suas relações a arte de dizer e de não dizer, da simulação e da dissimulação. As "derivações" de Pareto e a "fórmula política" de Mosca são dois conceitos-chave das estratégias ilustradas por nossos dois autores no estudo das diversas maneiras com que os homens buscam se influenciar reciprocamente nas relações

---

di *Gaetano Mosca ed i suoi sviluppi internazionali*, foram publicados em Palermo em 1982 pela Sociedade Siciliana de História Pátria; um segundo seminário internacional, realizado em Milão entre 27 e 28 de novembro de 1981, por iniciativa do mesmo Albertoni, *Governo e governabilità nel sistema politico e giuridico di G. Mosca*; por fim, o encontro realizado em Roma, por iniciativa de C. Mongardini, em novembro de 1991, sobre o tema *Gaetano Mosca: scienza politica e regime rappresentativo nell'età contemporanea*.

2 Nestes anos também organizei duas pequenas antologias de nossos autores: *Pareto e il sistema sociale* e *Mosca, la classe politica*. Dessa antologia, revista e atualizada, saiu nova edição em 1994, acompanhada de atualização da bibliografia, p.xxx-xxxi.

Prefácio à nova edição

sociais. Estratégias que são endereçadas, como escrevi no "Prefácio" à primeira edição, a dois objetivos diversos, que, a meu ver, devem ser mantidos bem distintos, conforme a crítica do realista reflita, e consequentemente opere, sobre a contraposição real--ideal ou sobre a real-aparente. Uma coisa é verificar o que está *sob* as profissões de fé ideais; outra, descobrir a realidade que está *por trás* das declarações enganosas de quem tem interesse em não deixar descobrir suas reais intenções. A ciência política em seu professado realismo, por um lado, ensina a desconfiar das seduções do pensamento utópico; por outro, propõe-se libertar a "verdade efetiva" do véu com que as ideologias a recobrem.

Quando saiu a primeira edição, a mais grandiosa tentativa de realizar na terra a milenar utopia de uma sociedade de iguais se invertera em desapiedada forma de despotismo, enquanto entre nós haviam caídas muitas ilusões, nascidas nos anos da vitoriosa guerra contra o nazismo e o fascismo seu aliado, sobre o renovamento de nossa vida nacional por meio da democracia. Escrevi: "Num caso e no outro não se pode dizer que faltasse matéria para as reflexões de um realista político". Mais do que natural "o chamado à lição dos fatos, o convite a uma razoável desconfiança dos ideais muito excelsos ou das teorias perfeitas demais, que haviam impedido a compreensão daquilo que estava realmente acontecendo".

Hoje, a situação mudou muito na Itália e no mundo. Mas, como dizia no início, o interesse pelo pensamento realista, antiutópico e anti-ideológico dos fundadores da teoria das elites, longe de desaparecer, aumentou muito.[3] Aliás, a desordem atual fornece material de reflexão cada vez mais abundante. Detenhamo-nos em nosso país, bem conscientes de que é só amostra, ainda que particularmente significativa, de uma situação geral.

---

3 Valendo por todos, cito P. P. Portinaro, *La rondine, il topo e il castoro. Apologia del realismo politico*.

Se se quiser definir em poucas palavras o que está acontecendo nestes últimos anos na Itália, haverá a tentação de defini--lo como mudança rapidíssima, imprevisível, sem precedentes, de boa parte da "classe política", entendida a classe política do modo mais sóbrio, seguindo Giuseppe Guarino, como "um grupo de pessoas que exercem a mesma profissão, observam regras comuns, comportam-se fundamentalmente do mesmo modo".[4] Em outras palavras, a classe política é composta pelas pessoas que exercem, não importa se habitual ou temporariamente, a atividade política, aquela atividade que tem por objeto principal e exclusivo contribuir para tomar decisões coletivas, que, uma vez tomadas, tornam-se obrigatórias para toda a coletividade. Como tomar decisões coletivas obrigatórias requer a posse da capacidade de influir no comportamento dos outros, e nessa capacidade consiste o poder, pode-se também dizer que a classe política é composta pelas pessoas que detêm e exercem o poder político. Não nos importa aqui saber quais tenham sido as razões dessa mudança, tão ampla a ponto de nos levar a falar de fim da primeira república e de início de uma fase de transição para uma possível segunda república. Importa que o fenômeno de que estamos nos ocupando com particular interesse nesses anos pode ser definido, e corretamente chamado, uma mudança da classe política.

O fato de a classe política constituir uma realidade à parte em relação ao resto da população e parecer um corpo separado que tem sua própria esfera de ação é perfeitamente percebido por aqueles que não pertencem a ela, os quais lamentam, em qualquer tempo e sob qualquer regime, por um lado, os privilégios e, por outro, as prevaricações, consideradas, de resto, como natural

---

4 Cito de C. Pinelli, "Il ricorso alla nozione di classe politica nella giuspubblicistica italiana. Implicazioni e raffronti", p.121-7. Sobre o tema, destaco os dois livros de Alfio Mastropaolo, *Saggio sul professionismo politico* e *Il ceto politico. Teoria e pratica*.

Prefácio à nova edição

consequência do pertencimento a uma esfera privilegiada.[5] De resto, não diferente é a percepção dos próprios membros da classe política, que, no momento em que entram no Palácio Montecitório ou no Palácio Madama, logo tomam consciência de ser cidadãos de nível superior e se comportam como tais.

Para a elevação e o isolamento da classe política contribui a maior difusão dos meios de comunicação de massas, a partir do momento em que, além dos jornais que nos últimos séculos foram os principais formadores da opinião pública, o rádio e a televisão exercem influência cada vez mais preponderante sobre os cidadãos. Eles difundem durante todas as horas do dia não só a voz, mas também a imagem do ator político, selecionando entre os possíveis atores aqueles que têm maiores dotes, inclusive exteriores (o corte da roupa ou a cor da gravata), de transmissores de mensagens persuasivas, dotes que não os caracterizam necessariamente nem por inteligência política nem por honestidade pessoal.

Quantas são as pessoas – seria melhor dizer as "faces" – que representam para os italianos, através do meio televisivo, os detentores do poder de tomar decisões determinantes para sua vida? Já pensamos nisso? Que melhor prova queremos ter da verdade da teoria da "minoria governante" do que aquela a nós oferecida todo dia, toda hora, pela videocracia? Quantas vezes aparecem, todo dia, as mesmas pessoas? E, sobretudo, quantas

---

5 Surgiu recentemente a primeira tradução italiana do libelo de Robert de Jouvenel, *La république des camarades* (1914), com o título *La repubblica dei compari*, organizado por E. Bruzzone: exemplo típico de crítica saborosa e pungente do parlamentarismo através da descrição realista e divertida, além de espirituosa, da "profissão" de deputado ("um deputado não encarna a nação, despacha seus negócios", p.27). Nele também se lê síntese eficaz, em sua concisão, do "governo das minorias": "Tudo somado, existem, na França, algumas centenas, no máximo alguns milhares, de pessoas que detêm, por diferentes títulos, o poder público [...]. O que daí resulta não é nem o governo de um só nem o governo de todos: é o governo de um certo número" (p.164-5).

são? Serão mais ou menos umas cinquenta, ou me equivoco? E as que aparecem mais frequentemente serão, ou não, pouco mais de uma dúzia?

No entanto, o aspecto mais vistoso da autonomia da classe política emerge sobretudo na facilidade com que ocorre, dentro dela, por um lado, o deslocamento de um de seus membros de uma formação para outra do sistema político e, por outro, a mudança radical de orientação política de um grupo, mesmo permanecendo sempre os mesmos indivíduos que o compõem. Não suscita surpresa particular nem muito menos escândalo que, no currículo de um político, apareça até mais de uma mudança de um partido para outro. Da mesma forma, é comumente aceito como fato natural que o mesmo partido mude radicalmente a própria orientação política, mesmo permanecendo idêntica sua classe dirigente: nesses anos, na Itália, sucedeu ao ex-partido comunista recusar o coletivismo, convertendo-se à economia de mercado, e ao ex-partido fascista converter-se subitamente à democracia.

Que uma maior ampliação da democracia direta, tornada possível pelo aperfeiçoamento das mais variadas formas de comunicação à distância, diminua o poder da classe política, ou mesmo a elimine, é uma ilusão. A democracia direta aumenta o poder dos cidadãos, individualmente, de tomar decisões que lhes dizem respeito, mas, apesar disso, será sempre um conjunto de profissionais da política que terá a tarefa prioritária de articular as propostas.

Essas são observações elementares, tema de nossas conversas e lamentações cotidianas, a que não pretendo atribuir mais importância do que a de mostrar, mais uma vez, o interesse sempre atual dos autores que passaram à história, merecidamente, como os "clássicos" da teoria das minorias governantes.

Escrevi o "Prefácio" à primeira edição em agosto de 1968, durante as férias, terminado o primeiro ano da histórica e, do ponto de vista de um professor, dramática contestação dos estudantes, que, rebelando-se contra a sociedade em que viviam e que desprezavam, invocavam a imaginação no poder. Não o escondo, estava então seriamente preocupado com o destino de nossas instituições democráticas. Escrevi na conclusão: "Quem viver verá".

Vivemos e vimos. A imaginação continuou fora das portas do poder. Nos velhos aposentos do Palácio, nada menos poético e mais terra a terra do que a disseminação da corrupção política. Apesar de tudo, as estruturas de nossa sempre frágil democracia, que conseguiram sobreviver ao terrorismo, às tramas dos serviços secretos desviados e aos golpes mortais das várias máfias que infestam algumas regiões de nosso país, não entraram em colapso. E não parecem sequer em perigo. Está precisamente em discussão, até agora, para dizer a verdade, sem muito resultado, a melhor maneira de reforçá-las. Em minha idade, tendo visto tudo e mais alguma coisa, incluindo coisas dolorosas, não nutro muitas ilusões, como de resto jamais as nutriram Pareto e Mosca, nossos dois mestres de realismo. Preparar-se para o pior é, de resto, a divisa e também a pobre consolação do pessimista.

N.B.

Março de 1996.

Dois anos depois da publicação da primeira edição deste livro (1969), Paolo Farneti, que já fora meu colaborador na nova edição do Tratado de sociologia geral *de Pareto (1964), publicou seu primeiro livro,* Sistema político e sociedade civil *(1971), que contém a primeira investigação sobre a classe política italiana desde o fim do século XIX até a era giolittiana, um de seus temas prediletos, que abria caminho para os estudos empíricos sobre a formação, extensão e características de nossa camada política.*

Paolo Farneti morreu tragicamente em 4 de agosto de 1980. Dedico esta nova edição a sua memória.

Prefácio à primeira edição

Quando escrevi os primeiros dois ensaios sobre Pareto e sobre Mosca, respectivamente em 1957 e 1959, estava bem longe de imaginar que esses dois personagens, então um pouco postos de lado ou, antes, às vezes vistos com suspeita, quando não com desprezo, voltariam rapidamente ao cenário. Tão rapidamente que esta coletânea corre o risco de chegar com atraso, agora que as luzes estão se apagando e o público começa a se retirar, atraído por outros espetáculos.

O *Tratado de sociologia geral* de Pareto não fora mais republicado naqueles últimos trinta anos, isto é, depois da tradução americana de 1936. Em pouco mais de um lustro, publicou-se: em 1962, uma antologia da sociologia paretiana, em alemão, organizada por Gottfried Eisermann; uma reedição inglesa da edição americana, em 1963; uma reedição da edição italiana de 1923, em 1964; duas reedições da edição francesa de 1917-1919, a primeira em 1965, a segunda com introdução de Raymond Aron em 1968; e ainda, em 1968, uma antologia inglesa organizada por S. E. Finer. (A Inglaterra era o país em que Pareto tivera então vida mais difícil.) Quanto a Mosca, depois de ter sido redescoberto por estudiosos americanos, como H. Stuart Hughes e J. H. Meisel, para não falar de James Burnham, está prestes a ser apresentado pela primeira vez na França[1] (país de cujas tradições culturais era especialmente devedor e que sempre o havia ignorado): além disso, a teoria da classe política foi respeitável e inesperadamente recolocada em circulação por dois dos livros sociológicos que mais sucesso tiveram na Itália nesses anos, *A elite do poder*, de C. Wright Mills, e *Classes e conflito de classes na sociedade industrial*, de Ralf Dahrendorf.

A exigência que me levou a exumar e a estudar novamente as obras desses dois profetas de desgraças foi a de dar uma contribuição à retomada de uma tradição de estudos em ciência política que tinha sido interrompida por muitas razões conhecidas, das quais tentei examinar as razões mais propriamente culturais em nota de 1963, agora incluída neste volume com o título "Quase uma premissa". Num ensaio de 1960, em que tentei fazer um primeiro balanço sucinto da teoria e da investigação política na Itália depois de 1950, escrevi a propósito de nossos dois autores:

> As bases para um estudo empírico da política foram postas, na Itália, por Mosca e Pareto. Como data de nascimento da ciência política na Itália, pode-se considerar a aparição, em 1896, dos *Elementi di scienza politica*, de Mosca. A primeira contribuição de Pareto apareceu, se bem que de forma ainda não sistemática, na obra posterior de poucos anos, *Les systèmes socialistes* [Os sistemas socialistas] (1902-1903); depois, Pareto dedicou ao estudo do equilíbrio social, tendo presentes os problemas do poder, a última parte do *Tratado de sociologia geral* (1916). Ambos tiveram em comum

---

1 Refiro-me ao livro, publicado enquanto estava escrevendo este prefácio, de F. Vecchini, *La pensée politique de Gaetano Mosca et ses différentes adaptations au cours du XX e. siècle en Italie*.

Prefácio à primeira edição

a tendência de encaminhar os estudos políticos pela via da pesquisa, não deduzida de princípios, mas baseada na observação histórica. Mantiveram-se distantes das construções apriorísticas: aos mitos, às ideologias – aquilo que um chamava "fórmulas políticas", o outro "derivações" – opuseram o estudo da história, a lição da experiência. Os livros de Mosca transbordam de invectivas contra os "diletantes", os de Pareto contra os ideólogos. Um dava preferência ao método histórico, entendido como análogo ao método empírico nas ciências naturais; o outro exaltava as teorias lógico-experimentais, diante das quais o homem depõe as próprias paixões. Mas havia entre eles profunda diferença em relação ao modo de entender a utilidade da ciência política. Mosca teve sempre grande confiança na função prática da ciência política: acreditava que exerceria benéfica influência sobre a classe política a ponto de prever, ainda que a longo prazo, o advento de uma política científica. Ao contrário, o ascetismo científico de Pareto foi radical a ponto de não lhe permitir contrapor aos mitos que desprezava sequer o mito da ciência: jamais teve nenhuma ilusão sobre a força persuasiva das teorias científicas e, a quem lhe perguntava por que se esforçava tanto para desmascarar os falsos profetas em nome da verdade científica, respondia que o fazia para se divertir. Mosca participou também como ator nas lutas políticas do seu tempo; Pareto, por sua vez, preferiu desempenhar o papel de espectador e profeta não escutado. Mosca foi por toda a vida positivista até a ilusão; Pareto, quando começou sua carreira científica, era sobretudo um idealista desiludido.[2]

Convém agora acrescentar que tiveram em comum algo mais do que a atitude metodológica. Mesmo deixando de lado a orientação política dos dois, que aqui não interessa, não se pode deixar de chamar a atenção para o fato de que o resultado mais

---

[2] Teoria e ricerca politica in Italia, p.215-33. O ensaio foi originalmente publicado em alemão com o título "Politische Theorie und Forschung in Italien", p.65-80.

importante de sua concepção realista da política foi a teoria da classe política ou das elites, que leva, certa ou erradamente, o nome de ambos, junto com o particular destaque dado às ideologias como instrumento de poder. A teoria da classe política ou das elites, apesar de certa grosseria na formulação e da carga polêmica que a animava (contra a qual, de resto, já nos sentimos completamente imunizados), teve o mérito de assinalar a passagem do estudo predominantemente institucional do fenômeno político a um estudo mais respeitoso da "verdade efetiva"; precisamente, do direito público à ciência política. Por outra parte, a insistência naquela particular técnica do domínio que são as ideologias abriu um caminho inicial, tão difícil de percorrer em época de otimismo democrático, para descobrir que o verdadeiro fundamento de todo regime não é nem a força nem o consenso, e sim, como se diria hoje com expressão por eles ignorada, mas correspondente à lição de ambos, o consenso manipulado.

Essas teses estavam destinadas a se tornar de novo atuais num momento em que progressivamente se desgastavam as ideologias que dominaram nosso país na primeira década após a árdua e malsucedida reconstrução da convivência civil. Apesar da proclamada neutralidade da ciência política, a despeito de sua pretensão de ser objetiva e de seu orgulho de não servir a nenhum patrão, a reaparição da ciência política entre os anos 1950 e 1960 foi um fato eminentemente político.

À sombra da constituição republicana, que traçara as linhas de uma democracia social voltada para o futuro, a sociedade italiana estava sofrendo um rápido processo de industrialização que fazia estalar as antigas estruturas e tornava em parte inoperantes as novas: Estado de direito, democracia, descentralização, progresso social haviam se tornado fórmulas carentes de conteúdo, apelos retóricos, módulos, disputados entre os diversos partidos, de propaganda eleitoral, belos exemplos de "derivação" que teriam feito a alegria de Pareto. Na outra vertente, descobrira-se que, à sombra do grande ideal da passagem do socialismo ao comunismo,

Prefácio à primeira edição

havia acontecido, em vez disso, a passagem, talvez obrigatória, de um processo de industrialização prematuro e forçado ao despotismo: o comunismo deixava de ser uma solução, antes, a solução do enigma da história, e voltava a ser um problema (qual comunismo?); a astúcia da razão, que, segundo a tarefa que lhe atribuíram os filósofos, deveria levar a bom termo até as ações más, fora derrotada pela não astúcia, *vulgo* obtusidade, das forças irracionais que conduz a fim perverso mesmo as ações mais generosas. Num caso e no outro não se pode dizer que faltasse matéria para as reflexões de um realista político. O chamado à lição dos fatos, o convite a uma razoável desconfiança dos ideais muito excelsos ou das teorias perfeitas demais, que haviam impedido a compreensão daquilo que estava realmente acontecendo, foram naqueles anos a natural consequência da crise das ideologias dominantes e caminharam *pari passu* com a formação da convicção de que seria necessário longo período de abstinência ideológica.

O fato de as ciências sociais, de que a ciência política é uma parte, entrarem em campo nos momentos de vazio ideológico é bem conhecido. O que em geral não se diz é que existem modos e modos, por parte das ciências sociais, de preencher esse vazio. Existem pelo menos três versões políticas diferentes do realismo científico, cuja exigência as ciências sociais deveriam expressar em polêmica com a política dos falsos ideais. Essas três versões já podem ser vislumbradas através da constatação de que o "realismo" (no sentido em que se fala, por exemplo, de realismo político próprio daquele que submete à observação científica os fenômenos políticos) assume diferentes significados conforme se baseie mais na contraposição real-ideal, na real-aparente ou, por fim, em ambas simultaneamente.

Para quem "realismo" significa voltar os olhos do céu à terra, das fugazes nuvens de ideais nobres, mas infecundos, à dureza da natureza humana, com a qual, apesar de tudo, é preciso ajustar as contas, fazer ciência política significa principalmente dificultar toda forma de utopismo. O pensamento científico é considerado como a antítese do pensamento utópico. Nessa perspectiva a ciência política adquire função predominantemente de conservação política: a utopia é a falsa ciência dos revolucionários, que desestruturam uma ordem social sem saber (justamente porque não possuem a "verdadeira" ciência) que a nova ordem não será, na mais feliz das hipóteses, nem melhor nem pior do que aquela derrubada. A tarefa da ciência política, então, é a de libertar os homens da miragem da revolução e induzi-los a aceitar o sistema vigente, no máximo com algumas adaptações.

Quando "realismo" é tomado no significado de crítica daquilo que aparece na superfície e esconde ou mascara as forças reais que movem a sociedade, fazer ciência política significa principalmente assumir a tarefa de revelar os arcanos do poder, "o qual de lágrimas e sangue está cheio". O pensamento científico é considerado como a antítese do pensamento ideológico. Nessa perspectiva a ciência política se apresenta em sua versão revolucionária: uma vez que a ideologia é a falsa ciência daqueles que detêm o poder e dele se servem para enganar o povo, a tarefa da ciência política torna-se a de desmistificar a ideologia dominante que impede a transformação da sociedade, o salto qualitativo, a passagem do reino da necessidade ao reino da liberdade. Pode ser interessante observar que, enquanto a ciência política em sua versão conservadora se transforma em ideologia, na ideologia da justificação do sistema vigente (quantas vezes nesses anos, sobretudo a propósito das ciências sociais americanas, destacou-se a relação entre desenvolvimento elefântico e acrítico das ciências sociais e consolidação do *establishment*!), a mesma ciência política, em sua versão revolucionária, torna-se a utopia da nova sociedade (o marxismo como ciência e utopia, ao mesmo tempo, é um dos temas recorrentes de análise e crítica do pensamento marxiano).

Por fim, um realismo que consiga simultaneamente refrear a tentação da evasão utópica ou da solução global, bem como escapar da armadilha da cobertura ideológica ou da falsa solução (real como não ideal e não aparente), representa uma terceira versão política da ciência "objetiva" da sociedade, a versão que gostaria de chamar (atenção para o significado emotivo das palavras) reformista ou iluminista. Aqui o pensamento científico é considerado como antítese de algo que compreende tanto o pensamento utópico quanto o pensamento ideológico e é comum a ambos, ou seja, a transcendência da experiência e o uso ambíguo ou distorcido da razão como racionalização do ultrarracional, num caso, e do irracional, no outro. Quem dirige o pensamento científico para projetos de reforma da sociedade está disposto a aceitar, da parte dos conservadores, a crítica de utopismo, mas busca ao mesmo tempo não cair na dogmatização ideológica dos próprios resultados; aceita, da parte dos revolucionários, a crítica da consciência ilusória que se manifesta através das ideologias dominantes, mas não cede à tentação da projeção utópica. Sabe que sua posição é difícil e é, também, a mais controvertida: deve mover-se continuamente entre duas insídias, entre a lição dos cínicos e o catecismo dos iluminados. No entanto, segundo as circunstâncias, também essa posição, como fato político, tem sua expressão ideológica ou sua projeção utópica. Nessa versão mais radical da função prática da ciência da sociedade, o próprio valor social da ciência é posto em primeiro plano e quase absolutizado: a ciência termina por se tornar o primeiro motor e o fim último da sociedade, de modo que a ideologia da política científica, da política como ciência, acompanha o ideal utópico de uma sociedade perfeitamente racional, da sociedade como sistema científico.

Essa distinção entre diversos usos políticos das ciências sociais me serve para precisar que o vazio ideológico de que falei pareceu abrir o caminho para as ciências sociais – naqueles anos – principalmente em sua terceira versão. Mas foi de fato preenchido? A versão reformista das ciências sociais nasceu da convicção de que a sociedade civil, a hegeliana "besta selvagem", podia ser domesticada e que o único modo de domesticá-la era o exercício de uma política racional. O sucesso dessa operação deveria ser o grande teste da democracia: ou a democracia conseguiria refrear a sociedade econômica em contínuo crescimento, ou esta mais cedo ou mais tarde a derrubaria da sela. Em que ponto estamos? Deixo esta pergunta deliberadamente sem resposta. Estes ensaios nasceram de um estado de espírito não dessemelhante daquele que levou Croce, por meio do marxismo, como disse numa frase bastante célebre do prefácio de 1917 a seus ensaios sobre o materialismo histórico, "às melhores tradições da ciência política italiana", isto é, nasceram mais de necessidade de clareza intelectual do que de intenção imediatamente política. Os dois temas neles recorrentes têm caráter essencialmente analítico e metodológico: refiro-me, por um lado, à distinção entre a verdade (ou falsidade) de uma teoria e sua eficácia persuasiva; por outro, à distinção entre o valor científico de uma teoria e seu uso ideológico. A primeira distinção remete a Pareto, que deu forma teórica ao argumento fundamental com o qual não só ele, mas Durkheim, Croce, Sorel e os revisionistas em geral acertaram contas com o marxismo. A segunda remete à teoria da classe política de Mosca, a qual continuou a ser empregada como instrumento de interpretação histórica e de pesquisa sociológica mesmo fora do contexto ideológico em foi elaborada.

Estes ensaios, escritos para acompanhar o surgimento de estudos positivos de política, visavam essencialmente a comentar o que chamei de versão conservadora da ciência política (a saudável, ainda que detestável, lição dos cínicos). No entanto, vêm à luz em momento no qual já surgiram aqueles que voltam a propor a segunda versão (o catecismo, sedutor mas elusivo, dos iluminados). São aqueles que perderam toda confiança nas armas inofensivas dos aprendizes de domador e se preparam não para capturar o dragão, mas matá-lo, a fim de gerar de seu sangue o homem novo. Quem viver verá.

N.B.

Agosto de 1968.

Advertência bibliográfica

Este volume compreende, revistos e corrigidos, atualizados e remanejados de diferentes modos, os ensaios que aqui relaciono não na ordem em que os recolhi, mas segundo a data de publicação: Vilfredo Pareto e la critica delle ideologie, *Rivista di filosofia*, XLVIII, 1957, p.355-81.

Gaetano Mosca e la scienza politica, *Accademia Nazionale dei Lincei, Problemi attuali di scienza e di cultura*, quaderno n.46, 1960, 18p.

Fatti e valori nella teoria delle élites, *Comunità*, XIV, 1960, n.80, p.1-7 (nesta coletânea, com o título "Quase uma conclusão").

Pareto e la teoria dell'argomentazione, *Revue internationale de philosophie*, 1961, n.58, p.376-99.

Gaetano Mosca e la teoria della classe politica, *Moneta e credito*, XV, 1962, p.3-23.

Democrazia ed élites, *Moneta e credito*, XV, 1962, p.319-38.

La scienza politica italiana: insegnamento e autonomia interdisciplinare, *Tempi moderni*, VI, 1963, n.13, p.45-52 (nesta coletânea, com o título "Quase uma premissa").

Introduzione alla sociologia di Pareto, *Giornale degli economisti*, XXIII, 1964, p.1-41 (no texto desta coletânea, foram inseridas algumas partes do artigo "La sociologia di Vilfredo Pareto attraverso le lettere a Maffeo Pantaleoni", *Moneta e credito*, XIV, 1961, p.135-53).

L'ideologia in Pareto e in Marx, *Rivista internazionale di filosofia del diritto*, XV, 1968, p.7-17.

Pareto e il diritto naturale, Atti del Convegno Internazionale su Vilfredo Pareto (Roma, 25-27 ottobre 1973), Roma, Accademia Nazionale dei Lincei, 1975, p.313-25.

Mosca e il governo misto. In: ALBERTONI, Ettore A. (Org.). *Governo e responsabilità nel sistema politico e giuridico di Gaetano Mosca*, Milão, Giuffrè, 1983, p.19-38.

La scienza politica e la tradizione di studi politici in Italia. In: Graziano, Luigi (Org.). *La scienza politica in Italia: bilancio e prospettive*, Anais do seminário homônimo (Milão, maio de 1984), Milão, Angeli, 1987, p.44-60.

Resenha dos livros de Giovanni Busino (*L'Italia di Vilfredo Pareto. Economia e società in un carteggio del 1873-1923*, v.I, 849p.; *Epistolario*, v.II, p.XXII-887, Milão, Banca Commerciale Italiana, 1989), *Rivista storica italiana*, CII, III, 1990, p.1052-60 (nesta coletânea, com o título "Os estudos paretianos de Giovanni Busino").

Ensaios sobre a ciência política na Itália

1.
Quase uma premissa

1. Embora a tradição dos estudos de política possa contar na Itália com uma obra muito conhecida, não só em nosso país, como os *Elementi di scienza politica*, de Gaetano Mosca, cuja primeira edição apareceu em 1896, a ciência política[1] foi a última das ciências sociais a ressurgir nestes últimos anos do abandono a que havia sido relegada.[2] As razões culturais dessa limitada

---

1 Falo de "ciência política" mais no sentido europeu do que no americano. A diferença entre os dois sentidos foi analisada por G. Sartori em texto introdutório ao Seminário sobre a ciência política na Europa, realizado em Genebra, em abril de 1966, por iniciativa da IPSA: *Political Science in Europe. Problems and Solutions, Introduction presented by professor Giovanni Sartori*, Genebra, 22 abr. 1966 (mimeo.). Para aprofundamento adicional, cf., do mesmo autor, "La scienza politica", relatório ao Seminário sobre ciências sociais, reforma universitária e sociedade italiana, Milão, 17-19 nov. 1967. O problema também é discutido no artigo de S. Passigli, "La scienza politica", *Rassegna italiana di Sociologia*, p.287-317.

2 Em 1960, B. Leoni escreveu um artigo com título por si mesmo significativo: Un bilancio lamentevole: il sottosviluppo della scienza politica in Italia, p.31-42. No mesmo ano publiquei uma resenha na coletânea *Politische Forschung*. Essa resenha foi completada em 1964 por A. Spreafico, Studi politici e scienza politica in Italia, *Annuario politico italiano*, p.202-30.

fortuna devem ser buscadas no fato de que seu avanço esteve dificultado por dois exércitos muito poderosos, que a atacaram em frentes diferentes: falo dos exércitos de juristas e historiadores. O problema atual da ciência política na Itália é precisamente o de abrir passagem entre a historiografia e as disciplinas jurídicas; de fato, seu âmbito de pesquisa coincide em grande parte com o da história política e com o das disciplinas do direito público. O que a distingue é a diversa perspectiva pela qual se serve de uma diferente metodologia e deve empregar diferentes técnicas de pesquisa.

No final de 1962, ocorreu em Turim um seminário entre juristas e sociólogos[3] que, na intenção dos organizadores, devia ter o principal escopo de suscitar propostas e indicações para o desenvolvimento da ciência política na Itália: os poucos estudiosos de ciência política presentes tinham a ilusão de encontrar entre os juristas aliados e colaboradores, quando se viram diante, salvo algumas exceções, ou de uma benévola indiferença ou mesmo de algumas tentativas de subjugação, que se revelou nas abertas ou dissimuladas declarações de que a ciência política sempre fora e devia continuar a ser apêndice do direito público. Quanto aos historiadores, pelos quais nutro o máximo respeito, foi para mim razão de grande satisfação ler no relatório Spini-Gambi, apresentado no seminário sobre a reforma dos estudos históricos, realizado em Milão nos dias 22 e 23 de setembro de 1962, a afirmação de que "os naturais vizinhos de casa dos historiadores não são os filólogos românicos ou os filólogos teóricos, mas aqueles que estudam tanto o homem como suas formas de vida associada, isto é, estudam a geografia humana e a sociologia".[4] Mas, para ser sincero, nas frequentes conversas face a face com os historiadores, vi que expressavam frequentemente

---

3 Sobre este seminário, veja-se o comentário de J. Meynaud, La scienza politica in Italia: un convegno del Centro studi metodologici, *Tempi moderni*, p.80-7.
4 Publicada na revista *Nord e Sud*, p.63.

Quase uma premissa

sobre as ciências sociais e seus cultores juízos nada benévolos e mostravam instintiva impaciência com os tipos de problemas estudados, misturada a desconfiada incredulidade sobre os resultados. Quando, para celebrar Gaetano Mosca na Academia dos Linces por ocasião do centenário de nascimento, apresentei-o como propugnador e criador da ciência política na Itália, alguns amigos historiadores me observaram que prestara péssimo serviço à memória do homenageado. Talvez cheguemos um dia a uma aliança entre historiografia e ciência social, mas, por ora, mal entramos na fase dos preparativos diplomáticos. Prevejo que não será facil entrar em tal fase, se todos os embaixadores forem como Nicola Mateucci, que, partidário como ninguém do desenvolvimento das ciências políticas ou sociais e, também, historiador e estudioso dos problemas históricos, comentou a proposta de Spini sobre uma aproximação entre ciências históricas e ciências sociais, afirmando, um tanto drasticamente, que as ciências sociais "nada têm a ver com a historiografia".[5]

2. Repete-se frequentemente que a ciência política (tal como a sociologia, a antropologia cultural e não sei quantas outras disciplinas reabilitadas nesses anos) foi morta pelo fascismo. A verdade é que, no advento do fascismo, o pouco de ciência política que nascera na Itália estava em estado de extremo abandono: dessa vez, o fascismo chutou cachorro morto. Deve-se lealmente reconhecer que a aversão dos juristas à ciência política tinha raízes muito mais antigas; a dos historiadores, muito mais profundas. A primeira era produto do formalismo imperante, havia algumas décadas, na escola mais aguerrida (e mesmo tecnicamente mais avançada) do direito público, bem como do preconceito antissociológico; a outra era consequência imediata do historicismo então dominante e de sua polêmica contra o cientificismo.

O estudo empírico e generalizante dos fenômenos políticos era combatido, em ambos os casos, em nome de um ideal mais

---
5 "Per una facoltà di scienze storiche", *Il Mulino*, p.1073.

alto e mais puro de ciência: recordem-se, por um lado, a *pureza* exaltada e gradualmente conquistada pelos juristas, a começar por Laband, ou melhor, por Gerber, até Kelsen, e, por outro, os conceitos *puros* que Croce contrapunha aos pseudoconceitos, próprios das ciências matemáticas e empíricas, e só aos quais atribuía o poder de produzir conhecimento novo. Para os juristas formalistas, o ponto crítico da chamada ciência política era o caráter fluido e provisório (a contingência, como alguns até diriam, exumando a velha polêmica cartesiana contra a história) de seus conteúdos, sua incurável, além de constitutiva, empiria; para os historiadores de orientação historicista, ao contrário, o ponto crítico era o procedimento metodológico de generalização, que, para recolher a casca vazia dos pseudoconceitos, desperdiçava a polpa dos eventos individuais, isto é, era definitivamente seu caráter inevitavelmente abstrato. As sentinelas que barravam o acesso dos estudos empíricos da política ao nobre castelo das ciências foram, por um lado, o *método jurídico*, com o qual se pretendia cada vez mais a construção de formas estáveis, nas quais podia ser introduzido qualquer conteúdo, e, por outro, o *método histórico*, que, voltado para a pesquisa do individual, esforçava-se por afastar as falsas e às vezes extravagantes generalizações dos positivistas oitocentistas.

3. Hoje sabemos que o nobre castelo das ciências puras estava repleto de impurezas ideológicas. Por trás do formalismo jurídico havia o ideal do direito como ordem, do ordenamento jurídico como promotor e garantidor da paz social, do Estado de direito entendido kantianamente como Estado que não tem outro escopo senão o direito (não o bem-estar, não a justiça, não a felicidade dos súditos), um ideal essencialmente conservador de aceitação do *status quo*, conveniente a tempos de estabilidade já alcançada, a uma ordem política e social que se considerasse ou se quisesse imutável. Walter Wilhelm, concluindo seu estudo sobre a história da metodologia jurídica na Alemanha no século XIX, escreveu a propósito de Laband:

Quase uma premissa

A função do método jurídico depois de 1870 consistiu essencialmente em legitimar as novas relações de direito público do Império e em garantir sua estabilidade, excluindo qualquer crítica de natureza política. A premissa política da teoria jurídica do direito público de Laband era a afirmação do princípio monárquico-conservador e da política antiliberal de Bismarck.[6]

Na Itália, o nascimento da escola do direito público – filha da alemã – coincide, no início do século, com a fase de estabilidade constitucional que caracterizou o período giolittiano. Com isso não quero dizer que a ciência jurídica não tenha se beneficiado do tecnicismo mais severo introduzido pelos juristas puros. Não há nada que deteste mais do que a caça às bruxas ideológicas, que impede o pesquisador de dar um passo sem a acusação de ser quinta-coluna desta ou daquela facção. Mas é inegável que o exercício formal dos puristas do direito pressupõe um corpo de normas que se presume estável (o maior impulso ao formalismo jurídico foi dado, no século XIX, pelas grandes codificações), quando menos porque uma mudança imprevista transformaria doutas elucubrações – segundo a repetidíssima frase de Kirchmann – em papel velho. Se um dos argumentos mais comuns para repudiar a ciência política e afastá-la definitivamente do direito constitucional era que as formas são estáveis e os conteúdos são mutáveis, esse argumento só valia para quem acreditava na estabilidade daquelas formas e visava, com suas construções jurídico-formais que deliberadamente não levavam em conta a contínua criação da sociedade civil, a prolongar sua vida no tempo.[7]

---

6 *Zur juristischen Methodenlehre in 19. Jahrhundert*, p.159.
7 Eis como se expressava Gerber: "Em geral, uma época em que uma organização suplanta a outra, todas as relações públicas estão em estado de perpétua oscilação e o que é estável se vê ameaçado por contínuas alterações, é desfavorável à ciência jurídica: é uma época conveniente à política, não ao

4. Por trás do historicismo de Croce, que se apresentou como pura e simples metodologia da história, também havia, como muitas vezes se repetiu, uma ideologia, e era uma ideologia típica de tempos de restauração. Ao passo que o reformador tende a considerar o passado como o domínio das paixões, do irracional, e formula projetos de racionalização da história futura, o conservador tende a justificar racionalmente o passado e considera o futuro com inquietude, com a atitude de quem teme que a idade da razão haja terminado para sempre e o futuro só reserve novas paixões e novas ruínas. Croce teve o olhar mais voltado para o passado do que para o futuro: não acreditava na racionalidade e, portanto, na previsibilidade da história futura.[8] Esteve em constante polêmica com o iluminismo: essa polêmica continha a refutação implícita da mentalidade reformadora, da mentalidade de quem acredita poder modificar o presente e preparar o futuro partindo da compreensão do passado. Sua divisa era: a historiografia à teoria, isto é, aos historiadores, aos eruditos; a política aos políticos, isto é, aos práticos. Entre a historiografia e a prática política não havia lugar para as ciências sociais, isto é, para aquelas ciências que se servem da história e, portanto, também da ajuda dos historiadores, mas tendem a colher nos fatos linhas tendenciais de desenvolvimento de que os políticos possam se servir. Em geral, o desenvolvimento das ciências sociais se deveu ao amadurecimento da convicção de que o futuro está muito menos nas entranhas de Júpiter do que demonstram acreditar os ideólogos da restauração ou os reformadores desiludidos e de que a ação política pode extrair algumas vantagens de um melhor conhecimento dos fatos passados e se tornar uma atividade como a do arquiteto ou do operador

---

direito" (*Ueber offentliche Rechte*, p.13. Extraio a citação do livro de Wilhelm supramencionado, p.131).

8 Sobre a concepção da história em Croce, detive-me por mais tempo no ensaio "Benedetto Croce a dieci anni dalla morte", *Belfagor*, p.621-39; em seguida, recolhido no volume *Italia civile*, p.71-95.

econômico, razoável ou, sem nutrir muitas ilusões, mais razoável do que tem sido até agora. Em outras palavras, o desenvolvimento das ciências sociais sempre caminhou *pari passu* com o desenvolvimento da tendência para reconhecer o "lugar da razão" na história. A exaltação da historiografia, assim como do conhecimento do individual, exaltação que na Itália foi própria de Croce e do crocismo, e em geral é aceita pelos historiadores de ofício, abre caminho ou para uma concepção irracionalista da história, ou para seu oposto, isto é, uma concepção providencialista: a primeira dessas concepções torna *impossível* o desenvolvimento das ciências sociais, a segunda torna-o *supérfluo*.

5. Não quero atribuir a essas observações sobre o fundamento ideológico, seja do formalismo jurídico, seja do historicismo idealista, importância resolutiva no esclarecimento do problema que nos diz respeito. Essas observações são apenas um convite dirigido àqueles que por preconceito de escola desconfiam da ciência política, a fim de que façam um exame de consciência e comecem a desconfiar até das próprias certezas. A meu ver, o mais forte argumento que se pode aduzir em favor da ciência política é outro: consiste em mostrar que o estudo jurídico-normativo e o histórico-individualizante do fenômeno político, ambos ainda predominantes em nosso ensino universitário, não só nas faculdades de jurisprudência e de letras mas também nas de ciências políticas, não esgotam todos os modos possíveis de estudar o fenômeno político e, no meio, existe aquela terra de ninguém que em outros lugares já está ocupada estavelmente pelas ciências sociais, de que a ciência política é uma província; e que, apesar das pretensões expansionistas de juristas e historiadores, existem campos de investigação diferentes das disciplinas históricas ou jurídicas, cujo desenvolvimento está destinado, entre outras coisas, a favorecer a modernização de umas e outras.

O que importa saber é em que consiste a *diversidade* da ciência política em relação às ciências jurídicas e à historiografia. Só para começar, creio que na distinção entre ciência política e ciências jurídicas está em questão sobretudo a diversidade do *ponto de vista*, ao passo que na distinção entre ciência política e história está em causa sobretudo a diversidade do *método*. Examino as duas questões separadamente.

6. Tanto ao jurista quanto ao cientista da política interessam os comportamentos típicos ou abstratos, não os comportamentos concretos desta ou daquela pessoa, indicada com nome próprio: nisso, ambas diferem da história. Mas o jurista torna objeto das próprias pesquisas os comportamentos na medida em que são regulados pelas normas de determinado ordenamento jurídico, e os estuda para conhecer quais são as chamadas consequências jurídicas (portanto, em termos de deveres, poderes, faculdades etc.) que derivam daquela determinada qualificação normativa. Um comportamento não regulado não entra no horizonte de pesquisas do jurista. Ao contrário, o cientista da política estuda, num comportamento, sobretudo as motivações e as consequências em vista dos fins propostos. O mesmo comportamento, por exemplo, o de se inscrever num partido, estimulará o jurista a buscar o estatuto desse partido, para estudar com base nas normas estatutárias (e na aplicação prática, que pode ser diferente das regras estatutárias) quais são os pressupostos e as condições de inscrição, quais são as obrigações, os direitos e os poderes que daí derivam, em outras palavras a natureza das várias relações jurídicas que se instauram entre inscritos e associações, entre um inscrito e os demais inscritos, os fatos que constituem, modificam e extinguem tais relações. Para um jurista, os inscritos num partido são, como tais, isto é, na medida em que são assinalados por esse marco normativo, todos iguais. Ao contrário, ao cientista político interessa saber, antes de mais nada, por quais razões alguém decide se inscrever num partido e, em seguida, de que modo, uma vez inscrito, comporta-se efetivamente, se frequenta a seção, se participa das eleições e preferencialmente de quais eleições, se segue a linha do partido, se se desinteressa ou até se rebela contra ela. Naturalmente, desse

ponto de vista os inscritos não são todos iguais, e sua classificação produzirá uma tipologia diversa daquela do jurista. Além disso, existem tipos de relações entre cidadãos e partidos, como as que geram a figura do simpatizante (algo menos do que o inscrito) ou a do militante ou ativista (algo mais do que o inscrito), que escapam a qualquer qualificação normativa e diante das quais o butim do jurista que vai à caça de comportamentos obrigatórios, lícitos ou ilícitos, é bem magro, quando não de todo inexistente.

A estrutura normativa de uma sociedade é uma rede de malhas mais ou menos largas, que pega os peixes que pega; mas para o sociólogo também são peixes aqueles fora da rede, embora seja muito mais difícil observá-los, e muitas vezes o único modo de observá-los seja pescá-los (nessa operação o jurista e o sociólogo podem se ajudar reciprocamente).

7. Enquanto os juristas demonstram não perceber que existe a ciência política, os historiadores sabem que existe, mas não a têm em grande conta: como os fatos históricos – dizem – são diferentes uns dos outros, para conhecê-los é preciso estudá-los em sua individualidade. Para eles, toda generalização é perigosa, tendenciosa, falsificadora, é uma maneira de reduzir a história à natureza, mortificar o que é vivo, cristalizar o que está em contínuo movimento, sobrepor esquemas abstratos aos fatos concretos. A acusação mais frequente que o historiador dirige aos cultores de ciências sociais é a de esquematismo: mas muitas vezes o que ele considera como esquemas são conceitos gerais – como revolução, contrarrevolução, reação, golpe de Estado, despotismo iluminado, monarquia constitucional, governo parlamentar, oposição constitucional e inconstitucional – de que ele mesmo se serve e não poderia deixar de se servir. O historiador deveria começar a se perguntar se é possível conhecer um fato individual qualquer sem fazer uso de conceitos gerais.[9]

---

9 Essa verdade elementar foi finalmente reconhecida por Carr, o qual, depois de afirmar que a tese segundo a qual a história é escrita por indivíduos e

Se verdadeiramente tudo o que acontece fosse irrepetível e não pudéssemos formar conceitos gerais, associando elementos comuns de diferentes fenômenos, toda forma de conhecimento nos seria vedada. A própria linguagem é um processo contínuo de abstração: a diferença entre linguagem cotidiana e técnica é que esse processo de abstração é, no primeiro caso, inconsciente e, no segundo, consciente. Os fatos individuais são aqueles para os quais usamos nomes próprios; mas também no discurso de um historiador e de um geógrafo (o historiador e o geógrafo são estudiosos que tomam como objeto de pesquisa coisas com nomes próprios e suas afinidades eletivas), os nomes próprios, que designam indivíduos concretos, são misturados aos nomes comuns, que designam não um indivíduo, mas um gênero. O discurso de um historiador é tão mais rigoroso e compreensivo quanto mais bem definidos os conceitos gerais de que se serve, quanto mais usadas em sentido próprio as palavras de linguagens técnicas, como a jurídica e a econômica, das quais não pode prescindir, quanto mais progressivamente utilizadas categorias de compreensão histórica elaboradas por todas as ciências que estudam o homem. Limito-me a chamar a atenção para o fato de que uma das últimas linguagens que se está tecnicizando (ainda que esteja passando por uma fase de jargões exibicionistas, às vezes irritantes) é a das ciências sociais. De resto, todos estão convencidos de que não se pode fazer história econômica sem conhecer a economia. Começa-se a suspeitar que não se pode fazer seriamente história social sem conhecer a sociologia. Com o

---

tem por objeto indivíduos é "simplista e inadequada", lança uma após outra frases de efeito, como as seguintes: "Quem lê um livro de história é, como quem o escreve, um generalizador crônico"; "Afirmar que as generalizações são estranhas à atividade do historiador é uma estupidez: a história se nutre de generalizações"; "[...] os fins e os métodos do historiador e do físico não apresentam diversidades substanciais", para concluir que, "quanto mais a história se tornar sociológica e a sociologia histórica, tanto melhor será para ambas" (E. H. Carr, *Sei lezioni sulla storia*, p.42, 72, 73, 74, 78).

desenvolvimento dos estudos de ciência política, não haverá história política séria que não souber se valer das contribuições da ciência política.

A razão pela qual o historiador ainda pode se permitir o luxo de não considerar a ciência política reside pura e simplesmente no atraso da ciência política em comparação com as outras ciências sociais. Mas poder prescindir até hoje da ciência política não é um bom argumento para crer que quem estuda fatos individuais possa se eximir de possuir amplo e sólido tecido de conceitos gerais e que a elaboração desses conceitos gerais, nos quais consiste o objetivo principal da ciência política, seja perda de tempo.

8. Fique bem claro que, falando da utilidade da ciência política para o historiador, não quero oferecer ao historiador o argumento de que a ciência política e as ciências sociais sejam só ciências instrumentais e, como tais, inferiores. Destaquei a relação de complementaridade da ciência política seja em relação à ciência jurídica, seja em relação à história com o único propósito de eliminar uma barreira de incompreensão que, enquanto impede à ciência política deitar raízes em nossa cultura, não favorece o progresso da pesquisa jurídica nem da histórica. Mas o fato de que o jurista ou o historiador possam se valer da ciência política não significa, em absoluto, que a ciência política não tenha sua razão de ser independentemente do direito e da história no quadro do sistema de conhecimentos organizados a que damos o nome de ciência. Consideremos, em lugar da ciência política, uma ciência humana como a economia, que atingiu, entre todas as ciências humanas, o maior nível de generalização: o fato de que o jurista e o historiador dela se sirvam, devam se servir, não implica de modo algum que a economia seja ciência instrumental. Instrumental para o historiador, decerto. Mas não existe só a história: quero dizer que a história, isto é, a compreensão do passado através do estudo das ações individuais, não é o único modo possível de abordar o estudo do homem em sociedade. Instituindo e organizando formas diversas de saber,

cujo principal objetivo é estabelecer linhas tendenciais de desenvolvimento da vida em sociedade, através de operações de comparação, abstração e generalização empírica, chega-se a construir esquemas de previsão e modelos de ações razoáveis, isto é, visa-se a fins diferentes daqueles a que tende o historiador. Embora com certa simplificação, que espero ser permitida em discurso mais didático do que metodológico, a dimensão temporal própria da história é o passado, a dimensão temporal própria das ciências sociais é o futuro. Enquanto, partindo do passado, a história serve para iluminar o presente, partindo do presente a ciência social considera o futuro. A intencionalidade de uma e a de outra são profundamente diferentes. Cada qual pega seu quinhão na multiplicidade dos interesses teórico-práticos do homem (nenhuma teoria jamais está desligada, a breve ou a longo prazo, de uma exigência prática) e adapta aos variados fins buscados e às variadas e não intercambiáveis metodologias.

9. O discurso sobre o desenvolvimento atual da ciência política ficaria incompleto se não se fizesse ainda uma observação: a aplicação da metodologia das ciências generalizantes ao estudo dos fatos políticos foi favorecida pela profunda transformação da sociedade que estendeu às massas, por exemplo através da instituição do sufrágio universal e da consequente organização de partidos cada vez mais gigantescos, a participação, tradicionalmente circunscrita a poucos indivíduos identificáveis com nome e sobrenome, nas decisões políticas. Para compreender a política num país, não basta, hoje, o conhecimento dos fatos relacionáveis a este ou àquele personagem (ministros, diplomatas, membros de um parlamento etc.). Deve-se ter o conhecimento dos chamados fenômenos de massa, e para estudá-los é necessária uma série de técnicas de pesquisa diferentes daquelas usadas tradicionalmente pelo historiador, o qual extrai suas informações essencialmente de testemunhos pessoais, isto é, de fontes arquivísticas: essas novas técnicas, elaboradas, aplicadas e aperfeiçoadas pelos sociólogos, permitem fazer abstração das

Quase uma premissa

características do comportamento individual e estabelecer tipologias. Provavelmente, se existissem apenas dez camelos no mundo, o zoólogo também estudaria vida, morte e milagres de cada camelo, como o historiador faz com seus ministros. Uma vez que os camelos são milhares, o único modo de saber algo sobre eles é estudar sua classe. O mesmo ocorre hoje nas ciências humanas e, por último, também no estudo dos fenômenos políticos, nos quais o único modo de ter algumas ideias precisas, por exemplo, sobre o comportamento do voto, quando os eleitores não são apenas dez, mas alguns milhões, é renunciar à pretensão de conhecer a história individual de todos os Rossi e Durando que votam e visar à determinação de comportamentos típicos. Todo objeto cria para si as técnicas de investigação mais adequadas. Quando os jornais importantes eram só três ou quatro, bastava fazer a história deste ou daquele jornal, individualizado por aquele nome, por aquela direção, por aquela orientação. Agora que as publicações políticas são milhares, especialmente em período eleitoral, quem quiser estudar o fenômeno da propaganda deverá se servir da chamada análise de conteúdo, em que desaparecem os indivíduos e ficam os tipos.

Poder-se-ia continuar. Mas o escopo dessas observações era desencorajar definitivamente a infecunda disputa pela primazia que ainda se trava entre diferentes ciências humanas na Itália e também em outros lugares: se a diversidade de metodologia decorre dos fins que toda investigação se propõe, vê-se afinal diretamente condicionada pelo objeto a que se dirige. Relativamente à ciência política, se a consideração dos fins nos leva a destacar sua utilidade, a consideração do objeto nos força, sem mais, a afirmar que não é mais possível dela prescindir.

2.
Introdução à sociologia de Pareto

I.

Quarta e última das grandes obras de Pareto – depois de *Cours d'économie politique* (1896), *Systèmes socialistes* (1902-1903) e *Manual de economia política* (1984 [1906]) –, o *Tratado de sociologia geral* apareceu em 1916, quando o autor tinha quase 70 anos (nascera em 1848). A gestação da obra foi longa, cansativa, difícil: em carta a Sensini, de 5 de abril de 1917, Pareto escreveu que naqueles dois grossos volumes estavam "uns vinte anos" de estudo.[1] De fato, já dois capítulos do *Cours*, publicado exatamente havia vinte anos, estavam dedicados a temas marcadamente sociológicos: o primeiro, "Principes de l'évolution

---

1 G. Sensini, *Corrispondenza di Vilfredo Pareto*, p.101 (citada doravante como *Corrispondenza*). Começar a história da formação do *Tratado* a partir do *Cours* não significa que motivos e temas, ainda que em forma de indicações, do pensamento sociológico de Pareto também não se encontrem nos escritos precedentes, como mostrou Mongardini na "Introdução" à coletânea dos artigos que Pareto escreveu em *Il giornale degli economisti*, de 1893 até 1897 (V. Pareto, *Cronache italiane*, p.27-70).

sociale" (livro II, cap.I), aos chamados "fatores" da evolução social, a propósito dos quais Pareto discorria sobre Montesquieu e Spencer, darwinismo e teorias organicistas, e sustentava duas ou três ideias gerais, a que seria fiel por toda a vida, como a da mútua dependência dos fatores que determinam o equilíbrio social e a do andamento não uniformemente progressivo ou regressivo, mas oscilatório, dos fenômenos sociais; o segundo, "La physiologie sociale" (livro III, cap.II), ao primeiro esboço de outra das teorias prediletas, a da heterogeneidade social, a que estava estreitamente ligada a crítica às teorias da raça e da luta de classes com menção bastante significativa, para quem considera a direção predominante dos interesses e dos estudos paretianos em sociologia, às teorias que explicam os fenômenos sociais recorrendo a causas imaginárias. Talvez tenha sido este um dos primeiros germes da crítica às teorias não lógico-experimentais que toma vulto no *Tratado*. Por outro lado, é curioso que numa das primeiras referências a seus estudos sociológicos, em carta a Maffeo Pantaleoni de 17 de março de 1897, os temas a que diz dirigir a própria atenção para desenvolvê-los sejam os do primeiro capítulo, não do segundo:

> Efetivamente, não escrevi ainda sobre a sociologia porque, em meio a tanta confusão, prefiro começar a esclarecer minhas ideias dando um curso. Não discorrerei sobre o método, mas será um desenvolvimento e uma sequência de meu capítulo "L'évolution sociale".[2]

A oportunidade para aprofundar os estudos sociológicos foi oferecida pelo encargo que a Universidade de Lausanne, onde ensinava economia política desde 1893, lhe confiou de também desenvolver um curso de sociologia, a partir do segundo semestre de 1897. Fala dele pela primeira vez em carta a Pantaleoni

---

2 *Lettere a Maffeo Pantaleoni*, organizado por G. De Rosa, 3v. (citadas doravante como *Lettere*). O trecho citado se encontra no v.2, p.52.

de 10 de fevereiro, na qual, a propósito das teorias de Marx e de Loria sobre os fatores da evolução social, acrescenta: "Nos primeiros seis meses, darei um curso de elementos de sociologia em que desenvolverei estas teorias sociais".[3] Lançou-se com avidez à leitura dos sociólogos. Mas não estava satisfeito: *Princìpi di sociologia*, de Giddings, não valia muito; Tarde era outro Lombroso que, "entre algumas verdades, narra histórias que nos fazem dormir de olhos abertos"; e também Guglielmo Ferrero ia pelo mesmo caminho: "São todos romances".[4] Quanto mais aprofunda os estudos, mais percebe que nessa matéria "há muito a mudar naquilo que se fez até agora".[5] O único que voa como águia sobre todos os demais é ainda Spencer.[6] Durante o segundo curso, em fevereiro de 1898, lamentava com um amigo que as aulas de sociologia fossem "dificilíssimas";[7] por isso, "a única aula de sociologia, toda semana, me dá mais trabalho do que as três de economia política".[8]

O espírito com que Pareto se entregou febrilmente ao estudo da sociologia era o de quem finalmente queria contrapor aos "romances" uma teoria científica da sociedade. Era o espírito do explorador que penetra em selva intrincada e escura, sem saber quando sairá dela. Precisamente nesses meses, resenhando obra que se tornaria um clássico da sociologia científica, *O suicídio*, de Émile Durkheim, comenta: "O raciocínio é, desgraçadamente, em toda a obra, muito pouco rigoroso. Infelizmente, trata-se de defeito verificável em grande número de obras sociológicas destes tempos".[9] Ao amigo que lhe perguntara, muito

---

3 *Lettere*, II, p.34. Análoga notícia na carta de 10 de março, II, p.49.
4 *Lettere*, II, p.61.
5 *Lettere*, II, p.77.
6 *Lettere*, II, p.61.
7 *Lettere*, II, p.179.
8 *Lettere*, II, p.188.
9 Publicado em *Zeitschrift für Sozialwissenschaft*, p.78-80. Agora em G. Busino (Org.), *Scritti sociologici di Vilfredo Pareto*, p.205-8.

provavelmente, se tinha intenção de publicar o curso de sociologia (como havia publicado, depois de poucos anos de ensino, o curso de economia política), responde em 14 de junho de 1897: "Quanto à *Sociologia*, serão necessários anos antes de publicá-la. Primeiro, é preciso meditar, trabalhar, recolher documentos etc.".[10] Alguns meses depois, suspira: "não sei se vou viver o suficiente para fazer o trabalho".[11] Mas, no ano seguinte, tendo recebido herança considerável, o primeiro pensamento que lhe ocorre é abandonar o ensino para poder se dedicar exclusivamente à composição do tratado de sociologia: sinal evidente de que, desde o primeiro entusiasmo por tal gênero de estudos, a paixão se tornara quase exclusiva. Como a razão principal por que não consegue escrever o tratado é o tempo que deve dedicar às aulas, precisa que "a razão principal para deixar de ser professor é ter tempo para esse trabalho".[12] E pouco mais adiante na mesma carta (12 de abril de 1898): "A essa altura quero me dedicar inteiramente a escrever meu tratado de sociologia, e não farei mais nada, salvo alguns textos literários para me distrair de um trabalho exclusivamente científico".[13] Depois de alguns meses, percebendo a enorme tarefa a que se lançara, contentar-se-ia em começar a escrever um pequeno livro intitulado *La sociologie et l'économie*, à guisa de introdução, porque "meu tratado completo só ficará pronto em alguns anos".[14] Mas, se vão transcorrer dezoito anos antes de aparecer o *Tratado*, um artigo com aquele título só aparecerá em 1907.[15]

---

10 *Lettere*, II, p.83.
11 *Lettere*, II, p.121.
12 *Lettere*, II, p.189.
13 *Lettere*, II, p.191. Veja-se, também, v.II, p.192, 193, 196, 199.
14 *Lettere*, II, p.208. Volta ao mesmo tema na carta sucessiva de 10 de junho, II, p.208.
15 Trata-se do artigo "L'économie et la sociologie au point du vue scientifique", *Rivista di scienza*, p.293-312.

Por meio de uma das poucas cartas que restaram de Pantaleoni, sabemos que este não via com bons olhos que o amigo tivesse se lançado em tarefa tão desesperada e negligenciasse os estudos econômicos, e tentou dissuadi-lo benevolamente:

> Estou convencido – escreve-lhe em 20 de novembro de 1898 – que, se quiser fazer avançar a sociologia, ser-lhe-ão necessários dez anos de eclipse, porque você não se contentaria em fazer um dos tantos livros como os escrevem os Le Bon, os Tarde, os Durkheim, os Giddings etc. etc., e talvez depois de dez anos se daria conta de que tudo está ainda imaturo.[16]

Mas Pareto já havia buscado o fôlego e não havia conselho de amigo que o pudesse deter. Na resposta explica que a sociologia oferece maior satisfação porque tem maior número de leitores, e apresenta o argumento, ao qual retornará muitas vezes e de bom grado, sobre as felizes circunstâncias que o tornam particularmente capaz para a obra de transformação da sociologia em disciplina científica:

> Não sou ligado a nenhum partido, a nenhuma religião, a nenhuma seita, logo não tenho ideia preconcebida sobre os fenômenos. Sequer sou ligado a qualquer país e, portanto, escapo ao preconceito patriótico que tanto arruína as ciências sociais [...]. Dessa minha total liberdade quero tirar todo o benefício que comporta, escrevendo sem as reservas que tornam parciais tantos outros.[17]

Muito provavelmente a verdadeira razão desse entusiasmo pela sociologia era outra, mas se tratava de uma dessas razões que não se podem contar nem aos amigos, para não parecer presunçoso. Pareto devia ter a impressão de haver feito uma das

---

16 *Lettere*, II, p.347.
17 *Lettere*, II, p.282.

descobertas que abrem infinitos caminhos: a distinção entre ações lógicas e não lógicas, com a consequente hipótese, cuja verificação exigiria imensa coleta de fatos nas mais diversas épocas e sociedades, de que a maior parte das ações que contribuem para dar forma a determinada sociedade são do segundo tipo. Essa descoberta o induzia, por um lado, a considerar errada a maior parte das teorias sociais até então excogitadas, as quais partiam da hipótese contrária, e, por outro, a ver como principal causa do erro dessas teorias exatamente o fato de que eram também o produto de ações não lógicas, travestidas de ações lógicas. Antes de abordar o estudo das uniformidades sociais, era necessário, pois, considerar que os fatos apareciam ao sociólogo deformados pelo modo como os próprios protagonistas, os historiadores ou os políticos tinham interesse em apresentá-los, de modo que se fazia necessária uma investigação preliminar sobre a relação entre motivos reais e motivos aparentes das ações, que era, em substância, verdadeira introdução geral a todo e qualquer futuro estudo da história humana. No fundo, era o que, por brevidade e para usar linguagem menos esotérica do que a de Pareto, se poderia chamar de "crítica das ideologias", considerada como condição necessária para compreender a realidade social: um programa tão amplo e rico de desdobramentos a ponto de não causar surpresa que, quando começou a lhe parecer claro, pelo menos em suas linhas gerais, ele se dedicasse perdidamente a realizá-lo. A primeira menção à distinção entre ações lógicas e não lógicas surge em carta de 17 de maio de 1897, vale dizer, no início do ensino de sociologia, e é apresentada precisamente como eixo do sistema: "Diga-se entre parênteses, o princípio de minha sociologia consiste justamente em separar as ações lógicas das não lógicas e em fazer ver que, para a maioria dos homens, a segunda categoria é de longe maior do que a primeira".[18] A partir deste momento, não só já está

---

18 *Lettere*, II, p.73.

perfeitamente enunciado o tema central do *Tratado*, mas já está forjada a categoria conceitual que permitirá seu desenvolvimento sistemático. A ideia de que os homens agem levados mais pelo sentimento do que pelo raciocínio se torna, a partir de então, convicção constante, ideia guia, poder-se-ia dizer quase uma obsessão que o persegue, o excita, o conduz à análise infatigável de fatos e teorias e não lhe dará paz enquanto não erigir em sua defesa e para sua glória o imenso monumento do *Tratado*. Nessa base, traça-se o programa da investigação de vinte anos: "Convença-se – escreve a Pantaleoni em 11 de novembro de 1897 – de que a razão vale pouco ou nada para dar forma ao fenômeno social. Agem forças bem diferentes. *É o que gostaria de demonstrar em minha sociologia*".[19]

No mesmo ano de 1897, surgiu também seu primeiro escrito sociológico de amplo fôlego: o discurso introdutório no curso de sociologia realizado na Universidade de Lausanne. Intitulou-se "Il compito della sociologia fra le scienze sociali" [A tarefa da sociologia entre as ciências sociais] e publicou-se no primeiro número da *Rivista italiana di sociologia*, que iniciava então sua longa vida.[20] Nele, a sociologia era apresentada como teoria unificadora das ciências sociais, distintos os vários fenômenos sociais – segundo classificação que irá desaparecer com os anos – com base nos diferentes motivos da ação: o desejo de obter um objeto exterior valorizado (campo específico de investigação da economia política), o prazer causado pela ação considerada em si mesma, a imitação, a inércia. No final, Pareto insistia em alguns

---

19 *Lettere*, II, p.121. O grifo é meu. Cf., também, p.163, 245, 333, 406-7, 408, 413, 414, 430, 436; III, p.33, 214-5, 231, 295. A primeira distinção entre vários tipos de ação surge no artigo "Comment se pose le problème de l'économie pure" (1898), *Marxisme et économie pure*, tomo IX das *Oeuvres complètes* de V. Pareto, p.102-9. Neste artigo Pareto introduz a distinção entre quatro tipos de ação: 1. experimentais e lógicas; 2. experimentais e não lógicas; 3. não experimentais e lógicas; 4. não experimentais e não lógicas.
20 I, 1897, p.45-54. Agora em *Scritti sociologici*, p.181-91.

preceitos metodológicos que lhe inspirariam o curso e a que por muitos anos restaria fiel: a eliminação do elemento subjetivo, a fim de observar os fenômenos sociais com a mesma imparcialidade com que se observam os fenômenos naturais, e a renúncia a toda pretensão de reformar o mundo: "A ciência não tem ideias preconcebidas nem paixões; não pertence a nenhum partido, mas tem unicamente por ofício descrever os fatos, investigar as relações que estes têm entre si e descobrir as leis que constituem as uniformidades naturais".[21]

Retornou ao tema com algumas perguntas interessantes dois anos depois, no artigo "I problemi della sociologia", publicado na mesma revista.[22] Mais uma vez, lamentando o atraso da sociologia, entre outras coisas, com a observação de que, enquanto entre a economia de Aristóteles e a de Walras havia um abismo, este abismo não havia entre a *Política* de Aristóteles e as obras modernas sobre o mesmo tema, buscava as causas disso. Do artigo precedente, repetia a distinção tomada de empréstimo à mecânica entre movimentos reais dos fenômenos sociais e movimentos virtuais, ou seja, entre o estudo meramente "descritivo" daquilo que acontece e o estudo "teórico" daquilo que está por acontecer uma vez que se eliminem algumas condições que provocam o fenômeno real, conservando outras. A julgar pelo pouco espaço reservado no *Tratado* aos movimentos virtuais (a estes dedicará uma seção sob o título "Providências para alcançar um fim", §§ 1825-1875), dir-se-ia que essa formulação – à diferença da distinção entre ações lógicas e não lógicas – se demonstrou pouco fecunda, e o estudo dos movimentos virtuais pouco a pouco se desfez em suas mãos: no *Tratado*, limita-se a lamentar a confusão em que caem os sociólogos, ao não distinguir o estudo dos movimentos reais daquele dos movimentos virtuais (§ 1975), e chama a atenção para a extrema cautela necessária

---

21 Ibid., p.54.
22 III, 1899, p.145-57. Agora em *Scritti sociologici*, cit., p.218-31.

para recorrer aos movimentos virtuais em razão da ignorância em que estamos acerca dos possíveis efeitos da supressão de algumas condições (§ 137): o que ele estudará no *Tratado* são os movimentos reais, não ainda os virtuais. Para além da distinção entre os dois tipos de investigação, Pareto visava a uma teoria sociológica geral, a qual devia conseguir dar conta do modo como se propagam e adquirem força os movimentos sociais: primeira condição para chegar a uma teoria geral era a distinção entre a parte que cabe à razão e a que cabe ao sentimento: "É coisa de criança acreditar – repetia, martelando sua obsessão – que os homens são convencidos com demonstrações lógicas".[23]

No ano seguinte aparecia, sempre na mesma revista, um terceiro artigo, com cerca de 50 páginas, cujo título modesto, "Un'applicazione di teorie sociologiche",[24] não deixa entrever a importância do conteúdo: este artigo não só contém *in nuce* os principais temas do *Tratado*, a que, de resto, o autor diz se dedicar, "se é que poderei terminá-lo e publicá-lo",[25] mas também reproduz, em escala reduzida, o estilo e o método da obra maior no modo de citar teorias e fatos que se sobrepõem desordenadamente a ponto de deixar a impressão e a suspeita de divagar sem rumo, de convocar ao juízo do tribunal da ciência as costumeiras vítimas, do virtuísmo ao proibicionismo, do espiritismo ao solidarismo. Além disso, Pareto não mais se limita a repetir o refrão sobre o sentimento que move os homens, estes tão celebrados seres racionais, mas acrescenta: "O homem, embora levado a agir por motivos não lógicos, encontra prazer em ligar logicamente suas ações a certos princípios e, por isso, ele os imagina

---

23 Ibid., p.155.
24 IV, p.401-56. Fala deste artigo em carta a Pantaleoni, II, p.318-9.
25 Ibid., p.402. Em carta de 27 de junho de 1899 ao Conselho de Estado de Lausanne, Pareto anuncia de modo imprevisto pretender se demitir do ensino por causa, entre outras coisas, de "pesquisas científicas para o tratado de sociologia" que estava preparando. Essa carta foi publicada por G. Busino, "Pareto e le autorità di Losanna", *Giornale degli Economisti*, p.20 do extrato.

a posteriori para justificar tais ações", o que é a enunciação, uma das tantas enunciações, da futura teoria das derivações,[26] bem como o pressuposto e o prenúncio de imenso programa de trabalho: "É preciso, pois, se quisermos conhecer o fenômeno objetivo, não nos contentarmos com o fenômeno subjetivo, mas deste oportunamente deduzir aquele".[27] A seguir, delineada a visão da história como história de aristocracias que se sucedem, busca confirmação disso no "grandioso fenômeno" que se está desenrolando sob seus olhos, a crise da classe burguesa, que é ao mesmo tempo humanitária por fora e corrompida por dentro, e a ascensão da aristocracia operária, mais honesta, mais decidida, mais combativa. Dessa crise, o principal sintoma é a intensidade crescente do sentimento religioso que conduz a classe dirigente à ruína e beneficia a classe em ascensão. Arrisca até uma previsão, em que condensa seu juízo político: o final da batalha entre a velha e a nova aristocracia não pode suscitar dúvida, porque

> a nova está plena de vigor e força, enquanto a antiga está debilitada; a nova, ousada e corajosa, proclama a "luta de classes", a antiga balbucia louvando a "solidariedade", vergando a cabeça aos golpes que recebe e dizendo "obrigado", em vez de revidar.[28]

O principal cânone metodológico a que chegou nesses primeiros escritos de tema sociológico foi a distinção entre o fenômeno objetivo e o fenômeno subjetivo, entre a realidade dos acontecimentos históricos (isto é, dos acontecimentos dos quais os homens são protagonistas) e a ideia que tais protagonistas deles se fazem. O estudo dos sociólogos o convenceu de que entre as ações não lógicas devia ser arrolada a maior parte das teorias sociais e que, para avançar proveitosamente no estudo

---

26 Ibid., p.402.
27 Ibid.
28 Ibid., p.444.

da sociedade, era preciso desembaraçar-se delas ou pelo menos contorná-las para ver o que escondiam. Entre as teorias a serem analisadas e desmascaradas, certamente as mais importantes, histórica e praticamente, eram as teorias socialistas, a começar pela de Marx. Assim se explica que, justamente no fervor dos primeiros estudos sociológicos, ele se preparasse com entusiasmo para ministrar, no semestre inicial do ano letivo de 1898-1899, um curso sobre a história das doutrinas socialistas,[29] de que saíram, em pouco menos de dois anos de trabalho obstinado e extremamente fecundo, os dois volumes de *Systèmes socialistes*. Enquanto em 2 de fevereiro de 1990 escreve: "Estou trabalhando como um cão (deveria dizer como um gato) em torno do livro que fazemos com o [Vittorio] Racca sobre *systèmes socialistes*", já em 18 de setembro de 1901 anuncia: "Meu livro *Les systèmes socialistes* está terminado, exceto o capítulo que Racca deve fazer".[30] Estava convencido de que só uma análise minuciosa e documentada de um conjunto tão importante de teorias sociais poderia lhe dar sólida confirmação das principais hipóteses que, no momento mesmo em que cintilaram diante dele, pareceram particularmente úteis para empreender o estudo da sociologia em bases mais científicas, como a predominância do sentimento sobre o raciocínio na conduta humana, o desejo inteiramente humano de recobrir com "verniz" lógico ações não lógicas, a distinção entre valor de verdade de uma teoria, sua eficácia prática e sua utilidade social. Essa obra, menos do que pausa no estudo da sociologia, deve ser considerada desvio obrigatório, útil para alcançar a estrada principal com experiência mais rica e madura. Mais assinaladamente, a longa introdução com a primeira exposição da teoria das elites, de sua circulação e sua decadência, com a reiterada e mais bem formulada distinção entre o lado subjetivo e o lado objetivo dos fenômenos sociais, com a formulação

---

29 *Lettere*, II, p.242, 246.
30 *Lettere*, II, p.303 e 374-5.

da teoria do movimento ondulatório das sociedades, contém embrionariamente todo o *Tratado* e pode ser considerada, nessa história interna e externa da formação do pensamento sociológico paretiano, como o primeiro esboço, ainda que sumário, imperfeito e incompleto, da futura sociologia. O próprio Pareto reconheceu a estreita relação entre *Systèmes* e *Tratado*, ao sentir a necessidade de advertir que a imperfeição da primeira das duas obras decorria da falta de uma completa e consciente teoria das derivações.[31]

Em setembro de 1904, realizou-se em Genebra o II Congresso Internacional de Filosofia. Pareto foi convidado a apresentar um dos dois relatórios sobre o tema "L'individuel et le social", na seção "Morale et sociologie".[32] O outro relatório foi confiado a De Greef, o qual, no último momento, desculpou-se e não interveio. Coube a Pareto desempenhar o papel (que não devia lhe desagradar) de dono do espetáculo. Uma testemunha ocular nos informa que ele respondeu às objeções (de Kozlowski, Ludwig Stein e Elie Halévy) *"avec beaucoup de promptitude et d'esprit* [com muita vivacidade e espírito]".[33] Mas o texto não tem grande valor:[34] depois de algumas reflexões nem originais nem brilhantes sobre o tema em discussão, parte de lança em riste contra as teorias pseudocientíficas da sociedade, detendo-se no solidarismo, nas teorias democráticas dos direitos naturais e do contrato social. Emergem nesses escritos curtos de sociologia alguns defeitos de construção que, transportados para uma obra como o *Tratado*, de quase 2 mil páginas, lançam os leitores ao desespero,

---

31 Em acréscimo à tradução francesa do *Tratado*, incluído depois na segunda edição italiana de 1923 (§ 2142, nota 1, p.XCI). Também em *Fatti e teorie*, p.350, n.2.

32 Sobre as circunstâncias do convite e da participação, ilustradas com cartas inéditas, cf. G. Busino, Pareto au Congrès international de philosophie de Genève, *Archiv für Geschichte der Philosophie*, p.33-47.

33 E. Halévy, em circunstanciada notícia da discussão publicada na *Revue de métaphysique et de morale*, XII, p.1106-13.

34 L'individuel et le social, *Comptes rendus du IIme. Congrès international de Philosophie, Genève*, 4-8 sept. 1904, Genebra, Henry Kündig Editeur, 1905, p.125-31 e 137-9, agora em *Scritti sociologici*, p.323-31.

irritam os críticos e confundem até os mais cegos admiradores: não se ater ao tema, não respeitar as mais elementares regras de ordem e simetria, não ter cuidado com a passagem de um tema para o outro, terminar bruscamente o discurso, todas essas coisas que dão a impressão de um rio que corre sem margens, não metaforicamente, de algo imediato e provisório, como de quem escreve com muita facilidade um rascunho grosseiro para depois emendar. Nas respostas às intervenções, Pareto reitera que não queria ser classificado nem entre os individualistas nem entre os coletivistas, já que era economista, e as questões relativas aos fins eram questões de sentimento e não de ciência.

A ideia que Pareto tinha nesses anos do objeto da sociologia e, portanto, aproximadamente, do conteúdo do tratado que gostaria de escrever pode ser deduzida de um "Programme et Sommaire du Cours de Sociologie", cujo texto integral Sensini, a quem o enviara, publicou como apêndice à *Corrispondenza*,[35] e o próprio Pareto as primeiras duas partes na revista bolonhesa, dirigida por Alberto Giovannini, *La libertà economica*, respectivamente em 5 e 20 de junho de 1906. O programa estava dividido em cinco capítulos: "1. Principes généraux (§§ 1-9); 2. La société (§§ 10-22); 3. Le phénomène objectif et le phénomène subjectif (§§ 22-30); 4. L'évolution (§§ 31-40); 5. La mutuelle dépendance des phénomènes sociaux (§§ 41-50)". O primeiro contém observações gerais sobre a sociologia como ciência e alguns cânones metodológicos; o segundo reproduz em parte os temas tratados no relatório apresentado no ano anterior no Congresso de Genebra, define a sociedade humana como "um agregado essencialmente heterogêneo e hierárquico", enfrenta o problema das elites e da heterogeneidade social; o terceiro delineia a teoria das

---

35 *Corrispondenza*, p.143-62. Republicado com o apêndice das *Questions de sociologie*, até agora inéditas, no tomo XI das *Oeuvres complètes* de Vilfredo Pareto, *Sommaire du Cours de Sociologie suivi de Mon journal*, organizado por G. Busino, e, depois, em italiano, sem as *Questions*, em *Scritti sociologici*, p.345-71.

ações lógicas e não lógicas; o quarto critica os que reduzem a sociologia à teoria da evolução da sociedade e sustenta que se deveria falar não de uma só evolução dos vários institutos, mas, mais apropriadamente, de *evoluções* do direito, da moral, da religião etc.; o quinto, por fim, lamenta que o problema da mútua dependência dos fenômenos sociais ainda tenha sido pouco estudado, menciona a importância do sentimento religioso como cimento da sociedade. Quem se lembrar do índice do *Tratado*, que sairá dez anos mais tarde, não poderá deixar de se surpreender com a enorme distância que ainda separa este primeiro programa da obra da maturidade. Desta desaparecerá quase completamente o quarto capítulo sobre o problema da evolução, ao passo que o segundo capítulo perderá o caráter genérico de discussão em torno da composição da sociedade e se transformará nos últimos dois capítulos do *Tratado* sobre a forma e o equilíbrio sociais. O terceiro capítulo, sozinho, contém em germe quase toda a obra futura, da distinção entre ações lógicas e não lógicas à teoria dos resíduos e das derivações. A ordem sistemática é literalmente invertida: aqui, o discurso geral sobre a sociedade precede a análise de seus elementos; no *Tratado*, a análise dos elementos (a teoria dos resíduos e das derivações) precede o estudo do equilíbrio social, o qual é considerado, de modo metodologicamente mais correto, um resultado daquela. O cotejo entre o "Programme" e o *Tratado* serve, por fim, para destacar o desenvolvimento anômalo do *Tratado*, o qual, como veremos melhor na segunda parte deste ensaio, cresceu excepcionalmente sobretudo numa só direção, isto é, nas partes dedicadas ao estudo das teorias não lógico-experimentais, consideradas como campo facilmente acessível de observações empíricas.

Entre 1904 e 1906, Pareto dedicou-se à redação e à impressão do *Manual*,[36] cujo segundo capítulo, com extensão de

---

36 *Manuale d'economia politica*. Em 1909 apareceu, pela Ed. Giard, a tradução francesa: *Manuel d'économie politique*, revista em várias partes.

uma centena de páginas, intitulado "Introdução à ciência social", era nova redação do esboço de sociologia já delineado, como vimos, em *Systèmes*. Das cinco partes em que se distribuía a matéria sociológica no "Programme" de 1905, a mais desenvolvida era exatamente a terceira, isto é, aquela baseada na distinção entre relações reais (relação objetiva) e relações imaginárias ou nas quais se acredita (relação subjetiva), bem como na importância que tem para a sociologia o estudo das influências de umas sobre as outras. Os cinco pontos, tratados neste capítulo com a costumeira abundância de exemplos, coligidos de teorias antigas e modernas, são os seguintes: 1) características da relação subjetiva (§§ 22-41); 2) qual relação objetiva corresponde à subjetiva (§§ 42-74); como nasce e se determina a relação subjetiva (§§ 75-88); 4) como a relação objetiva se transforma na subjetiva (§§ 89-96); 5) qual é o efeito social dessa relação subjetiva (§§ 97-123). Sob o invólucro desses termos abstratos, o capítulo compreende, sobretudo, uma viva e nada impassível crítica às teorias morais que sobrepõem relações imaginárias a relações objetivas, as quais só um estudo científico deveria tentar compreender, e que até agora impediram o desenvolvimento das ciências sociais. Grande parte dessas observações antecipam a crítica às teorias não lógico-experimentais, contida nos capítulos IV e V do *Tratado*, e a teoria das derivações: falta ainda completamente a teoria dos resíduos que constituirá a parte mais original – e também a mais discutida – do *Tratado*. Fala-se genericamente de sentimentos sem a mínima tentativa de classificá-los: só no § 81 se introduz o instinto de sociabilidade, que é um núcleo ainda muito informe e inarticulado do resíduo IV; o qual é tomado, exatamente como os fenômenos de que são manifestação os resíduos, como "fato primitivo" além do qual não se pode ir.

Nesses anos Pareto ainda concebia a sociologia como introdução à economia: quando devia dar da sociologia uma definição com objetivos doutrinários, definia-a como síntese de todas as ciências sociais, mas praticamente, sendo economista, dela se servia à guisa de preâmbulo ao estudo da economia. E de fato, terminando o *Manual*, projeta uma reedição do *Cours* em cinco volumes, dos quais o primeiro deveria ser intitulado *Précis de sociologie* [Sumário de sociologia].[37] Mas o trabalho procede lentamente: alguns meses depois, em carta a Pantaleoni de 27 de novembro de 1905, escreve: "Meu *Précis de sociologie* dorme como os bichos da seda".[38] Esse *Précis*, concebido como introdução geral a um curso de economia, é a primeira forma concreta assumida pela ideia, que Pareto acalentava havia já uns dez anos, de escrever um tratado de sociologia. No fundo, tratava-se de retomar e complementar o capítulo do *Manual de economia política* sem mudar sua destinação e função. É difícil estabelecer com precisão, a partir dos documentos até agora publicados, quando aconteceu a passagem do *Précis* em francês para o *Manual* [de sociologia] e, por fim, o *Tratado* em italiano. Certamente, ao se desincumbir do *Manual de economia política*, os estudos sociológicos devem ter se tornado de novo sua ocupação cotidiana, mas hesitava em dar a suas inúmeras reflexões e pesquisas a forma de livro. Ainda em 20 de maio de 1906 escrevia a Sensini: "Ainda não comecei a escrever meu volume de Sociologia e temo que será preciso tempo antes que esteja pronto".[39] Só em carta de 9 de dezembro a Pantaleoni, expressa-se como se já estivesse prestes a iniciar uma grande obra:

> Estou convencido de que a sociologia tem como principal inimigo o sentimento; e se até agora fez poucos progressos, isso se deve em grande parte ao fato de que foi estudada com alguns intentos éticos, humanitários ou outros. Eu só a estudarei cientificamente, considerando exclusivamente os fatos; e graças a essa

---

37 Os outros quatro volumes deveriam ser intitulados: *Economie pure* (isto é, sem fórmulas matemáticas), *Economie mathématique, Economie appliquée* (2 v.). De uma carta a Sensini em 9 de abril de 1905 (*Corrispondenza*, p.8).
38 *Lettere*, II, p.453.
39 *Corrispondenza*, p.16.

circunstância, não por mérito meu, espero poder conseguir alguns bons resultados.[40]

É provável que o impulso decisivo para fazer precipitar uma massa informe de anotações numa obra para o público lhe tenha advindo de convite do editor Barbera para preparar um *Manual de sociologia*: convite de que dá notícia a Pantaleoni em 20 de dezembro de 1906, na carta imediatamente subsequente àquela antes citada. Apesar de logo em seguida acrescentar: "Mas acredito que não lhe entregarei este *Manual*. Tive muita satisfação com meus dois livros publicados em francês; nenhuma com meu manual italiano"[41] – apesar disso, o fato é que poucos dias depois, em carta de 9 de janeiro de 1907 a Sensini, diz que lhe falta tempo para pensar em nova edição do *Cours* "porque tem [sic] trabalho demais com a sociologia".[42]

Nesse meio-tempo foi convidado pela Faculdade de Jurisprudência da Universidade de Bolonha, por meio do amigo e colega Tullio Martello, que ali ensinava economia política, a realizar na primavera um breve curso de sociologia. O curso, de dez lições, durou de 15 a 31 de março de 1906. A primeira lição foi publicada com o título "Il metodo della sociologia" na revista bolonhesa, já citada, *La libertà economica*, dirigida por Alberto Giovannini[43] (n.53, 16 mar. 1906, p.680-5), com uma nota redacional em que se falava da "impressão" e da "admiração" suscitadas pelas palavras "do insigne economista" e se assegurava que o curso deixaria "uma recordação indelével e gloriosa: 1) como estudo sintético das sociedades humanas; 2) como estudo em nossos anais". Depois de definir a sociologia, com ramos

---

40 *Lettere*, II, p.465.
41 *Lettere*, II, p.466.
42 *Corrispondenza*, p.27.
43 Este último narra algumas recordações pessoais daqueles anos na resenha à minha edição do *Tratado de sociologia geral*, publicada em *Stato sociale*, p.1049-50.

especiais que ainda não se separaram da matéria geral (que é, afinal, a definição que se encontra no início seja do "Programme" de 1905, seja do *Tratado*), Pareto menciona as relações inevitáveis da sociologia com a filosofia como "teoria geral dos humanos conhecimentos", bem como a necessidade em que se vê o sociólogo de estudar "quesitos de filosofia", ainda que, no tocante a si mesmo, vá se limitar a dizer sobre isso só o que basta para seus fins. Quanto ao resto, o artigo retoma o velho tema da sociologia científica que ele se propõe elaborar e contrapor às sociologias não científicas, escritas por quem investiga não de acordo com os fatos, mas, ainda que não o saiba, com os próprios sentimentos. Entre os autores citados, aparece pela primeira vez o jovem e promissor Calderoni, apresentado como "autor de engenho e cultura incomuns". Esse artigo teve breve repercussão: criticado por E. Carpani (na edição de 1º de agosto da *Rivista di cultura*), entre outras coisas porque não conseguira demonstrar a autonomia da sociologia, Pareto responde desdenhosamente, com nota publicada novamente em *La libertà economica*, "Della difficoltà di fare intendere i concetti che non sono usitatissimi" (n.64-65, 5 out. 1906, p.823-5), que não se importava minimamente com tais questões. Provavelmente se recordará dessa troca de farpas quando escrever pouco tempo depois ou, talvez, nos mesmos dias, na primeira página do *Tratado*: "temos mais o que fazer do que perder tempo para investigar se a sociologia é ou não ciência autônoma" (§ 2). A Pantaleoni, que lhe recomendava dizer coisas novas, responde:

> Mas me ensine onde buscá-las. Em meu curso de sociologia existem coisas que não estão em meus livros, mas não duvide de que mesmo as coisas que estão em meus livros a maior parte das pessoas as compreende pelo avesso; assim, toda explicação pode parecer nova.[44]

---

44 *Lettere*, II, p.457.

Do final de 1906 até 1912, Pareto, já afastado do ensino de economia política e só encarregado de um breve curso de sociologia, tranca-se em casa, na companhia de seus gatos, e não faz nada além de levar adiante a obra sociológica, que lhe cresce espantosamente entre as mãos. É um trabalho muito intenso e exclusivo, feito em estado de contínua excitação e de grandes esperanças, com o espírito do explorador de ouro que encontrou finalmente a mina ignorada e inexaurível. Escreve a Pantaleoni em 17 de julho de 1907:

> Levo à frente a redação de meu *Manual de Sociologia*. Ele me deixa contente, mas receio que o público não vá me entender nem querer me entender. Minha formulação é nova demais e talvez devesse começar com outras publicações, para preparar o ambiente.[45]

Ao amigo que tenta mais uma vez fazer que volte aos estudos econômicos,[46] repete teimosamente a ideia de que ninguém jamais se encontrara em situação mais favorável do que a sua para se ocupar de sociologia; para escrever sobre economia, é preciso engenho; para escrever sobre sociologia, é preciso estar acima das paixões, viver como eremita; enquanto esteve engolfado na política, não compreendia nada dos fenômenos sociais; foi uma sorte que a Itália o tenha repudiado; dessa forma conquistou a independência necessária para compreender como são as coisas em sua verdade nua. Quem há de saber quantos anos serão necessários para que se repitam as mesmas condições e surja um homem adequado como ele para fazer progredir as ciências sociais.[47] Mesmo através de frases brincalhonas, quer

---

45 *Lettere*, III, p.42.
46 Cf. carta de 17 de outubro de 1907, em "Apêndice" a *Lettere*, III, p.364.
47 *Lettere*, III, p.70-1.

dar a entender ao amigo que a economia tinha sido ofício, só a sociologia se tornara missão.[48]

Não escreve quase nada mais nesses anos. Renuncia à assídua colaboração em revistas e jornais. A bibliografia de seus escritos, riquíssima nos anos precedentes, é nesse período extremamente exígua (uma dezena de artigos). Com tema parcialmente sociológico publica um artigo no primeiro número da *Rivista di scienze*, "L'économie et la sociologie au point de vue scientifique",[49] em que estão dedicadas à sociologia as últimas cinco páginas, repletas das costumeiras recomendações contra os preconceitos que atrasam o desenvolvimento das ciências sociais e das habituais regras que quer impor ao próprio trabalho. Deve-se observar uma citação muito lisonjeira da obra de Lévy-Bruhl, *La morale et la science des moeurs* [A moral e a ciência dos costumes], publicada em 1903, da qual, de resto, não haverá mais vestígio no *Tratado*. Mais interessante, como fresta para lançar luz sobre a função que Pareto atribui à sociologia, uma carta a Pantaleoni de 15 de março de 1907, na qual, depois de comentar uma de suas teses prediletas – a diferença entre a via direta AL, que une o mundo lógico L à ação A, e a via indireta LPSA, que une o mundo lógico L à ação A, passando pelos sentimentos S –, conclui: "Uma das tarefas principais da sociologia consiste, exatamente, em estudar a via LPSA e, em seguida, a via SA. Com referência à via AL, estuda-a a lógica e não a sociologia".[50] E, de fato, esta será a tarefa realizada na maior parte do *Tratado*; e será a tarefa que, além de distinguir a sociologia da lógica, distinguirá a sociologia de Pareto daquelas que foram escritas até então (e também das futuras). Um apanhado eficaz e claro desse núcleo fundamental, de que se desenvolveu a sociologia, encontra-se

---

48 A mesma ideia se encontrará, embora expressa de modo mais sintético, na carta de 10 de dezembro de 1916, quando o *Tratado* já estiver publicado (*Lettere*, III, p.199). Cf., também, III, p.206.
49 I, 1907, p.293-312.
50 *Lettere*, III, p.24.

nas cinco teses seguintes, também enunciadas em carta ao amigo (24 de setembro de 1909):

1. As teorias, as crenças dos homens são a roupagem dos sentimentos, só os quais são motores eficazes das ações humanas; 2. Pode-se, na evolução social, chegar à mesma, idêntica meta com teorias e crenças diversas e opostas, em evidente contradição; 3. As teorias são a linguagem do sentimento [...]; 4. Assim como uma língua cede o lugar a outra (o latim ao italiano), uma teoria também cede o lugar a outra (o marxismo a uma teoria xis); 5. Às vezes, o distanciamento também ocorre na forma (paganismo e cristianismo); às vezes, na substância, e pretende-se conservar a forma (os protestantes racionalistas se creem cristãos, Sorel se crê marxista).[51]

O longo artigo intitulado "Le azioni non-logiche", publicado na *Rivista italiana di sociologia*, em 1910,[52] não é nada além da reprodução quase literal do capítulo homônimo do *Tratado* (o segundo), entre os §§ 147 e 247, eliminados os §§ 187-216, que compreendem longa relação de exemplos de práticas para provocar ou fazer cessar furacões. No verão de 1910, interrompe a redação da sociologia para escrever apressadamente aquela espécie de divertimento que é *Le mythe vertuiste* [O mito virtuoso], longa digressão, não desvio, em relação ao *Tratado*.

Através da correspondência com Sensini, Pantaleoni e de Pietri-Tonelli, é possível seguir, quase dia a dia, o progresso da obra.[53] Não há carta em que o trabalho em curso não seja

---

51 *Lettere*, III, p.141.
52 XIV, 1910, p.305-64.
53 Sobre as cartas a Pantaleoni, cf. III, p.40, 42 (já cit.), 67, 86, 89, 111, 131, 160, 163, 167. Referências à sociologia também nas cartas a Nicola Trevisonno (1909-1913), publicadas em Apêndice às *Lettere*, III, p.440, 443, 449, 454, 455-6. Sobre as cartas a de Pietri-Tonelli, cf. *Scritti paretiani con 47 lettere inedite di Vilfredo Pareto ad Alfonso de Pietri-Tonelli*, organizado por Pietro de Pietri-Tonelli, n.1, 5, 6, 10, 11, 12, 16, 17, 18, 19, 20, 22.

mencionado. No entanto, mesmo dois anos depois, apesar da massa de leituras, de apontamentos para os cursos, de páginas já escritas, Pareto não tem ideia precisa do que fará: continua a chamar o livro de "manual" e pensa num grande volume francês e num resumo italiano.[54] Em francês, certamente, estavam os apontamentos das aulas que dera durante tantos anos e o trabalho preparatório do *Précis*. Ainda mais reveladora é a nota redacional com que se apresenta o artigo, já mencionado, sobre as ações não lógicas, na *Rivista italiana di sociologia*: como ensaio traduzido do francês e extraído de um curso de sociologia de próxima publicação. Das anotações e dos primeiros manuscritos em francês aos mais de dois mil parágrafos da obra final, a prova felizmente superada (apesar dos defeitos formais de que falaremos) foi verdadeiramente dura. O resultado deixa claro o fato de que ele mesmo não sabia desde o início até onde iria: o *Tratado* dá a impressão de uma obra que cresce sobre si mesma, em que a matéria, como a cheia de um rio, aumenta ao se dirigir à foz e leva de roldão todas as barreiras pré-construídas. Ele mesmo confessa: "[...] à medida que sigo adiante, vejo crescer o trabalho que resta por fazer" (17 de abril de 1910).[55] Em agosto de 1910, anuncia a Sensini ter escrito seis capítulos.[56] Portanto, foram necessários quatro anos para escrever a primeira metade; serão suficientes dois para redigir a outra metade. Quanto mais avança no trabalho, mais este o absorve, o domina, o arrasta. Em 13 de outubro de 1911, espera concluí-lo em três meses.[57] Mas, quatro meses depois, em 11 de fevereiro de 1912, limita-se a dizer que se aproxima da conclusão.[58] Em 22 de março, anseia por ver a obra terminar rapidamente;[59] mas em 21 de junho ainda não

---

54 *Lettere*, III, p.31 e 137.
55 *Corrispondenza*, p.49.
56 *Corrispondenza*, p.52.
57 *Corrispondenza*, p.65.
58 *Corrispondenza*, p.69.
59 *Corrispondenza*, p.70.

terminou.[60] Finalmente, em 17 de setembro pode anunciar que em grande parte o manuscrito já está em composição tipográfica[61] e, no início de novembro, começa a corrigir as provas.[62] Em 4 de novembro, escreve a Pantaleoni: "Sinto-me sufocado com as provas, que se acrescentam à revisão que tenho de fazer dos últimos capítulos da *Sociologia*",[63] em 6 de setembro, escreve a de Pietri-Tonelli: "Estou oprimido pela revisão das provas de meu *Tratado de sociologia*".[64]

Antes de a obra vir à luz, passar-se-iam cerca de quatro anos: se a redação pode nos sugerir a imagem de um moto contínuo e progressivamente acelerado, a correção das provas, ao contrário, nos faz pensar em um movimento irregular, lento, continuamente atrasado. Contribuíram simultaneamente para o atraso seja a eclosão da guerra, que tornou cada vez mais difícil a correspondência entre a Itália e a Suíça, seja a insatisfação de Pareto, que não se limitava a corrigir e a aperfeiçoar, mas revia, acrescentava, refazia. Uma fresta sobre esse trabalho nos é oferecida por uma carta na qual, encaminhando uma cópia da primeira prova para Trevisonno, recomenda-lhe que não deixe ninguém vê-la, porque se trata de "esboço muito grosseiro", havendo "muitas correções, modificações, acréscimos na segunda prova".[65]

Quando sobrevém a guerra, a correção já chegou a um terço do segundo volume e Pareto gostaria de suspender porque lhe parece inconveniente continuar uma obra de paz em tempo de guerra. O editor, porém, tem opinião contrária.[66] Em outubro de 1914, restam ainda dois capítulos por corrigir. Mas, depois da entrada da Itália na guerra, o movimento das provas entre

---

60 *Corrispondenza*, p.72.
61 *Corrispondenza*, p.78.
62 *Corrispondenza*, p.80.
63 *Lettere*, III, p.168.
64 *Scritti paretiani*, p.114.
65 *Lettere*, III, p.456.
66 *Corrispondenza*, p.90.

Lausanne e Florença torna-se lento. Em seguida, é preciso tempo para os índices (preciosíssimos), cuja compilação é confiada a Luigi Amoroso. Em março de 1915, Pareto conta que a publicação dos dois volumes pode ocorrer em poucos meses,[67] mas deverá transcorrer mais de um ano até anunciar (em agosto de 1916), dessa vez com razão, que o editor decidira publicá-los em outubro,[68] ainda que, por fim, outubro se transforme em novembro. Em 11 de novembro de 1916, escreve a Sensini: "A *Sociologia* está por ser publicada [...]";[69] em 20 de novembro, a Pantaleoni: "A propósito, Barbera publica minha *Sociologia* no dia 25 do mês corrente. Querendo Deus, a censura, o correio, pouco depois receberei um exemplar".[70]

O *Tratado* não foi só o ponto de chegada de uma pesquisa de vinte anos; foi também o ponto de partida de tudo o que Pareto pensou, projetou e escreveu até a morte (ocorrida em 20 de agosto de 1923). Alguns projetos, é verdade, restaram como castelos no ar. Para quem, como Pareto, andava à caça de derivações nas declarações dos políticos que dizem uma coisa e fazem o contrário, a guerra era uma situação excepcional: mas se absteve de falar disso até que o conflito terminasse. Sobretudo, pensou em escrever depois da guerra um terceiro volume do *Tratado*, no qual extrairia do exame desapaixonado da guerra como fenômeno objetivo e subjetivo uma verificação experimental de suas teses. Prometeu-o a Barbera, e toca no assunto com seu correspondente predileto naqueles anos, Vittore Pansini.[71] Na

---

67 *Corrispondenza*, p.91.
68 *Corrispondenza*, p.97.
69 *Corrispondenza*, p.98. Cf., também, p.80, 84, 88, 93, 96, 98 (em outra passagem diferente da citada).
70 *Lettere*, III, p.194. Cf., também, no mesmo volume, p.172, 176, 194. Algumas informações também nas cartas a Placci (T. Giacalone-Monaco, *Vilfredo Pareto. Dal Carteggio con Carlo Placci*, p.90, 92, 93).
71 Cf. *Lettere*, III, p.438, e Gabriele De Rosa (Org.), *Carteggi paretiani*, em que as cartas a Vittore Pansini se encontram entre a p.107 e a p.175. Veja-se, também, a carta de 21 de maio de 1915 a de Pietri-Tonelli, *Studi paretiani*, p.129.

"Advertência" que antecede o *Tratado*, esse terceiro volume toma a forma de um "Apêndice", em que se propõe estudar os resultados teóricos da experiência sociológica em curso e adia sua publicação para quando a guerra terminar. E é o mesmo apêndice já anunciado a Pantaleoni em carta de 5 de janeiro de 1916 desta forma: "Talvez chegue o dia em que se poderá escrever livremente. Se então ainda estiver vivo, escreverei sobre tais questões e colocarei como apêndice à minha *Sociologia*".[72] Mas essa sequência do *Tratado* jamais viria ao mundo nem sob a forma de terceiro volume nem sob a de apêndice. De um "Apêndice II", que deveria conter dados estatísticos relativos ao movimento comercial na França, fala no § 2293; mas ele também permaneceu no limbo das boas intenções. Na mesma "Advertência", supramencionada, anuncia que "apêndices, acréscimos e correções do volume II [do *Tratado*] constituirão um fascículo, que será publicado depois da paz". Os *Addenda* e os *Corrigenda* que ocupavam, na primeira edição, cerca de vinte páginas depois dos índices, só se referiam ao primeiro volume. Mas tal fascículo, que deveria conter os acréscimos ao volume II, também não aparecerá nunca: esses acréscimos, incorporados ao texto da tradução francesa, cujo segundo volume se publicou em 1919, serão publicados nos *Addenda* da segunda edição italiana (1923).

Apesar disso, o *Tratado* foi objeto naqueles últimos anos de cuidados constantes e assíduos por parte de Pareto. Mal fora publicada a edição italiana, já pensava na francesa, surgida em dois volumes, respectivamente em 1917 e em 1919, pela editora Payot. A tradução foi realizada, com base nas provas tipográficas, pelo devotado discípulo Pierre Boven,[73] que discutira sob sua orientação uma dissertação em Lausanne, em 1912, sobre *Les applications mathématiques à l'économie politique*. Nela introduziu

---

72 *Lettere*, II, p.186.
73 Como informa a carta a de Pietri-Tonelli, de 21 de maio de 1915, *Studi paretiani*, p.129.

várias correções e acréscimos, ainda que só no segundo volume, "para melhor compreensão da matéria", como escreveu a Sensini,[74] ao passo que o primeiro volume era "cópia exatíssima do primeiro volume italiano".[75] Em 1920, editado por Barbera e organizado pelo egiptólogo Giulio Farina, saiu o *Compendio di sociologia generale*, que jamais satisfez Pareto inteiramente.[76] Poucos meses depois de sua morte, no final de 1923 apareceu em três volumes a segunda edição italiana, quase completamente sem modificações em relação à edição francesa, uma vez que os *Addenda* ao segundo volume, que diferenciam essa edição italiana da primeira, já estavam quase todos incorporados à edição francesa.

Se o terceiro volume do *Tratado*, que deveria submeter as teorias de Pareto ao teste dos fatos recentes, jamais foi escrito, ele, por outro lado, não renunciou às investigações e às análises nessa direção. Até a morte não escreveu mais obras de fôlego. No entanto, colaborou, cada vez mais intensamente, em jornais e revistas. A maior parte desses escritos, muitas vezes ocasionais, é comentário aos acontecimentos extraordinários que se desenrolavam sob seus olhos de observador desencantado e desinteressado – o conflito mundial, a revolução russa, os tratados de paz e a Sociedade das Nações, o surgimento do fascismo: como ele toma como guia infalível de análise histórica as teorias expostas no *Tratado*, este se torna em toda ocasião, bem ou mal, uma espécie de fonte inexaurível de verdade e sabedoria. O motivo que levou Pareto naqueles anos a escrever artigos de

---

74 *Corrispondenza*, p.109.
75 *Corrispondenza*, p.25. E acrescenta: "Diferenças existem só no segundo volume, no qual fiz bastantes acréscimos". Sobre a relevância de uma diferença entre a edição italiana e a edição francesa chama a atenção T. Parsons, *La struttura dell'azione umana*, p.282, nota 1.
76 Veja-se um juízo desfavorável em carta a G.H. Bousquet de 1922: Lettres de V. Pareto à G.H. Bousquet, *Revue d'histoire économique et sociale*, p.278. Cf., também, carta de 1º de abril de 1922 a de Pietri-Tonelli, *Studi paretiani*, p.151.

atualidade foi principalmente o desejo de encontrar confirmação experimental para as principais hipóteses da sociologia: somente aqui estava a chave de explicação do que ocorrera ou estava ocorrendo, aqui os instrumentos conceituais para evitar os erros em que caíam os adversários, para desintoxicar o espírito dos venenos da propaganda adversária. Em carta a Pantaleoni, depois de repetir pela enésima vez que os homens agem seguindo o sentimento, não o raciocínio, conclui: "É-me impossível compreender a história sem tal princípio; com sua ajuda, ao contrário, muitas coisas me parecem bastante fáceis de compreender".[77] Ao amigo Pansini escreve em 11 de junho de 1917 que pretende buscar "confirmação experimental das uniformidades expostas na *Sociologia*".[78] A Sensini, um ano antes da morte, em 1º de abril de 1922: "Escrevo artigos em jornais e revistas porque me oferecem oportunidade de aplicar e verificar os teoremas gerais da Sociologia".[79] Em carta dos últimos anos (24 de dezembro de 1921) a Pantaleoni, deu a entender, com uma de suas habituais invectivas contra os politiqueiros, a importância que atribuía à *Sociologia* e o orgulho de ter sido seu autor: "Por fim, devo reconhecimento a Bondi e a Luzzatti, porque involuntariamente me fizeram ir para Lausanne e me dedicar inteiramente à ciência. Sem eles, talvez nunca tivesse escrito a *Sociologia*".[80] Dirigindo-se aos críticos, tem o ar de lhes jogar na cara: "Eu tinha lhes dito, vocês não acreditaram!". Diante das ilusões que se renovam, das esperanças que se desmentem a cada reviravolta dos acontecimentos, diante dos erros que se repetem – nada menos do que a história transformada em tribunal chamado a dividir os justos dos réprobos –, só ele, com a sabedoria que lhe advém de ter consagrado longos anos de estudos à busca das uniformidades,

---

[77] *Lettere*, III, p.231.
[78] *Carteggi paretiani*, p.200.
[79] *Corrispondenza*, p.135.
[80] *Lettere*, III, p.301.

desmascara as ilusões, esvazia as falsas esperanças, traz à tona os erros. Em artigos como "Après quatre années de guerre" (1918), "Il supposto principio di nazionalità" (1918), "Speranze e disinganni" (1919), "Il fenomeno del bolscevismo" (1919),[81] a referência ao *Tratado* constitui uma espécie de baixo contínuo, cuja função é acompanhar e relacionar entre si as observações parciais sobre os fatos do dia.

Se não cita o *Tratado* como fonte, dele fala para lamentar que ninguém chega a dar-lhe a importância devida ou a entender seu real significado (abrindo exceção para a ampla síntese escrita por Sensini na *Rivista italiana di sociologia*). Refere-se a ele como a um texto no qual um leitor inteligente (espécie muito rara) poderia encontrar a chave para explicar as vicissitudes históricas passadas e prever as futuras, e no qual, bem no fundo, está dito sobre as leis de movimento da sociedade tudo o que se podia dizer. Insiste sobretudo nas inovações metodológicas, como se deduz destes dois trechos bastante significativos de cartas a Pantaleoni:

> Para tratar um tema, existem dois caminhos, a saber: 1) diz-se o que se reputa *útil*; b) diz-se o que se reputa de acordo com a *experiência*. Uma coisa é diferente da outra. Este é um dos principais fundamentos de minha *Sociologia*.[82]
>
> Meu *Tratado de Sociologia* é uma tentativa muito imperfeita de introduzir nas ciências sociais aquela *relatividade* que, de modo muito mais perfeito, foi introduzida agora nas ciências físicas. Do absoluto metafísico se vai gradualmente até a relatividade experimental. Galileu, Copérnico, Newton deram um passo enorme; Einstein agora dá outro. Quem sabe se, em um século, alguns exemplares da *Sociologia* escaparão da roedura dos ratos, algum

---

[81] Reunidos no volume *Fatti e teorie*. Veja-se também o pequeno livro *Trasformazione della democrazia*, em que se recolheram ensaios de inspiração unitária, publicados em 1920 na *Rivista di Milano*.
[82] *Lettere*, III, p.254.

investigador verá que no princípio do século XX houve um autor que quis introduzir o princípio da relatividade nas ciências humanas e, então, dirá: "Por que não compreenderam isso, quando tão facilmente tal princípio invadia as ciências físicas?". Creio que responderá: "Porque então, como sempre, as ciências sociais estavam enormemente atrasadas em comparação com as ciências físicas".[83]

Ambos os trechos destacam aspectos em amplo sentido metodológicos da obra: o segundo aponta claramente, não importa se certa ou erradamente, uma reforma do método como sua novidade. No discurso proferido por ocasião da homenagem que lhe tributou a Universidade de Lausanne em 6 de julho de 1917, Pareto concluiu que o único objetivo do *Tratado* "– digo 'único' e insisto neste ponto – é investigar a realidade experimental por meio da aplicação às ciências sociais dos métodos que foram testados em física, química, astronomia, biologia e outras ciências semelhantes".[84] Exatamente porque introduzira a reforma do método, considerava ter conseguido estabelecer uniformidades mais correspondentes aos fatos e poder fazer previsões mais prováveis. O que explica, entre outras coisas, porque, escrito o *Tratado*, tenha assumido diante da história aquela atitude puramente contemplativa de distanciado desinteresse, de tranquila (mas não muita) impassibilidade, própria de quem está a ver o que acontece no mundo, uma vez que, neste meio-tempo, não pode fazer absolutamente nada. Tal como o astrônomo que, depois de construir a teoria do eclipse, que é assunto seu, põe-se pacientemente diante do telescópio para observar o movimento dos astros, que assunto seu não é. Não que deixasse de perceber

---

83 *Lettere*, III, p.283.
84 Publicado por G. Borgatta, L'opera sociologica e le feste giubilari di V.P., *Riforma sociale*, p.601-41. O trecho citado se encontra na p.614. O discurso de Pareto, com o título "Il metodo sperimentale nelle scienze sociali", também foi publicado em *La libertà economica*, XV, 15 ago. 1917, p.207-12.

a singularidade e a inutilidade social de sua atitude. Mas acalmava o coração comparando-se aos frades do Medievo que conservaram textos antigos e serviram à cultura da humanidade: com uma condição, naturalmente, a de que não fossem muito numerosos: "Muitos eremitas, como o de Céligny, acarretariam danos, mas um só não. Uma noz no saco não faz barulho".[85]

Entre 4 de abril e 18 de maio de 1918, Pareto manteve também um diário,[86] que se desenvolveu muitas vezes sob a forma de diálogo familiar com suas gatas: nele comenta ironicamente os discursos de Wilson, fustiga as sagradas missões dos povos (todo povo tem a sua, e só a sua é sagrada), compara os processos contra os derrotistas aos antigos processos contra os hereticos, expõe no pelourinho os burgueses que se deixam devorar pelos leões que eles mesmos alimentaram. Também aqui não esquece a *Sociologia*, muitas vezes citada. Mas nenhum dos escritos desse período expressa melhor o estado de espírito de Pareto do que "Epílogo", redigido para a publicação do volume de ensaios *Fatti e teorie*. Depois de enunciar em dezessete teses as principais teorias do *Tratado*, mostra como os fatos se encaixam perfeitamente na teoria e, por fim, comparando-se a Dioneo que narra a última história do *Decamerão* para recrear o espírito, comenta algumas derivações "mais para anotar casos amenos do que por utilidade de estudo".[87] Assim, depois de ter pregado durante anos a separação entre ciência e crença e de se ter proclamado devoto só da primeira; depois de ter afirmado a necessidade de que as coisas humanas também fossem finalmente observadas com a mesma indiferença com que havia séculos eram observadas as coisas da natureza, o eremita de Céligny

---

85 *Lettere*, III, p.255.
86 *Mon Journal*, Pádua, Cedam, 1958, publicado pela primeira vez em cópia fotográfica. Uma folha foi publicada em *Carteggi paretiani*, p.181-4. E agora como apêndice ao volume V. Pareto, *Sommaire du cours de sociologie suivi de Mon Journal*, p.25-85.
87 *Fatti e teorie*, p.377.

passou os últimos anos de sua vida a observar um dos mais trágicos períodos da história humana com o mesmo estado de espírito com que o naturalista estuda a vida de um formigueiro.

II.

Dessa longa gestação nasceu uma obra que só se pode chamar de "monstruosa",[88] entendido o termo "monstro" no tríplice sentido de "prodígio", "criatura disforme" e, de modo neutro, "evento fora do comum". Prodigiosa é, no *Tratado*, a amplitude de projeto e investigação: de introdução à economia, a sociologia se tornou, através de sucessivas ampliações, análise particularizada e reconstrução completa do equilíbrio social e dos fatores que o produzem. A análise se apoia num acervo de fatos, em especial da história antiga e da contemporânea, recolhido através de leituras várias e desordenadas de clássicos e de jornais. A reconstrução se baseia em ambiciosa descrição e classificação dos móveis constantes da ação social e em demonstração mediante amplos trechos de interpretação histórica. Pareto inseriu no *Tratado*, aparentemente de modo confuso, mas seguindo uma ordem ideal, cujo desenho possuía nitidamente na cabeça, tudo aquilo que lhe aconteceu pensar sobre as vicissitudes da sociedade humana e sobre o significado da história no período mais intenso de sua atividade intelectual. A exposição é continuamente interrompida por digressões e por digressões nas digressões, algumas das quais são pequenos tratados em si mesmos. Nelas se encontra, por exemplo, minuciosa narração das práticas mágicas para provocar ou impedir os temporais, longa e cerrada

---

[88] Um de seus mais fervorosos admiradores e discípulos, Bousquet, define o *Tratado* como "magma monstruoso" (*Pareto. Le savant e l'homme*, p.149). E Aron, no prefácio à reimpressão da edição francesa do *Tratado*, fala de "obra monumental ou monstruosa – talvez monumental *e* monstruosa" (p.VII).

crítica ao jusnaturalismo, análise das teorias utilitaristas de Bentham e do imperativo categórico de Kant. Pareto acumulava como avaro e gastava como megalômano. Possuía em medida excepcional dois dotes que, comumente, aparecem separados e caracterizam dois tipos diversos de pesquisador: um engenho analítico até o pedantismo, uma curiosidade pelos fatos (ajudada por memória excepcional) até a bisbilhotice. Tinha ao mesmo tempo a paixão do coletor e a do classificador: uma ajudava a outra, e todas as duas contribuíram para produzir uma obra que atordoa e cansa o leitor comum e provoca nos críticos duas atitudes antitéticas, tão frequentes na literatura paretiana: o entusiasmo mais ingênuo e a aversão mais profunda.

A disformidade do *Tratado* é tão evidente que não é preciso insistir: de resto, já se disse a respeito todo o mal possível, tanto que voltar ao assunto dá a sensação de chutar cachorro morto. Para dizer tudo numa palavra, o *Tratado* dá a impressão de desleixo completo. Pareto percebia-o perfeitamente, mas, como homem obstinado que era, mostrava não querer dar importância e se irritava com quem fazia tal tipo de observação. Diante de uma resenha que deplora a má distribuição da matéria entre texto e notas, desafoga-se com Sensini deste modo:

> Importa-me encontrar uniformidades, mas não me importa nada colocá-las no texto ou nas notas, em capítulos "mastodônticos" ou equilibrados, em "digressões" ou discursos eloquentes. Uma sorte que, até o momento, ainda não criticaram o formato do livro, o papel, a impressão, os caracteres etc.![89]

---

89 *Corrispondenza*, p.105. Análogo desabafo em carta a Pansini: "O pedantismo acadêmico descobriu uma grande mácula na obra, as partes que deviam estar nas notas estão no texto e vice-versa. Eis, portanto, um autor que diz, repete, torna a repetir, até se tornar aborrecido como as moscas, que *só* quer buscar a uniformidade dos fatos; e os senhores críticos descobrem – quem sabe com quanto esforço! – que *só* cuidou disso, sem se preocupar em distribuir convenientemente a matéria entre o texto e as notas... Existe outro que

Não que ele não tivesse um fio condutor, mas o perdia de bom grado para seguir seu estro, seus humores, seus ressentimentos ou até somente sua mania de colecionador de episódios exemplares, de modo que se via obrigado, de quando em vez, a retornar ao próprio caminho com recapitulações, a demarcar trechos já percorridos e ainda por percorrer, a redigir longos índices de matérias que representam guia indispensável à leitura argumentada da obra. Ao se melindrar com as estocadas de quem criticava a estrutura formal do *Tratado*, Pareto estava errado: o *Tratado* é, e continua a ser, obra indigesta que maltrata os estômagos frágeis, paralisa os fortes e, exatamente por causa desse aspecto desagradável, foi mais provada do que assimilada, mais cheirada do que provada e, quase cinquenta anos depois de sua primeira publicação, resta em parte por descobrir.

O aspecto no qual mais vale a pena nos determos é o indicado pela terceira acepção de *mostrum*: o *Tratado* é obra fora de qualquer medida comum, porque não se assemelha a nenhum dos livros que trazem o mesmo título e não pode ser inserida, senão com certo esforço, no filão clássico através do qual se desenvolvera, naqueles últimos cem anos, em Europa e América, a pesquisa sociológica. Não à toa a corporação dos sociólogos, salvo poucas exceções, repeliu-a repetidamente do próprio seio. De dois problemas clássicos da sociologia oitocentista (e que a sociologia oitocentista herdara da filosofia da história), o problema dos fatores e o do progresso, restam traços no *Tratado*, ainda que Pareto prefira falar, de modo menos comprometedor, mais de elementos do que de fatores e, quanto ao progresso, o negue radicalmente, concebendo o movimento histórico como um moto ondulatório. É-lhe completamente estranho, ao contrário, o problema da natureza do "social", com os problemas conexos da tipologia das várias formas de sociedade, que eram os dois

---

implica com os índices! Ninguém ainda desaprovou o formato, mas com um pouco de paciência ainda espero ler tal crítica" (*Carteggi paretiani*, p.115).

problemas pelos quais, sobretudo, a sociologia estava reconstruindo a própria autonomia. A única vez que se propôs o problema da distinção entre o individual e o social foi quando aceitou discutir o tema obrigatório do congresso filosófico de 1904; mas, como vimos, esquivou-se da questão de fundo, dando a entender que não tinha nenhum interesse específico no tema. No *Tratado*, o problema da natureza do social, que afinal é o problema da delimitação objetiva do campo da sociologia, sequer aflora: partindo do modelo mecanicista, em vez do organicista, Pareto considera a sociedade como sistema em equilíbrio, do qual é preciso buscar as forças que o compõem, decompõem e recompõem; essas forças são sempre manifestações de inclinações, instintos ou sentimentos individuais, isto é, de indivíduos singularmente considerados. Quanto à morfologia social, Pareto dela se desinteressa porque o único tipo de sociedade que tem em mente é a sociedade política, a ponto de parecer hoje muito mais um continuador de Maquiavel do que um contemporâneo de Durkheim. Como já observou, entre outros, Schumpeter, sua sociologia foi principalmente "uma sociologia do processo político".[90] Concebeu a sociologia como elaboração de categorias, esquemas, conceitos para uma interpretação mais adequada da história passada – naturalmente, da história política – e para uma formulação mais correta, apesar do que dizia de sua olímpica indiferença, da luta política de que era espectador. Isso explica por que preferia a companhia dos historiadores à dos sociólogos: basta passar os olhos pelo índice de nomes por ele mesmo pretendido para perceber que suas fontes, além dos teólogos, sobre os quais falaremos, são os grandes historiadores, de Tucídides a Mommsen. E, afinal, quando chega ao último capítulo, realiza uma tentativa bastante discutível, para dizer a verdade, de oferecer uma verificação empírica (Pareto diz sempre, impropriamente,

---

[90] J. A. Schumpeter, Vilfredo Pareto (1848-1923), *The Quarterly Journal of Economics*, p.168.

"experimental") das hipóteses adotadas e explicitadas anteriormente, através de longa análise da história romana. Em segundo lugar, a análise do sistema social só ocupa, como se sabe, os últimos dois capítulos, cerca de um quarto do *Tratado*. A matéria dos outros dez capítulos nada tem a ver com aquela habitualmente estudada pelos sociólogos e está mais próxima, eventualmente, daquela da psicologia social: a análise das motivações da conduta do homem em sociedade. Além disso, o material de que Pareto se serve para elaborar uma teoria das motivações é constituído não tanto pelos comportamentos sociais dos indivíduos quanto pelas teorias sobre os comportamentos sociais, elaboradas com procedimentos não lógico-experimentais. O *Tratado*, não diferentemente de *Systèmes socialistes* (e nisso se vê a continuação de um motivo dominante), é predominantemente análise crítica de ideologias, variadamente escolhidas no imenso campo do pensamento religioso, filosófico, político, jurídico, social. O que impressionou Pareto, como vimos, na observação do comportamento social dos homens e o levou a se ocupar de sociologia (ou pelo menos do que entenderia por sociologia), foi a predominância das ações não lógicas sobre as lógicas. Na ampla esfera das ações não lógicas Pareto compreendia o que um velho moralista chamaria de mundo das paixões. Também Hobbes, no *Leviatã*, fez preceder uma análise das paixões ao estudo da sociedade e do Estado. A obra de Pareto, em primeiro lugar, é um tratado de paixões modernizado tanto na metodologia quanto na nomenclatura e escrito por um fervoroso crente no método experimental. Como frequentemente foi observado, e com particular amplitude por La Ferla, que traçou a figura de um Pareto voltairiano,[91] Pareto tinha do moralista o gosto amargo e mordaz de perscrutar os homens e pôr a nu mais seus vícios do que suas virtudes, suas fragilidades,

---

91 G. La Ferla, *Vilfredo Pareto, filosofo volteriano*. Giacalone-Monaco define Pareto como "sociólogo puritano": *Pareto e Sorel*, p.68.

sua vaidade e sua estupidez, não para refutá-los nem para fustigá-los, mas para desfrutar do alto o espetáculo. Não tinha o estofo do reformador de costumes nem do pregador, mas sim do moralista no sentido clássico da palavra, isto é, do desapaixonado indagador das paixões alheias. E se for verdade, como se notou, que os moralistas nascem "quando se começa a perder a fé no homem",[92] a vocação do moralista nasceu em Pareto quando as desilusões políticas o induziram a desesperar da possibilidade de corrigir a natureza humana. Conhece bem seu Montaigne e, enquanto habitualmente só cita os colegas sociólogos para ridicularizá-los, recorre com prazer ao bom-senso de um homem prático, como Montaigne, "antídoto ao delírio dos autores que divagam sobre o direito natural" (§ 466).[93] A primeira e maior fonte da teoria das ações não lógicas não lhe foi oferecida pelos psicólogos de seu tempo, que jamais leu, e muito menos por Freud, de quem foi muitas vezes aproximado por causa da teoria dos resíduos, sem dele ter nenhuma notícia, mas por Pierre Bayle, que considera tão superior a Rousseau quanto a astronomia de Kepler é superior à de Cosme Indicopleustes (§ 365). Nas obras de Bayle se encontram – assegura-nos – "muitas teorias das ações não lógicas, e causa surpresa ler neste autor verdades que ainda hoje são desconhecidas (§ 358).

Entre a análise dos moralistas e a de Pareto, no entanto, havia uma diferença no material de observação usado por uns e pelo outro. Pareto não tratou das obras literárias; examinou, certamente, as teorias nas quais os homens aparecem como protagonistas diretos com suas ações e seus sentimentos, declarados ou só subentendidos, mas lançou-se ao exame sobretudo das obras do pensamento reflexivo, das antigas cosmogonias às teologias da era cristã e às modernas filosofias da história, das teorias do direito natural às teorias recentes do utilitarismo, do socialismo,

---

92 G. Macchia, *La scuola dei sentimenti*, p.24.
93 De novo sobre o "bom-senso" de Montaigne no § 1681.

do solidarismo, em que a ação humana é objeto de interpretação e justificação mais ou menos racional. Não menos do que pelo agitado movimento das paixões no teatro da história, Pareto foi surpreendido pelo variado e capcioso modo com que essas paixões são costumeiramente escondidas, simuladas, mascaradas por construções pseudorracionais. O dissídio clássico entre paixão e razão lhe pareceu não dissídio entre parte inferior e parte superior da alma humana, mas entre instinto natural e sua contrafação, entre espontaneidade e construção artificial. A função da razão não era, de modo algum, dominar as paixões, consideradas como a parte servil do homem, mas só mascará-las para torná-las mais aceitáveis (mas não menos ofensivas). Estudando as teorias sociais de seu tempo, convenceu-se de que também as doutrinas que se proclamavam cientificamente fundadas, como as de Comte, Spencer ou Marx, estavam inspiradas por certos sentimentos e tinham como escopo último inculcá-los em outros; em definitivo, haviam posto a razão a serviço da paixão. A considerar atentamente a obra da razão na história, era de espantar o lugar restrito que desempenhara na função, comumente considerada primária pelos incorrigíveis ou interessados celebradores do homem animal racional, de colaboradora dos sentidos na descoberta da verdade. Ela só possuía tal lugar restrito nas teorias lógico-experimentais, que deram alguns passos à frente no estudo da natureza, poucos no do homem e da sociedade. Na heterogênea, mal delimitada e delimitável categoria das teorias não lógico-experimentais, definidas, como de resto as ações não lógicas, só negativamente, Pareto inseriu grande parte dos produtos do pensamento humano, da teologia à metafísica, da filosofia à pseudociência. E se ateve à tarefa de investigar sua íntima estrutura para lhe compreender o segredo e, desse modo, passou das justificações pseudológicas aos motivos que as provocaram, da razão manifesta ao sentimento oculto. A análise das teorias não lógico-experimentais constituía um modo, ainda que com *détour*, de chegar à análise dos sentimentos. Até então os moralistas enfrentaram o inimigo em campo aberto; Pareto quis contorná-lo e surpreendê-lo pelas costas, golpeando-o melhor.

Ao estudo das teorias não lógico-experimentais Pareto dedica dois capítulos, o quarto e o quinto. Esse minucioso exame pode parecer desproporcional à natureza e ao objetivo da obra, se não se entende que não tem o escopo de limpar o terreno para a teoria que se quer propugnar depois da crítica às teorias que se quer refutar e, portanto, não é de modo algum a *pars destruens* do *Tratado*, mas sim visa a chegar ao fundo do problema, isto é, a captar a natureza das forças que movem a sociedade através de fatos verificáveis que se revelam com mais inteireza. E tais "fatos experimentais", como os chama Pareto (§ 7), são exatamente as teorias não lógico-experimentais, graças às quais "podemos ter conhecimento preciso das forças que operam na sociedade, isto é, das disposições e inclinações dos homens" (§ 8). As teorias não lógico-experimentais são, como Parsons insistentemente destacou, o próprio dado da pesquisa, isto é, a matéria-prima ou bruta de que parte a análise indutiva para chegar às uniformidades. Só assim se explica o especialíssimo feitio da obra tão diferente daquele das outras obras sociológicas. O próprio Pareto distingue, no procedimento do *Tratado*, a via indutiva e a via dedutiva (§ 370): a via indutiva é aquela que, através da análise das teorias não lógico-experimentais, descobre as forças operantes na sociedade e permite a elaboração da teoria dos resíduos e das derivações, que ocupa a parte mais ampla e central do *Tratado*; a via dedutiva é aquela que, uma vez estabelecida a natureza dessas forças e proposta uma classificação delas, dirige-se ao estudo da história para verificar sua validade. Assim, o estudo da história que na ciência política tradicional vem primeiro, aqui vem por último, e isso justamente em razão do fato de que fonte primária da pesquisa não são as narrações históricas, mas as chamadas teorias não lógico-experimentais. Entre estas, ocupam lugar imponente os livros teológicos, que terminam por se tornar, incrivelmente, ao lado de alguns clássicos da historiografia, as fontes principais do *Tratado*, os primeiros, do movimento inicial – busca das uniformidades e hipóteses de trabalho –, os últimos, do movimento final – confirmação das uniformidades e verificação empírica das hipóteses.

A despeito do excesso de material e da irregularidade da disposição, deve-se reconhecer que o projeto da obra é bastante claro e, como repetidamente observou Bousquet, extremamente simples.[94] Depois de um capítulo preliminar sobre o método, a pesquisa se desenvolve através de seis etapas, logicamente conexas. *Primeira etapa*: distinção entre ações lógicas e não lógicas (a que estão dedicados o segundo e o terceiro capítulo). Ações lógicas são as que têm o duplo caráter de estabelecer um meio objetivamente adequado ao fim e de ser realizadas com a consciência dessa adequação. Ações não lógicas, todas as demais. Inserem-se, pois, entre as ações não lógicas tanto as que estabelecem meios objetivamente inadequados para alcançar o fim, como, por exemplo, fazer sacrifícios a Netuno para ter boa navegação, quanto as que estabelecem meios adequados, mas sem que o agente tenha consciência disso (trata-se das ações instintivas próprias do mundo animal). Essa distinção é importante, porque só a descoberta de que o mundo das ações humanas que determina o movimento social é do segundo tipo abre a porta para uma análise real, ou melhor, realista, da sociedade. *Segunda etapa*: o melhor modo para chegar à identificação e à descrição das ações não lógicas é partir do estudo de suas manifestações verbais, isto é, das teorias não lógico-experimentais, que se dividem entre teorias que transcendem a experiência (capítulo quarto) e teorias pseudocientíficas (capítulo quinto), segundo a intervenção dos princípios não experimentais, seja explícita ou só implícita e, portanto, mais ou menos dissimulada. Talvez seja supérfluo observar que a distinção entre teorias lógico-experimentais e não lógico-experimentais é uma

---

94 G. H. Bousquet, *Pareto. Le savant e l'homme*, p.151.

duplicação da distinção entre ações lógicas e não lógicas, ainda que a esta não corresponda plenamente: as teorias não lógico-experimentais são as manifestações verbais das ações não lógicas, mas daí não se segue que sejam também ações não lógicas, isto é, inadequadas subjetiva e objetivamente ao fim proposto. Infelizmente, o problema da relação entre as duas distinções fundamentais do *Tratado* não é discutido expressamente por Pareto, o qual não parece perceber o duplo plano em que se move continuamente sua obra, o de análise das forças sociais, entre as quais também as teorias, e o de análise exclusivamente das teorias, como materiais de estudo das forças sociais. *Terceira etapa*: a análise das teorias não lógico-experimentais serviu para destacar os dois elementos que as compõem: a parte pouco variável, que é manifestação de sentimentos elementares, a parte mais variável, que compreende o conjunto de argumentos mais ou menos lógicos com que o homem busca dar justificação racional aos próprios impulsos, instintos ou inclinações (a linguagem de Pareto nessa delicadíssima matéria é, como várias vezes seus críticos observaram, oscilante e pouco rigorosa). A primeira parte é constituída pelos resíduos, divididos em seis classes (a que se dedicam três capítulos, o sexto, o sétimo, o oitavo); a segunda parte, pelas derivações divididas em quatro classes (a que se dedicam dois capítulos, o nono e o décimo). Esses cinco capítulos constituem o coração da obra, isto é, a análise das forças que agem na sociedade humana, isto é, numa sociedade de seres ao mesmo tempo instintivos e simbólicos (no sentido de que empregam símbolos para comunicar entre si). *Quarta etapa*: uma vez identificados resíduos e derivações como as principais manifestações das forças que agem num sistema social, trata-se de examinar concretamente o modo de sua ação através de um estudo de sua respectiva importância, das relações de recíproca influência entre uns e outras, bem como das consequências que de sua variada combinação derivam para a composição e o desenvolvimento de um sistema social. O capítulo décimo primeiro, que trata dessa matéria, é o mais longo e também o mais confuso: representa a passagem entre a análise dos elementos simples de todo sistema social e sua recomposição na teoria do equilíbrio social; seu escopo principal parece ser o de mostrar, através da variada distribuição e da complexa integração desses elementos simples, que todo sistema é heterogêneo (teoria da heterogeneidade social) e que o aspecto mais vistoso e permanente dessa heterogeneidade é a distinção e a contínua troca entre governantes e governados (teoria das elites e de sua circulação). *Quinta etapa*: o estudo precedente das várias forças que agem num sistema social permite a construção de uma teoria do equilíbrio social, em que operam de modo variado os elementos até aqui considerados (a que se acrescenta a categoria de interesse, própria da ação econômica), que podem ser reduzidos a estes quatro: *a)* resíduos; *b)* interesses; *c)* derivações; *d)* heterogeneidade e circulação social (§ 2205). À teoria da forma geral da sociedade está dedicado o capítulo 12º, também longo e compósito, que contém várias análises mal conectadas entre si, das quais a mais conhecida (não por seu valor científico, mas por revelar os humores políticos do autor) é aquela sobre a natureza do ordenamento político, que é, ao mesmo tempo, diagnóstico e juízo sobre a sociedade contemporânea. *Sexta etapa*: após a construção do modelo teórico, a verificação empírica, que se torna no caso específico uma demonstração histórica (capítulo décimo terceiro e último).

Ainda mais sinteticamente, a estrutura formal do *Tratado* pode ser condensada nestes traços e nexos: uma observação de base (a prevalência das ações não lógicas), ou momento da *hipótese*, é verificada através do exame de um material a que os sociólogos dedicaram até agora pouca atenção (as teorias não lógico-experimentais), ou momento *crítico*; este exame permite a identificação e a classificação dos elementos originários de um sistema social, ou momento da *análise*, ao qual se seguem a construção de um modelo teórico do equilíbrio social, ou momento da *síntese*, e por último uma comprovação histórica, ou momento da *verificação*. Naturalmente, essa divisão de momentos é aproximativa e deve ser acolhida com muita cautela: peca por simplificação (a matéria do *Tratado* é transbordante, e não há margem que a contenha) e por excessiva esquematização (o *Tratado* é um dos livros mais convulsos, desordenados e atabalhoados que jamais foram escritos).

O que o apanhado e o breve esquema mostram de modo suficiente é a novidade da obra a que Pareto se entregou por anos no isolamento e na solidão de Céligny, distante do mundo, acossado, quase perseguido, pelo demônio de seus rancores, oprimido pela tumultuosa proliferação de ideias que se lhe amontoavam na cabeça. Desde as primeiras leituras, como vimos, lançou-se em combate contra a sociologia do tempo. E entre ele e a sociologia convencional jamais se estabeleceram relações de boa vizinhança. Dos grandes sociólogos alemães de seu tempo, de Ferdinand Tönnies a Max Weber,[95] não há, nem nas cartas nem no *Tratado*, traço algum.[96] O maior sociólogo francês, seu contemporâneo, Émile Durkheim, nunca é citado; mas a resenha de *O suicídio*, já recordada, e uma carta a Claparède, recentemente publicada, nos revelam bastante claramente a opinião que tinha a respeito: "No entanto, devo adverti-lo de que receio muito não concordar nesse assunto com o sr. É. Durkheim".[97]

---

[95] Sobre as relações entre Pareto e Max Weber, cf. G. Eisermann, *V. Pareto als Nationalökonom und Soziologe*, p.56 et seq.

[96] Um estudo acurado das fontes só poderá ser realizado quando for reordenada e aberta ao público a biblioteca pessoal de Pareto, que se encontrava em estado de abandono há ainda alguns anos, na Universidade de Lausanne, e agora está prestes a ser reordenada. Mas não devem ser subestimadas as indicações dadas por Bousquet, *Pareto. Le savant e l'homme*, p.149-50.

[97] G. Busino, Pareto au Congrès international de philosophie de Genève, p.35. Na primeira edição deste ensaio, escapou-me a resenha de Pareto sobre *Le suicide*, de Durkheim, para a qual chamou a atenção G. Busino, Cinque anni di studi sulla vita e sull'opera di Vilfredo Pareto (1960-1965), *Nuova rivista storica*, p.655. O mesmo ensaio de Busino aparece com o título "Les études

De Lévy-Bruhl, como já vimos, menciona-se elogiosamente *La morale et la science des moeurs*, em artigo de 1907, mas no *Tratado* essa obra passa em brancas nuvens. Em suas leituras sociológicas não havia ido muito além dos não mais recentíssimos sociólogos em língua francesa, Letourneau (n. 1831), Le Bon (n. 1841), De Greef (n. 1842) e Tarde (n. 1842). Deste último se ocupou nos primeiros artigos de tema sociológico, publicados em 1897 e 1899;[98] no *Manual*, citando dois de seus livros, *Les lois de l'imitation* (1890) e *L'opposition universelle* (1897), comenta: "carecem de precisão científica de modo verdadeiramente extraordinário".[99] Le Bon, cuja obra *Psychologie du socialisme* (1898) resenhara na *Zeitschrift für Sozialwissenschaft* em agosto de 1900,[100] é citado muitas vezes em *Systèmes*. A Letourneau presta a grande honra de citá-lo, com Comte e Spencer, entre os que fazem passar suas religiões pessoais por sociologia científica (§ 6). Dos sociólogos em língua inglesa, além de Spencer, leu Giddings (n.1855), cuja obra principal, *The Principles of Sociology*, fora traduzida em francês por um amigo de Pantaleoni, o visconde Gaëtan-Guillaume Combes de Lestrade.[101]

Quanto aos dois pais da sociologia, Comte e Spencer, devia conhecê-los, sobretudo o segundo, bem a fundo. Pantaleoni

---

parétiennes aujourd'hui", como introdução à reedição de *Sommaire du cours de sociologie suivi de Mon Journal*, em que a passagem citada se encontra nas p.xliv-xlv; e também em *Cahiers Vilfredo Pareto*, p.95-164.

98 I compiti della sociologia fra le scienze sociali, p.52; I problemi della sociologia, p.155, em que, a propósito das obras de Tarde, diz: "São estudos bastante meritórios, mas estamos bem longe de ter uma teoria geral".

99 *Manuale*, p.103. Sobre a influência de Tarde insiste, de modo particular, Antonucci, que também acrescenta Ribot: *Alcune lettere di V. Pareto*, publicadas e comentadas por A. Antonucci, p.12.

100 Agora em *Scritti sociologici*, p.294-6.

101 Sobre o qual cf. nota 1 à carta n.455, no volume *Lettere a Maffeo Pantaleoni*, II, p.316. O título francês da obra de Giddings é *Principes de sociologie*. Pareto a ela se refere em carta a Pantaleoni de 9 de abril de 1897 (*Lettere*, II, p.61). Pareto conheceu pessoalmente Giddings em Lausanne, como informa outra carta a Pantaleoni de 8 de julho de 1896 (*Lettere*, I, p.459).

escreveu no necrológio: "Se quisermos traçar algumas das principais fontes da cultura de Pareto – fora da matemática –, além de Comte devem ser mencionados três escritores que sempre tinha em mãos: H. Spencer, Darwin e Bain".[102] Mas apontou-os repetidamente no *Tratado* como insignes exemplos de sociologia não científica. Sua orientação filosófica e metodológica era certamente de origem comtiana, como mostrou Pantaleoni no artigo que acabamos de citar. Mas já em *Systèmes* se ocupou amplamente de *Système de politique positive* com espírito crítico e cáustico. No *Tratado*, desembaraça-se da filosofia comtiana com esta saborosa frase: do *Cours* para o *Système* e a *Sinthèse*, Comte passa gradualmente das explicações experimentais às metafísicas e às teológicas, mostrando assim "uma evolução diretamente contrária à que supõe nas sociedades humanas" (§ 1537). Durante alguns anos pôs Spencer entre seus autores prediletos, mas depois, com grande desapontamento de Pantaleoni, que comentou surpreso a reviravolta,[103] mudou de opinião.

Da antiga predileção se encontram frequentes traços nas cartas dos primeiros anos a Pantaleoni. Em 1897, falando ao amigo sobre suas leituras, escreveu, como já lembrado, que "Spencer, como águia, *voava* sobre toda aquela gente";[104] em janeiro de 1898, repetiu ser "o único autor que fez um trabalho

---

102 M. Pantaleoni, In occasione della morte di Pareto: riflessioni, *Giornale degli economisti e rivista di statistica*, p.15.
103 "Quanto a Spencer, enquanto Pareto viveu na Itália, podia concorrer com ele na estima desse escritor talvez só outra pessoa de mim conhecidíssima [evidentemente o próprio Pantaleoni]. Depois, na Suíça, mudou de opinião parcialmente, e não sei como isso aconteceu dada uma breve lacuna que nessa época se formou em nossas relações por causa tanto da distância quanto do intenso trabalho que recaiu sobre ambos. O prof. Linacher, convidado para fazer em Veneza um perfil literário de Spencer [...], mandou a Pareto o rascunho de seu discurso, esperando, sobretudo, apoio na indicação dos méritos. Para sua surpresa, recebeu um rol das insuficiências de Spencer" ("In occasione", p.15).
104 *Lettere*, II, p.61.

verdadeiramente científico na sociologia";[105] no artigo de 1899, fala da evolução da sociedade política "magistralmente exposta por Spencer".[106] Mas já em *Systèmes*, ainda que em meio a muitos elogios e malgrado a afirmação de que, do ponto de vista científico, está "tão acima de Comte que não pode de modo algum ser a ele comparado",[107] insinua a observação de que também Spencer, como John Stuart Mill, depois de ter criticado Comte por não ser bastante positivista, termina por abraçar uma espécie de religião metafísica.[108] Suas alfinetadas são dirigidas sobretudo à obra *La morale des différents peuples* (Pareto a cita assim na edição francesa), que não parece escrita pelo mesmo autor de *Principes de sociologie* (título assim citado), repleta como estava de preceitos morais, absolutamente incompatíveis com o espírito científico. Em outro lugar, lamenta que em Spencer o cientista desapareça gradualmente "para ceder lugar ao moralista dogmático".[109] Alguns anos depois, no *Manual*, também critica severamente a *Morale evoluzionista* [sic] e acusa seu autor de trair o ideal da ciência para ir atrás daquele do moralista.[110] No *Tratado*, o ídolo é definitivamente feito em pedaços. O parágrafo 112 começa deste modo: "O positivismo de Herbert Spencer é simplesmente uma metafísica". Entre Comte e Spencer não há nenhuma discrepância: ambos são associados em crítica idêntica. Seus supostos

---

105 *Lettere*, II, p.146.
106 I problemi della sociologia, p.153.
107 *Systèmes*, II, p.207.
108 *Systèmes*, II, p.197.
109 *Systèmes*, II, p.436, nota 1.
110 É desse período o juízo que se lê em carta de Pareto ao amigo e colega Ernest Roguin e que resume muito bem seu estado de espírito em relação a Spencer: "Quando era jovem, tive muita admiração por Herbert Spencer, agora seus raciocínios me parecem pueris e não consigo compreender como antes pude valorizá-los. Herbert Spencer não tinha nenhuma educação clássica. Não conhecia nada de gregos e romanos e dava à sua história valor igual à de uma horda qualquer de negros. Fazia metafísica e dizia fazer ciência. Acredito que, cientificamente, não vá sobrar nada dele" (G. Busino, Ernest Roguin e Vilfredo Pareto, *Cahiers Vilfredo Pareto*, p.198).

sistemas científicos são "religiões diversas, mas sempre religiões" (§ 6).

Um discurso à parte mereceria a relação de Pareto com Darwin, de que fala Pantaleoni na citação acima mencionada, ou, melhor dizendo, com o darwinismo social, que, com a prevalência dada aos instintos na fenomenologia da sociedade, com a doutrina da evolução através da luta, dera vida a um filão de pensamento social realista, para uso de espíritos fortes, que apresenta muitas afinidades com a crua, por vezes cruel, concepção paretiana do desenvolvimento social. Do darwinismo social fala Pareto, geralmente com simpatia, em vários pontos do *Tratado* (§§ 828, 1770, 2005, 2142); considera-o um corpo de doutrinas "muito bem construído" (§ 828), mas incompleto (e, ademais, com a presunção de ser completo), porque não determina as formas das instituições, mas só os limites que estas não podem ultrapassar,[111] e ambíguo, porque não esclarece a diferença entre o mais bem adaptado à prosperidade individual e o mais bem adaptado à prosperidade da espécie. Mas em nota acrescentada à edição francesa adverte que as críticas dirigidas a essa teoria não pretendiam, de modo algum, subestimar sua importância.[112]

Quem pretender encontrar as fontes de inspiração de Pareto, deverá buscá-las bastante longe das trilhas batidas da sociologia oficial. Suas maiores fontes de inspiração são Maquiavel, Marx e Sorel. Conta Griziotti que, quando chegou em Lausanne, em 1907, Pareto dava aulas de sociologia sobre Maquiavel, explicando o valor científico do *Príncipe*.[113] De Maquiavel, muitas vezes citado elogiosamente no *Tratado*, diz que "voa como águia sobre a multidão dos historiadores éticos" (§ 2532), elogio reservado a Spencer, como vimos, nos anos de ardor

---

111 Idêntica crítica já tinha sido exposta no *Manuale*, §77.
112 Agora §2142, nota 1.
113 B. Griziotti, Alla scuola di Vilfredo Pareto e Maffeo Pantaleoni. In: VV.AA., *Vilfredo Pareto. L'economista e il sociologo*, p.340.

spenceriano. De Marx e do materialismo histórico Pareto se ocupou amplamente em *Systèmes*, no qual afirma preferir a sociologia à teoria econômica de Marx: rechaçada a interpretação vulgar do materialismo histórico, segundo a qual o fator econômico determinaria por si só e em última instância todo o movimento histórico, aceitou a sábia (*savante*) interpretação segundo a qual a história é busca de fatos e relações de fatos, objetivamente determináveis, e não das ideias que os homens deles se fazem (as ideologias).[114] A teoria e a crítica das derivações, que ocupa tão grande parte no *Tratado*, é ao mesmo tempo prolongamento e reinterpretação da crítica marxiana das ideologias.[115] Também compartilha a interpretação marxiana da história como teatro da luta de classes, ainda que a misturando e a confundindo com o darwinismo (confusão, de resto, que era lugar-comum tanto entre os defensores quanto entre os detratores deste último), e a propósito dela declara ser preciso "admirar a energia e a força de caráter que Marx empregou para defendê-la de todos e contra todos".[116] Em dois parágrafos do *Tratado* (829

---

114 Já em resenha sobre o ensaio de A. Labriola, "Del materialismo storico. Delucidazione preliminare", publicada em *Zeitschrift für Sozialwissenschaft*, p.149-53, agora nas duas coletâneas de escritos paretianos, *Marxisme et économie pure*, p.94-9, e *Scritti sociologici*, p.211-7, Pareto afirma que "ela [a teoria do materialismo histórico] tem ótima parte crítica, exatamente a que refuta as 'ideologias', ainda predominantes em certos setores históricos, e se propõe investigá-las com os métodos das ciências naturais" (cito do volume *Scritti sociologici*, p.217), e, mesmo observando que não se trata de teoria completamente nova, acrescenta que "talvez jamais tenha sido expressa com tanto vigor quanto por Labriola e pelos outros marxistas" (ibid.).
115 De opinião radicalmente oposta A. Macchioro, Marxismo ed economia politica fra XIX e XX secolo, *Rivista storica del socialismo*, p.49 et seq.: "a teoria das Derivações apresenta-se como aplicação da filosofia do pragmatismo e, como tal, o perfeito antídoto do marxismo e até sua perfeita inversão". Para maiores esclarecimentos, cf., mais adiante, o ensaio "A ideologia em Pareto e Marx". Também Busino não acredita na inspiração marxiana de Pareto e remete ao ensaio de Macchioro, Cinque anni di studi sulla vita e sull'opera di Vilfredo Pareto (1960-1965), p.655.
116 *Systèmes*, II, p.393.

e 830), resume claramente sua atitude diante do materialismo histórico e da luta de classes: dirige-lhes a mesma censura já feita à maior parte das teorias, a de ter simplificado em excesso fenômenos complexos. Contra a tese do único fator e da dependência dos demais fenômenos do fenômeno econômico, defende a tese da pluralidade de fatores e de sua mútua interdependência. Mas dedica ao materialismo histórico um elogio que costuma fazer de modo avaro: "[...] representou notável progresso científico porque serviu para ressaltar o caráter contingente de certos fenômenos, como o fenômeno moral e o fenômeno religioso, a que se dava, e muitos ainda dão, caráter absoluto" (§ 829).[117] Em sua bela introdução a uma antologia paretiana, Finer define o *Tratado* como "gargantuesca réplica a Marx", cuja estratégia para este último não consiste em "confrontação, mas envolvimento", e explica que Pareto constrói categorias sociais tão amplas que reduzem as teses de Marx ao estatuto de casos especiais de uma teoria mais geral, concluindo: "Ele não contradiz o marxismo, mas o desnatura".[118] Com Georges Sorel Pareto teve longa familiaridade, documentada, entre outras coisas, pelas cartas de Sorel publicadas por De Rosa,[119] que lhes

---

[117] O problema das relações entre Pareto e o marxismo foi várias vezes tratado. Cf. R. Michels, Pareto e il materialismo storico, *Giornale degli economisti e rivista di statistica*, p.110-3; O. Weinberger, Die Marx-Kritik Vilfredo Paretos, *Kyklos*, p.219-34. O primeiro tende a destacar o que Pareto retirou de Marx, o segundo aquilo que recusou. Recentemente: R. D. Lukic, La théorie de l'élite chez Pareto et Marx, *Cahiers Vilfredo Pareto*, p.95-108; J. H. Meisel, A question of affinities. Pareto and Marx, *Cahiers Vilfredo Pareto*, p.165-74; T. Giacalone-Monaco, Vilfredo Pareto e la critica del marxismo in Italia, *Rivista internazionale di scienze economiche e commerciali*, p.226-34.

[118] Vilfredo Pareto, *Sociological Writings*, seleção e introdução de S. E. Finer, p.77.

[119] *Carteggi paretiani*, p.3-48. Quanto às relações entre Sorel e Pareto, Busino também é muito cauteloso, mas não aduz razões precisas. Considera que Pareto recebeu de Sorel pouca coisa, "em que, infelizmente, sem razões válidas, muitos estudiosos se detiveram por tempo demais" ("Introdução" ao volume *Scritti sociologici* de V. Pareto, várias vezes citado, p.28. Desse ensaio

antepõe instrutivo paralelo entre os dois personagens, semelhantes em muitos de seus traços exteriores, em seus humores, em suas simpatias e antipatias, no juízo sobre a sociedade contemporânea, e concordes no modo de interpretar o marxismo, ainda que discordes no modo de utilizá-lo, tão impiedosos destruidores de mitos velhos (e muitas vezes benéficos) quanto incansáveis inventores de mitos novos (e deletérios), iconoclastas, profetas da desgraça, ao mesmo tempo intérpretes e artífices da "destruição da razão", evocadores à distância da violência burguesa que desembocou no fascismo. Como Maquiavel e como Marx, Sorel é, para Pareto, um dos poucos sábios que se avizinharam do estudo dos fatos sociais sem preconceitos, com espírito científico, relegando o discurso oco aos pregadores e aos politiqueiros. Lê-se em nota do *Tratado*: "Certos acadêmicos [...], que numa teoria se detêm em particulares insignificantes e outras tolices do gênero, carecem inteiramente da capacidade intelectual necessária para compreender a obra de um cientista como Sorel" (§ 2193). No discurso de agradecimento por ocasião da homenagem que lhe foi tributada na Universidade de Lausanne em 1917, depois de expressar a dívida de reconhecimento aos economistas italianos e estrangeiros, nos quais havia buscado inspiração e sugestões, menciona, entre os sociólogos e os economistas, um só nome, o de Georges Sorel, por suas obras

---

também existe edição francesa, que tem como título *Introduction à une histoire de la sociologie de Pareto*, em que a passagem citada se encontra na p.21). No prefácio à edição de *Sommaire du cours de sociologie*, retomando a questão, diz que "Pareto tomou bem pouco de Georges Sorel". Cita de novo Macchioro e conclui: "Continuando nessa trilha, vamos nos enfiar na noite negra em que todos os gatos são pardos" (p.XLV). De qualquer modo, o cotejo entre Pareto e Sorel é uma espécie de tema obrigatório para os estudiosos de ambos. Vejam-se: G. La Ferla, Georges Sorel e Vilfredo Pareto, due spiriti inattuali, *Nuova Antologia*, p.303-12; e C. Mongardini, Considerazioni sull'interesse sociologico dell'opera di Sorel, *Cultura e scuola*, p.183-6.

"tão poderosamente científicas".[120] Pareto não amava perder-se na citação das fontes e ridicularizava com satisfação a mania das bibliografias completas (§ 538): mas essa confissão, bem ou mal, é uma fresta. Depois de Sorel recorda alguns sociólogos, entre os quais não figura nenhum dos grandes nomes da sociologia de seu tempo. Cita Ostrogorski e Michels sobre os partidos políticos, Lombroso e Ferri sobre a sociologia criminal, Colajanni e, depois, os velhos Fustel de Coulanges e Henry Sumner Maine sobre o que chama de "sociologia histórica". E termina fazendo exatamente o elogio do grande adversário da sociologia, Benedetto Croce, o metafísico Croce, que contribuíra para o progresso científico na Itália "desembaraçando o terreno das ideologias positivistas e humanitárias".[121]

Segundo Parsons, Sorokin, interpelado em reunião de eminentes estudiosos de ciência social, declarou um dia que os maiores sociólogos contemporâneos foram Max Weber, Durkheim e Pareto.[122] Mas, à diferença dos dois primeiros, cuja autoridade não sofreu reptos, Pareto, como sociólogo (a fama de Pareto economista sempre esteve fora de discussão), foi objeto dos juízos mais díspares. Louvado, exaltado, glorificado por discípulos entusiastas, e geralmente medíocres, os quais perturbavam as grandes sombras de Aristóteles, Maquiavel ou Vico para encontrar dignos termos de comparação com seu mestre, ignorado pelos filósofos que ridicularizara, ficou mantido a respeitável distância pelos estudiosos de ciência social, de cujas investigações quase sempre acreditou poder prescindir. É conhecido o juízo de Croce, que, apesar de tudo, apreciava

---

120 *Jubilé du professeur V. Pareto*, p.56. Por ocasião da morte de Sorel, Pareto escreveu em *La Ronda* (p.541-8) uma recordação do amigo desaparecido (agora em *Scritti sociologici*, p.1147-51). Curto, mas enfático, elogio de Sorel por parte de Pareto também em *La rivoluzione liberale*, em número inteiramente dedicado a Sorel.
121 Ibid., p.57.
122 T. Parsons, *La struttura dell'azione sociale*, p.31.

Pareto como economista, quando, ao aparecer o *Tratado*, definiu--o como "caso de teratologia científica",[123] menos conhecido o fato de que, mais de trinta anos depois, velho mas não menos combativo, numa série de conferências realizadas em Nápoles entre 1948 e 1950, a propósito da sociologia e de sua exígua fortuna na Itália, repetiu o antigo juízo, afirmando que o leitor do *Tratado* poderia exclamar à moda de Bacon: *numeratae pecuniae nihil*, "porque nenhuma verdade daí se extrai que não seja tautológica".[124] Quanto aos sociólogos, cujo interesse pelo *Tratado* só foi despertado por ocasião da tradução inglesa, que veio à luz em Nova York, em 1935[125] (na Itália a tradição dos estudos sociológicos estava então interrompida e, na França, onde circulava a tradução francesa desde 1917, o *Tratado* obteve, segundo o que diz Bousquet, completo insucesso),[126] Leopold von Wiese, na Alemanha, reagindo violentamente à *Pareto-Fieber* de certos ambientes americanos, criticou duramente o *Tratado* como obra de um diletante genial e chamou Pareto, não sem algumas boas razões, "Philosoph der Rebarbarisierung";[127] Ellsworth Faris, nos Estados Unidos, julgou a tentativa de Pareto de construir uma sociologia científica miseravelmente fracassada e elogiou, em comparação com ela, a obra de Sumner.[128] William McDougall, que em 1908 publicara sua *Introduction to Social Psychology*, comparável sob certos aspectos ao *Tratado*, depois de acusar

---

123 B. Croce, *Conversazioni critiche*, p.167-70 (cito da segunda edição).
124 *Terze pagine sparse*, p.93.
125 Do tradutor, Andrew Bongiorno, veja-se "A Study of Pareto's Treatise on General Sociology", *The American Journal of Sociology*, p.349-70, em que o *Tratado* é definido como "livro seminal" e comparado aos princípios de Newton.
126 G. H. Bousquet, Pareto sociologue, *Revue d'économie politique*, p.545-54. Além disso, observa que os economistas franceses, alunos de Walras, não tiveram nenhuma simpatia pelo Pareto sociólogo.
127 L. von Wiese, Vilfredo Pareto als Soziologe, *Zeitschrift für National-Oekonomie*, p.433-46. A essa crítica demolidora respondeu com artigo moderado O. Weinberger, Metodologia paretiana, *Giornale critico della filosofia italiana*, p.363-73.
128 E. Faris, An Estimate of Pareto, *The American Journal of Sociology*, p.657-78.

Pareto de não ser atual (*midvictorian*), de escrever um tratado de sociologia fundamentado psicologicamente (a teoria dos resíduos) sem conhecer a psicologia, de não definir os termos principais de sua construção e de transformar a classificação dos resíduos em *hodge-podge* de coisas heterogêneas, acusou os admiradores de induzir os jovens a desperdiçar um ou dois anos de sua vida para tentar extrair "alguns grãozinhos de sabedoria de um livro insano";[129] Raymond Aron, na França, definiu secamente o *Tratado* como "uma imensa derivação, cujos resíduos são os ódios políticos e a preocupação exclusiva com as relações entre governantes e governados".[130]

Não faltaram juízos mais equilibrados e substancialmente mais equânimes, como o de Morris Ginsberg na Inglaterra,[131] e bem argumentadas apologias, como a do filólogo americano L. J. Henderson, que manteve em Harvard por algum tempo um seminário paretiano para iniciados e escreveu um amplo ensaio, com o objetivo de demonstrar a novidade, a genialidade e, mais importante, o alto valor científico do *Tratado*.[132] Mas nos Estados Unidos por volta de 1936, como de resto na Itália cerca de

---

129 W. McDougall, Pareto as Psychologist, *Journal of Social Philosophy*, p.36-51. Todo o número está dedicado a um *Symposium on Pareto's Significance for Social Theory*. Entre aqueles que negam validade científica ao *Tratado*, C. Murchison, Pareto and Experimental Social Psychology, p.53-63; M. Millikan, Pareto's Sociology, *Econometrica*, p.324-37. Para uma crítica do *Tratado* do ponto de vista da ética, J. H. Tufts, *Journal of Social Philosophy*, I, no *Symposium*, p.67-77.

130 La sociologie de Pareto, *Zeitschrift für Sozialforschung*, p.518. Mas em artigo recente o juízo de Aron sobre Pareto é muito mais equânime: "La signification de l'oeuvre de Pareto", *Cahiers Vilfredo Pareto*, n.1, p.7-26. No Prefácio à reimpressão da edição francesa do *Tratado*, já citado, situa-se entre os "centristas", isto é, entre aqueles que recusam "o excesso de honra – obra-prima do espírito humano – ou de indignidade – coleção de bobagens" (p.VII). Para maiores detalhes sobre a atitude de Aron em relação a Pareto, cf. a Introdução de Busino a *Scritti sociologici*, p.44-5, 62-3, 71.

131 M. Ginsberg, The Sociology of Pareto, *The Sociological Review*, p.221-45.

132 *Pareto's General Sociology. A Physiologist's Interpretation*, 1937.

vinte anos antes, a acrimônia dos ataques foi muitas vezes provocada pelo exagero dos panegíricos, os quais destacavam os aspectos mais visíveis e desconcertantes (e detestáveis) do *Tratado*,[133] a petulância do juízo político, a descoberta das forças irracionais que movem a história, a necessidade de responder à violência com a violência, razão pela qual Pareto foi definido, em vários momentos, como Maquiavel redivivo, Nietzsche da sociologia[134] ou Marx das classes médias (ou do fascismo).[135] Certamente, não favoreceu a autoridade científica de Pareto (como, de resto, a fama filosófica de Nietzsche) a singular atração que exerceu com a intemperança de suas polêmicas sobre alguns personagens extravagantes do mundo intelectual, vivendo às margens da ciência oficial, que foram os únicos a acolher e a divulgar sua palavra. Entre os personagens não medíocres (independentemente do juízo sobre a obra e a personalidade muito diferente de ambos), basta recordar Giovanni Papini, que, segundo o próprio

---

133 Essa atitude é clara em Harold A. Larrobee, Pareto and the Philosophers, *The Journal of Philosophy*, p.505-15.
134 Para uma tentativa de comparação entre Nietzsche e Pareto, cf. O. Ziegler, Ideologienlehre, *Archiv für Sozialwissenschaft und Sozialpolitik*, p.657-700. A circulação das elites é considerada como a sociologia do eterno retorno. Um cotejo com Nietzsche se encontra numa das primeiras obras gerais, e pouco conhecida na Itália, sobre o pensamento de Pareto: F. Borkenau, *Pareto*, em que se lê: "Dois autores [Marx e Nietzsche] influenciaram-no [Pareto] profundamente, ainda que o último não tenha tido suficiente reconhecimento em sua obra" (p.167). Sobre o tema, cf. J. E. Tashjean, Borkenau on the Political Sociology of Pareto, *Cahiers Vilfredo Pareto*, p.163-70, que cita do mesmo Borkenau um artigo mais recente, Vom Kreislauf der Eliten, *Monat*, ago. 1953.
135 Essa denominação, que teve muita fortuna nos Estados Unidos, foi relançada por R.V. Worthington, Pareto, The Karl Marx of Fascism, *The Economic Forum*. Mas já se encontra em velho artigo publicado na revista oficial do regime: Volt [pseudônimo de Vincenzo Fani], Uomini d'Italia: Vilfredo Pareto, *Gerarchia*, p.974-7. O artigo começa assim: "Vilfredo Pareto quase poderia ser definido como o Karl Marx do fascismo" (p.974), ainda que logo depois se acrescente que tal definição deve ser entendida *cum grano salis*.

Pareto, foi um dos poucos a compreender o *Tratado*,[136] e Filippo Burzio, paretiano fervoroso.[137]

A relação nem sempre clara com o fascismo também não propiciou a serena discussão do pensamento paretiano. Os defensores querem demonstrar, com documentos nas mãos (os últimos artigos e algumas cartas), que sua adesão ao fascismo foi circunspecta e cheia de reservas, mas o problema não é assim tão simples. Pareto morreu cedo demais (só poucos meses após a marcha sobre Roma) para poder dar um juízo conclusivo sobre o novo regime. Muitos representantes respeitados da cultura italiana, que se tornariam inflexíveis opositores, a começar por Croce, estiveram naqueles primeiros meses mais inclinados à adesão do que à oposição. O problema é outro: houve um nexo entre as concepções políticas expressas em várias ocasiões por Pareto, desde os anos da colaboração em *Il Regno*, e a ideologia fascista? Este nexo é inegável: Pareto espicaçou os ideais democráticos, o humanitarismo, o pacifismo, considerando-os como expressões hipócritas de interesses ou sentimentos menos nobres, prosternou-se diante da força que domina o mundo; convencido de que na história as aristocracias belicosas estão destinadas a prevalecer, embelezou-lhes a decadência, previu que a burguesia europeia, em particular a italiana, dominada pelos "especuladores" (a linhagem que mais detestava), seria destronada se não respondesse à violência com a violência. O núcleo da

---

[136] Em carta a Pansini de 23 de abril de 1917, publicada em *Carteggi paretiani*, p.112; e quase com as mesmas palavras, em carta com a mesma data a Sensini, *Corrispondenza*, p.104; por último, também em carta de 28 de junho de 1917 a Carlo Placci, in T. Giacalone-Monaco, *Vilfredo Pareto. Dal Carteggio con Carlo Placci*, Pádua, p.93. Tanto mais lisonjeiro o louvor à resenha de Papini quanto mais outras resenhas de estudiosos ilustres, como Einaudi e Ricci, foram julgadas com desdém por Pareto. Sobre a resenha de Einaudi, cf. *Carteggi paretiani*, p.118; T. Giacalone-Monaco, Vilfredo Pareto, p.93; sobre a de Ricci, ainda *Carteggi paretiani*, p.149-54.

[137] Sobre as relações entre Burzio e Pareto, detive-me mais demoradamente no ensaio "Democracia e elites", nessa mesma coletânea.

ideologia fascista foi a legitimação histórica e moral da violência burguesa.[138] Da parte fascista, citou-se muitas vezes o § 2480 do *Tratado* como possível fonte da doutrina: "Pode-se dizer que a resistência da classe governante só será eficaz se esta estiver disposta a levá-la até o extremo, sem reservas, usando, quando for necessário, força e armas, senão não só será ineficaz, mas, antes, poderá beneficiar e, às vezes, beneficiar muito os adversários". Mas o pensamento de Pareto era ambíguo, como o de Maquiavel, e dava respostas diversas segundo fosse aceito pura e simplesmente como saudável lição de realismo político (que serve igualmente bem a ambas as partes em jogo) ou como conjunto faccioso de regras. Na realidade, Pareto afirmou repetidamente ser espectador impassível da luta política que ocorria sob seus olhos, como se quisesse fazer crer que era indiferente às elites do poder, satisfeito só por conhecer e desvendar o segredo de sua ascensão e sua decadência. Por certo, seus ensinamentos foram acolhidos por uns e outros, e houve paretianos fervorosos de ambas as partes: fascistas como Fani, De Stefani, Morselli, Scalfati;[139] antifascistas como alguns escritores de *La rivoluzione liberale*, Gobetti, Dorso, o próprio Burzio.[140]

Pela editora de Piero Gobetti veio à luz em 1924 o primeiro estudo monográfico sobre Pareto, cujo autor, Alberto Cappa, esforçou-se por mostrar a efetiva neutralidade de Pareto diante das vicissitudes de seu tempo e a impossibilidade de daí buscar confirmação em favor do autoritarismo.[141] O diretor de uma

---

138 A análise mais despreconceituosa e substancialmente exata da relação entre Pareto e o fascismo foi feita por Aron, no artigo já citado de 1937, p.518-9.
139 Volt [pseudônimo de Vincenzo Fani], Vilfredo Pareto e il Fascismo, *Gerarchia*, p.597-601; Uomini d'Italia: Vilfredo Pareto, p.974-7; A. De Stefani, Vilfredo Pareto, *Gerarchia*, p.1187-9; E. Morselli, *Scienza ed arte politica in Vilfredo Pareto e i fasti della nuova politica italiana*; Stanislao G. Scalfati, Pareto e il fascismo (1930), *Studi paretiani*, p.93-133.
140 Cf., mais adiante, "Democracia e elites".
141 A. Cappa, *Vilfredo Pareto*, p.12-3 e 66-7.

combativa revista antifascista dos anos 1920, Oliviero Zuccarini, por ocasião da publicação das cartas paretianas a Maffeo Pantaleoni, pronunciou verdadeira *apologia pro Pareto*, desculpando-o de todas as acusações póstumas e apresentando-o generosamente como constante amigo da democracia.[142]

O *Tratado* tem sido até agora mais oportunidade para apologias e difamações do que objeto de estudos críticos. Entre os grandes sociólogos contemporâneos, um dos poucos que reconheceu abertamente a dívida de reconhecimento com Pareto foi Sorokin;[143] o único que tentou abrir caminho entre as nuvens de incenso dos discípulos para estudar criticamente o *Tratado* e dele retirar um esquema analítico foi Talcott Parsons.[144] Mas seus estudos remontam a quase trinta anos. Talvez só agora, atenuado o clamor da polêmica política, tenha chegado o tempo propício para uma discussão mais serena e criticamente mais aprofundada. Dois artigos simultaneamente equânimes e respeitados, de Schumpeter e Jannaccone, publicados por ocasião do centenário de nascimento,[145] foram os sinais premonitórios do novo curso,

---

142 O. Zuccarini, Politica e sociologia di Vilfredo Pareto, *Comunità*, p.84-101. Cf. também, do mesmo autor, "Ricordo di Vilfredo Pareto", *Nuova Antologia*, p.389-95.
143 P. Sorokin, *Les théories sociologiques contemporaines*, p.68, nota 1 [a edição americana é de 1928]. Sobre a fortuna da sociologia de Pareto, cf. F. N. House, Pareto in the Development of Modern Sociology, *Journal of Social Philosophy*, p.78-89. Esse autor afirma que, entre catorze sociólogos europeus e dezenove americanos (todos citados em nota), só quatro, isto é, Oppenheimer, Sombart, Sorokin e Faris, conheciam o *Tratado* não superficialmente. Sobre a fortuna de Pareto na Alemanha, cf. G. Eisermann, Vilfredo Pareto in Deutschland, *Kölner Zeitschrift für Soziologie und Sozialpsychologie*.
144 T. Parsons, Pareto's Central Analytical Scheme, *Journal of Social Philosophy*, p.244-62. E, sobretudo, a ampla análise do pensamento paretiano contida na obra *The Structure of Social Action*; trad. it., *La struttura dell'azione sociale*, p.229-377.
145 J. A. Schumpeter, Vilfredo Pareto (1848-1923), *The Quarterly Journal of Economics*, p.147-73; P. Jannaccone, Vilfredo Pareto, il sociologo. In: VV.AA., *Vilfredo Pareto. L'economista e il sociologo*, p.20-34.

a que se seguiu um artigo de Demaria, em 1952, o qual exortava os economistas a estudar a sociologia paretiana, afirmando que, para compreender a fecundidade científica das contribuições de Pareto à economia, é preciso referir-se "ao núcleo de sua concepção sociológica".[146] Nesse meio-tempo abriu caminho para um reexame crítico, como sempre sucede, a publicação de escritos editados e inéditos, de que os maiores beneméritos foram Tommaso Giacalone-Monaco, Gabriele De Rosa e, com ritmo cada vez mais acelerado, Giovanni Busino, a quem se devem a iniciativa da publicação, desde 1963, dos *Cahiers Vilfredo Pareto*, que estão se tornando o ponto de reunião de todos os "paretólogos" do mundo (e não se fazia ideia de que eram tantos), e o cometimento da publicação das obras completas de Pareto, que chegou em breve tempo a uma dezena de volumes.[147]

O *Tratado* ainda hoje é uma leitura difícil e muitas vezes irritante, mas agora pode ser lido com maior distanciamento, com olhar mais frio. De resto, as teorias que o tornaram famoso e suscitaram ódios e amores talvez sejam as mais caducas. Permanece

---

146 G. Demaria, L'opera economica di Vilfredo Pareto. In: Pareto, V. *Scritti teorici*, p.VII-XXX.
147 Do mesmo Busino, veja-se, além dos escritos até agora citados, o volume *La sociologia di Vilfredo Pareto*, que contém, revistos e aumentados, os dois ensaios já citados, "Introduction à une histoire de la sociologie de Pareto" e "Les études paretiennes aujourd'hui". Entre os estudiosos da jovem geração, ocupou-se de Pareto, mais do que todos, C. Mongardini, organizador da edição de *Cronache italiene*. Desse autor, veja-se "Classe politica democrazia e libertà", *Rassegna di politica e storia*; "Pareto e il modello dell'equilibrio sociale", *Cultura e scuola*; "La teoria delle élites e l'interpretazione del mondo politico", *Rassegna di politica e di storia*; *Storia del concetto di ideologia*, p.96-119. Cf., também, F. Crespi, L'analisi dell'azione sociale in Vilfredo Pareto, *Rivista di sociologia*, I, p.5-32, republicado em seguida no volume *La sociologia come scienza dell'azione sociale*, p.19-42. O último e precioso presente aos cultores de Pareto foi aquele oferecido pelo incansável Giacalone-Monaco, o qual organizou, com introdução e notas, a edição das paretianas *Lettere ai Peruzzi* (1872-1900), em três volumes, na coleção "Storia ed economia", dirigida por G. De Rosa.

o raro exemplo de uma lucidez tão impiedosa que beira a perversão. Mas diante da retórica dos ideais, dos fastos da má-fé, das insídias da *fausse conscience*,[148] melhor o perverso do que o falso ingênuo. A dessacralização dos ideais é o preço que uma sociedade corrupta paga à prática desenvolta de sua continuada exploração. O *Tratado* também foi chamado de guia para quem queira se orientar no campo da loucura humana.[149] Pelo menos para os homens de minha geração, não foi Pareto quem inventou a loucura humana: se tivesse vivido por mais dez anos, deveria talvez recriminar-se por ter sido discreto demais. E, apesar da excitação provocada por seus desabafos anti-humanitários no leitor que se detém na superfície, a chave do Pareto cínico, maquiavélico, apesar de ser a mais usada, mostra-se afinal uma chave equivocada para ler o *Tratado*.[150] O verdadeiro monumento do *Tratado* é a teoria e a crítica das ideologias, no sentido que foi aceito e desenvolvido, por exemplo, nestes últimos anos, por Topitsch.[151] Lévi-Strauss declarou ter aprendido com Marx que "os homens são sempre vítimas de enganos próprios e alheios, e que, se quisermos nos ocupar de ciências humanas, deveremos começar com a recusa de nos deixar enganar".[152] Também Pareto, seguindo a inspiração de Marx, realizou com seu *Tratado* a

---

148 Também se vale da paretiana teoria das derivações J. Gabel em sua obra *La fausse conscience. Essai sur la réification*; veja-se, sobretudo, p.53-5, nas quais se diz que Pareto "é um dos principais teóricos da falsa consciência" (p.53).

149 M.S. Handman, The Sociological Methods of Vilfredo Pareto. In: RICE, S. A. (ed.). *Methods in Social Science*, p.139-53. A passagem citada está na p.153.

150 Ainda recentemente, E. Faul, em seu livro *Der moderne Machiavellismus*, dedica um capítulo a Pareto, p.259-95. Anteriormente, ainda que no contexto de uma diferente interpretação do maquiavelismo, cf. a conhecida obra de J. Burnham, *The Machiavellians* (2.ed., 1943), trad. it. com o título *I difensori della libertà*, p.177-226.

151 Sobre esse ponto, veja-se mais adiante "Pareto e a crítica das ideologias". Cf. E. Topitsch, *Sozialphilosophie zwischen Ideologie und Wissenschaft*, passim, especialmente p.38. Do mesmo autor, cf., também, *Vom Ursprung und Ende der Metaphysik*.

152 Intervista a Claude Lévi-Strauss, org. por Paolo Caruso, *Aut Aut*, p.41.

primeira, grandiosa tentativa de elaborar uma fenomenologia e uma tipologia das várias formas de "mascaramento", com que o homem oculta os próprios instintos, e de indicar as vias e os resultados do "desmascaramento". Seu famoso realismo não é só disposição de espírito, mas fundamento de uma teoria e de uma nova ciência. Salvo nos dois últimos capítulos, em que, nas palavras do próprio Pareto, estudam-se os efeitos sociais dos elementos cuja existência foi reconhecida através de sua manifestação nas teorias não lógico-experimentais, o real objeto do *Tratado* é o homem como "animal ideológico". Desde o início (§ 13), Pareto toma o cuidado de advertir que as teorias podem ser estudadas a partir de três pontos de vista diferentes: do ponto de vista de sua verdade ou falsidade, daquele de sua força persuasiva e daquele de sua utilidade social. O projeto sistemático de grande parte da obra está contido no § 15, em que se ordenam os primeiros onze capítulos com base num esquema de repartição dos temas cujo objeto principal são as teorias e só as teorias.

Está fora de dúvida que Pareto partiu da ideia de escrever uma obra sobre o equilíbrio social à imagem e semelhança daquela que já escrevera sobre o equilíbrio econômico. Mas desde o início de suas investigações sobre a sociedade deparou com a dificuldade, à qual outros sociólogos, com exceção de Marx, não dedicaram suficiente atenção, de separar nos documentos que o sociólogo deve levar em conta as declarações verbais das motivações reais. À medida que progredia na investigação, essa dificuldade, inicialmente procedimental, agigantou-se até se tornar o estímulo dominante e o objeto principal de suas reflexões. Enquanto a teoria do equilíbrio social não sofreu mudanças radicais desde os primeiros até os últimos escritos, o estudo das teorias não lógico-experimentais cresceu desproporcionalmente e deu origem aos dois grandes temas, o dos resíduos e o das derivações, dos quais nos primeiros escritos quase não há vestígio, e terminou por constituir a parte quantitativamente mais conspícua e qualitativamente mais original do

Tratado. Poder-se-á dizer que o *Tratado*, visto segundo essa perspectiva, surge como imenso estaleiro construído para fabricar um modesto barco; mas foi nesse estaleiro que Pareto lançou prodigamente suas ideias mais originais e vitais, fazendo obra de pioneiro e construtor. Entre outras coisas, a propósito da força persuasiva das ideologias, esboçou verdadeira teoria da argumentação, que é o precedente histórico mais interessante, ainda que com diferente juízo crítico, da *nouvelle rhétorique*.[153]

O próprio Pareto oferece a chave com a qual queria que a obra fosse lida, ao escrever: "Toda a presente obra é uma busca da realidade que se oculta sob as derivações que os documentos nos deram a conhecer".[154] Mas, por bizarrice ou distração, escondeu-a no "Índice das matérias", em sublema do lema "Derivadas e derivações". E ninguém mais a recuperou. Com isso não se quer pôr de lado a teoria do equilíbrio social, mas simplesmente deslocar a atenção dos novos leitores, sobretudo dos que pertencem à geração mais recente, para a teoria e a crítica das fontes através das quais Pareto chegou àqueles resultados e que, mesmo quantitativamente, terminaram por prevalecer; em suma, mais para o procedimento heurístico do que sobre os achados. Só quem se aproximar do *Tratado* com esse método interpretativo se dará conta, acredito, de que, longe de ser campo já por demais lavrado, trata-se de mina ainda por explorar.

---

[153] Cf., mais adiante, "Pareto e a teoria da argumentação".
[154] *Trattato di sociologia generale*, II, p.1046.

3.
Pareto e a crítica das ideologias

1. Mais de meio século depois de sua publicação, o *Tratado de sociologia geral* de Vilfredo Pareto é, pelo menos para os filósofos, um livro fechado a sete chaves. Certamente, Pareto não fez grandes esforços para cativar o leitor, em particular o leitor filósofo. Aquelas mil e setecentas páginas de que se compõem os dois tomos não são de fácil leitura, como se observou várias vezes. Mas, tudo somado, eu estaria disposto a maior indulgência do que muitos de seus críticos. Pareto não é escritor obscuro e, a seu modo, nem mesmo desordenado: divide ou, antes, fragmenta a imensa massa da obra em pequenos parágrafos, às vezes de poucas linhas (são 2612 parágrafos), e corre frequentemente, com referências oportunas, de um para outro, de modo que, tendo paciência para segui-lo nesse vaivém, a compreensão se torna menos desesperada e, sobretudo, percebemos que, se a obra é um labirinto, seu autor segura o fio firmemente nas mãos, e se nos deixarmos guiar, estaremos seguros de encontrar vez por outra a saída. Até aparece no início um índice das matérias, verdadeiro sumário dos pontos essenciais da obra, a que se segue um índice de temas particulares, disposto em ordem alfabética:

ambos utilíssimos para ter clareza, testemunhos de propensão à ordem e, mesmo para o leitor mais desconfiado e desorientado, indício de que, apesar do caótico acúmulo e sobreposição de materiais, existe uma ordem e vale a pena fazer alguns esforços para reconstruí-la.

A meu ver, o defeito eventual – pois um defeito existe, deve--se reconhecer, senão não aconteceria, como aconteceu, parece, à maior parte dos leitores, que se chocassem repetidamente contra os escolhos antes de alcançar o alto-mar – é outro: Pareto é um escritor desmedido.[1] E o é, certamente, no sentido positivo da palavra, por seu engenho cuja fertilidade e originalidade excedem a medida comum, pela imensidão da erudição (até de recortes de jornal, mas não só), pela capacidade extraordinária de análise, de modo que não há conceito que não seja dividido em novos conceitos, e cada um destes em outros mais, numa proliferação de distinções, subdistinções, distinções das subdistinções que tornam cansativo e às vezes ingrato o retorno ao ponto de partida, quando, abandonados às agradáveis digressões, chegamos tão longe que nos esquecemos completamente de voltar. Mas desmedido também no sentido negativo do termo, por não ter o senso de medida: quando começa com os exemplos, e são as partes mais atraentes da obra, não se sabe onde e quando terminará. Doutrinas e conjuntos de doutrinas inteiras são expostas, criticadas, desmanteladas, reduzidas a escombros informes, e são quase sempre as mesmas – os grandes bodes expiatórios, além das religiões antigas, são o jusnaturalismo, o solidarismo, o pacifismo, o virtuísmo –, de sorte que a exemplificação se torna digressão, análise à parte, na qual o mínimo que pode acontecer é perder o fio do raciocínio e ficar com a impressão de ler cada

---

[1] P. Jannaccone, no ensaio "Vilfredo Pareto sociólogo", na coleção *Problemi attuali di scienze e di cultura*, Caderno n.10, Roma, Accademia Nazionale dei Lincei, 1948 (reeditado no volume comemorativo citado mais adiante), diz: "O *Tratado* é [...], antes de tudo, uma desmedida coleção de fatos" (p.23).

vez um livro diferente. Não tem senso de medida – digo incidentalmente – nem no desabafo de seus ressentimentos contra as doutrinas dos adversários: mas este é outro discurso que por ora está fora de minha mira e abandono de bom grado.

2. Mas, para explicar a impopularidade ou, pior, a desconsideração a que foi relegada essa obra no círculo dos filósofos, é necessário aduzir outras razões.

A primeira e mais forte é que ela se inseriu em época não propícia: para não reacender a polêmica anti-idealista, direi, com a expressão mais objetiva que me socorre, que não era tempo de análise, mas de síntese. Pareto observava os fatos, distinguia, classificava; os filósofos oficiais torciam o nariz para distinções e classificações, punham todo o esforço em unificar. Guido De Ruggiero, em apêndice a sua história da filosofia contemporânea, logo depois de revalorizar ninguém menos do que Alfredo Oriani, apressava-se em demolir Pareto, escrevendo:

> Li seu *Tratado de sociologia geral* com um sentimento de grande melancolia, observando como um escritor de tão grande erudição histórica, de tão agudo sentido político e de tão simpática austeridade científica, tenha conseguido anular suas eminentes qualidades em obra abstrata e mecanicamente arquitetada.

E recriminando-o por passar do mais abstrato esquematismo matemático ao mais minucioso particularismo histórico (o que, afinal, equivalia à censura de valer-se do método empírico-racional), acusava-o, com palavras cuja insuperável obscuridade teria tornado difícil sua defesa, de ser incapaz "de assumir posição central e de possuir concretamente os fatos no pensamento".[2] Croce não ficava atrás: apesar de sua fervorosa amizade pelo "homem digníssimo", da admiração pela obra econômica de Pareto, "um dos mais agudos e doutos economistas

---

2 *La filosofia contemporanea*, p.230 e 233.

contemporâneos",³ e do reconhecimento sem reservas de sua probidade científica, da "virtude educadora que de sua conversa e de seu exemplo se irradiam",⁴ o juízo que deu do *Tratado*, como se disse no ensaio precedente, foi muito severo.⁵ E as imputações eram as de sempre: Pareto quis tratar os atos espirituais "como coisas externas", classificá-los, deles extrair uniformidades ou leis, e chegou a conclusões que eram banais ou privadas de sentido. Honestamente, de boa-fé, aqueles que ensinaram filosofia de 1910 até 1930 acreditavam que nada do que Pareto escrevera no *Tratado* podia interessar a um filósofo, o qual dirigia os olhos para o alto e não para baixo, desdenhava a nua empiria, compadecia-se de quem nela estava imerso e visava ao fundamento, ao princípio originário, à unidade.

Por outra parte, Pareto, e aqui se poderia ver a segunda razão da incompreensão, jamais se mostrou muito terno com a filosofia. Com juízo que poderia ser compartilhado por um positivista lógico de hoje (ou melhor, de ontem), Pareto colocava a filosofia (ou metafísica), junto com a teologia, a religião, os mitos, as fábulas, entre as teorias que transcendem a experiência e, portanto, não têm nenhum valor de verdade (uma vez que por verdade deve-se entender o acordo com os fatos), mas expressam sentimentos e têm no máximo função persuasiva ou pedagógica e talvez, também, ainda que nem sempre, utilidade social. Se se quiser recolher do *Tratado* um sortido florilégio de juízos sobre doutrinas filosóficas, condenadas como meras "derivações" (isto é, mascaramentos pseudológicos de sentimentos) ou mesmo como "incompreensíveis" (é o que um neopositivista diria "sem sentido"), poder-se-á coligir quase toda uma história da filosofia. Já nas primeiras linhas deparamos com a seguinte declaração de guerra:

---

3 *Filosofia della pratica*, p.275.
4 *Conversazioni critiche*, série IV, 2.ed., p.170.
5 *Conversazioni critiche*, p.167-70. O juízo é reiterado em "Politica in nuce", agora em *Etica e politica*, p.245.

Os metafísicos, em geral, chamam de *ciência* o conhecimento da *essência* das coisas, dos princípios. Se por um momento admitirmos esta definição, diremos que o presente trabalho não é absolutamente científico. Não só nos abstemos de indicar *essências* e *princípios*, mas sequer sabemos o que querem dizer estes termos. (§ 19)

Recordamos, só para dar alguns exemplos, a crítica do imperativo categórico de Kant (§§ 1514-1521), a crítica da doutrina da virtude dos estoicos (§§ 1905-1908), a repetida demolição da doutrina jusnaturalista antiga e moderna (um dos alvos favoritos). Mas não poupa de dardos sequer os pontífices do positivismo, Comte e Spencer, que chapinham na metafísica acreditando estar fora dela. As filosofias pertencem ao campo da fé, e entre fé e ciência não há comunicação. Basta-nos só uma frase para vê-las todas enfiadas num saco, sem distinções:

> Não existe fé mais científica do que outra, e transcendem a realidade experimental tanto o politeísmo quanto o cristianismo, seja católico, liberal, *modernista*, seja de qualquer outra seita, assim como as inúmeras seitas metafísicas, incluindo as kantianas, as hegelianas, as bergsonianas e não excluindo as positivistas de Comte, Spencer e tantos outros bravos homens etc. (§ 616)

Existe uma terceira razão: a parte mais vistosa do *Tratado* ou, pelo menos, a que pareceu logo de início mais original e também de mais fácil recordação, era a parte relativa às elites e sua circulação. Fosse pela autoridade da doutrina, que Pareto também expusera, ainda que de forma sumária, em escritos precedentes, fosse pela controvérsia com Mosca sobre a prioridade do conceito de classe política ou pela exploração imediatamente política a que tal doutrina podia se prestar (e o próprio Pareto, em seus escritos de polêmica política, não deixou de lhe atribuir isso), ou fosse, afinal, mais simplesmente, o fato de que aquela era a parte mais "sociológica" ou, ao menos, sociologicamente mais pertinente do *Tratado*, que era, apesar de tudo, um tratado de sociologia, é certo que a obra de Pareto se identificou e ainda se identifica, para muitos, com a teoria das elites.[6] Mas essa teoria, apresentada como teoria empírica da ciência política, não podia interessar, senão medíocre e indiretamente, à filosofia. Na realidade, quem ler o *Tratado* se dará conta de que a famosa teoria das elites, aí compreendidos todos os problemas conexos com o equilíbrio social, só ocupa pequena parte da obra: dela se começa a falar, *ex abrupto*, no § 2025, quando já três quartos dos dois tomos foram consumidos. A parte mais conspícua do *Tratado*, pelo menos quantitativamente – é uma constatação de fato –, não fala nem das elites nem do equilíbrio social. A meu ver, ela também é a parte mais conspícua qualitativamente. Qual é seu conteúdo? Direi aqui brevemente, antecipando, que o objeto mais importante, o que constitui o núcleo da obra é a análise do homem, como diria Bergmann,[7] como animal ideológico; em definitivo, é uma teoria e crítica das ideologias. Pareto, é verdade, jamais usa no *Tratado* o termo "ideologia",[8]

---

6 No volume, publicado sob o patrocínio da Università commerciale "Luigi Bocconi", de Milão, *Vilfredo Pareto. L'economista e il sociologo* (Milão, Rodolfo Malfasi, 1949), os ensaios de caráter sociológico referem-se exclusivamente à teoria das classes e das elites: A. Lanzillo, L'equilibrio sociale e il classis, p.349-68; G. De Meo, Circolazione delle aristocrazie e ricambio sociale, p.368-400. Ao contrário, P. M. Arcari destaca a importância da crítica paretiana das ideologias na bela introdução à antologia de escritos paretianos, na qual se diz que as ideologias constituíram, depois do esforço metodológico, a segunda preocupação, a segunda exigência espiritual a que responde a sociologia. Cf. P. M. Arcari (org.), *Pareto*, p.13.

7 Refiro-me ao artigo "Ideology". In: G. Bergmann, *The Metaphysics of Logical Positivism*, p.300-25, que também teve tradução italiana com o título "Dell'ideologia", *Occidente*, XI, 1955, p.519-37.

8 Usa-o, porém, em *Systèmes* a propósito de Marx (II, p.391) e Sorel (II, p.401-2) e dele se vale para enunciar uma de suas teses fundamentais: "Ainda que se pretendesse contestar a utilidade dos sentimentos humanitários, em certa medida e para classes mais ou menos amplas de indivíduos, não se poderia negar sua existência nem o fato de que a ideologia faz parte integrante do caráter do homem civil. Querer banir inteiramente tais

mas, se entendermos por "ideologia", no uso polêmico da palavra, um programa ético-político camuflado por uma teoria científico-filosófica (daí a técnica, tão característica na luta ideológica, do "desmascaramento"), e, referindo-nos ainda a Bergmann (sobre quem, de resto, inclino-me a crer não tenha sido sem peso a influência de Pareto),[9] definirmos como "asserção ideológica" "um juízo de valor dissimulado por, ou confundido com, uma asserção de fato", não há dúvida de que o fenômeno humano da ideologização sempre esteve na mente de Pareto como um dos objetos principais de seus interesses teóricos e humanos.[10]

Mas, se isto for verdade, o *Tratado* também diz respeito, deve dizer, aos filósofos.

3. Para Giuseppe La Ferla, que teve o mérito de chamar sobre a personalidade de Pareto a atenção de um público mais amplo

---

sentimentos, essa *ideologia* e tudo o que a isto está ligado, é incidir em cheio no erro das pessoas que creem poder o homem prescindir inteiramente da religião e substituí-la por simples noções científicas" (II, p.401-2).

9 É sintomático que, para dar exemplo "evidente" de ideologia, Bergmann cite a doutrina do direito natural, exatamente a doutrina contra a qual Pareto dirigiu a maior parte de suas críticas. Bergmann não cita Pareto, mas Mannheim, a quem atribui o mérito de introduzir os temas "ideologia" e "ideológico" "na presente e segunda fase da carreira destes nas ciências sociais" (p.526). Mannheim distinguiu dois significados de "ideologia": um significado particular, quando denota "que somos céticos em relação às ideias e às representações apresentadas por nosso opositor", as quais são consideradas "como simulações mais ou menos conscientes da natureza real de uma situação"; uma noção total, quando falamos da ideologia de uma época ou de um dado grupo social, pretendendo referir-nos às características do espírito dessa época e desse grupo (*Ideology and Utopia*, p.49-50). O significado aqui usado é exclusivamente o primeiro.

10 Após a publicação desse ensaio (1957), o tema foi retomado e ampliado pelo maior estudioso alemão de Pareto, G. Eisermann, o qual considera que se pode falar, a propósito da sociologia de Pareto, mais ainda do que de uma crítica das ideologias, de uma verdadeira sociologia do saber ("Vilfredo Pareto als Wissenssoziologe", *Kyklos*, XV, 1962, p.427-64, em particular p.447). Cf., também, as páginas dedicadas a Pareto por C. Mongardini, *Storia del concetto di ideologia*, p.96-119.

do que o de economistas e sociólogos,[11] a importância de Pareto não residiria nem na elaboração de uma sociologia científica nem na descoberta de uma nova filosofia política, mas na crítica ininterrupta, ora cáustica, ora desdenhosa, conduzida com veia iluminista, à estupidez humana, tal como se manifesta, por um lado, na absurdidade das teorias que são pregadas para tanger o rebanho humano, e, por outro, na credulidade daqueles que se deixam conduzir. Pareto deveria ser comparado, segundo nosso autor, não tanto aos Comte e aos Spencer, aos fundadores da sociologia científica, não tanto aos Maquiavel e aos Guicciardini, aos fundadores da concepção realista da política, quanto aos Bayle, aos Voltaire, aos Galiani, a todos os desconsagradores de mitos, em nome da clara e distinta razão e da desinteressada pesquisa dos fatos:[12]

> O *Tratado de sociologia geral* pouco vale quando lido como obra de um sociólogo positivista, de inteligência mais forte, talvez, e de mais sagaz doutrina histórica e experiência política e humana do que os sociólogos positivistas do século XIX: para dele tirar proveito, é preciso lê-lo como obra de um escritor iluminista, nascido por equívoco em meados do século XIX, que, no entanto, conserva a maneira de observar a sociedade e de se servir da ciência própria de um iluminista do século XVIII.[13]

Desde quando o livro apareceu, considerei que o autor de tais páginas estava no bom caminho.[14] Mas agora gostaria de explicar

---

11 *Vilfredo Pareto, filosofo volteriano.*
12 Jannaccone, no ensaio citado, escreveu: "Especialmente as páginas que desmascaram as mentiras da política ou as hipocrisias do costume muitas vezes têm a cor e o tom dos escritores mais afins ao espírito de Pareto: a veia satírica de um Aristófanes, a fria clarividência de um Maquiavel, a dura impassibilidade de um Hobbes, o ceticismo zombeteiro de alguns franceses do século XVIII, a ironia sutil, mas não mordaz, de um Anatole France".
13 Ibid., p.51.
14 *Rivista di filosofia*, XLVII, p.233-4.

melhor por que pensava e continuo a pensar que se deteve na metade. Infelizmente, ele compartilha o preconceito espiritualista (tenaz e estorvador!) de que o homem em sociedade não pode ser objeto de uma ciência de tipo empírico; abomina classificações; entedia-se com distinções muito sutis; não suporta esquemas abstratos; fala de "frágeis elucubrações sociológicas"; e exorta o leitor a deixar de lado o que, no *Tratado*, existe de sociológico, "vale dizer, a abstração classificatória e o esquematismo pernicioso".[15] E, para celebrar o iluminista, diminui o cientista até dizer em juízo infundado e injusto: "Pareto não tinha o que se chama de vocação científica".[16] Essa contraposição entre espírito iluminista e vocação científica impede La Ferla, acredito, de apreender a originalidade da obra de Pareto, a qual reside exatamente na fusão de forte vocação científica com espírito iluminista. Reduzir o *Tratado de sociologia* a um *Dictionnaire philosophique* significa apreender dele o aspecto mais atraente e, talvez, mais escandaloso, mas não a construção e o método, que é o de investigação cientificamente conduzida, em que classificações e distinções, bem como "esquemas abstratos" são parte essencial e também constituem o produto mais digno de atenção. O enorme material documental recolhido por Pareto parece, lendo La Ferla, fim em si mesmo ou de uso para fins de crítica social (a defesa do liberalismo). E, no entanto, é objeto de investigação empírica, digamos ainda, classificatória, que conduz a uma plena teoria da ideologização humana. O que importa a Pareto, através da crítica às ideologias, é chegar a elaborar uma teoria da ideologia: e é justamente essa teoria da ideologia que distingue o *philosophe* setecentista do sociólogo de hoje. Se existe prova de sua genuína vocação científica, está precisamente no fato de que não se limita a ironizar ou a escarnecer, mas transforma aquilo que lhe suscita ironia ou escárnio em objeto de investigação

---

15 Ibid., p.36-8.
16 Ibid., p.50.

científica. Poder-se-ão discutir os resultados dessas investigações (aqui tentarei mostrar que são dignos de consideração ainda hoje), mas não se pode desconhecer, senão com base em preconceito antissociológico, que essa investigação constitui a matéria preponderante do *Tratado* e que, por trás do homem que zomba da estupidez humana, está o cientista que tenta explicá-la com bom método empírico. Ademais, não se explicaria por que Pareto, "filósofo voltairiano", refuta Voltaire e o voltairismo toda vez que lhe sucede encontrá-los pelo caminho. E, na verdade, o racionalismo abstrato dos iluministas lhe parece, cientista moderno, uma metafísica como todas as outras, que impõe aos fatos certos princípios *a priori* e não deduz dos fatos os princípios.[17] Tanto que, se observarmos não a afinidade da batalha contra as religiões, mas a teoria sobre função e valor social das religiões, ver-se-á que a concepção paretiana está bem distante de poder ser considerada "iluminista"; antes, por causa da convicção expressa em cada página de que as crenças são o efeito de um dado constante e profundo da alma humana, e, portanto, têm função social insubstituível, nem sempre maléfica, deve-se colocá-la, se for o caso, junto das interpretações historicistas:

> É singular – diz – que Voltaire e Montesquieu seguiram caminhos opostos, mas igualmente errôneos [na interpretação das

---

17 Pareto atribui aos escritores iluministas a concepção de que o progresso da sociedade depende do progresso da razão e comenta: "Não percebem, todas estas pessoas, que o culto à *Razão*, à *Verdade*, ao *Progresso* e a outras entidades análogas faz parte, como todos os cultos, das ações não lógicas. Ele nasceu, cresceu e continua a prosperar para contrastar outros cultos, assim como, na sociedade pagã, os cultos orientais surgiram por oposição ao culto politeísta greco-romano" (§ 304). A crítica à ideia de progresso constitui, segundo G. Perrin, um dos traços característicos da filosofia da história de Pareto, junto com a teoria do processo ondulatório e a exaltação da violência (cf. Thèmes pour une philosophie de l'histoire dans le *Traité de Sociologie Générale*, p.27-38; e *Sociologie de Pareto*, p.206 et seq.).

religiões antigas], e que nenhum dos dois pensou num espontâneo desenvolvimento de ações não lógicas. (§ 315)

E comenta: "Certamente existem farsantes que tiram vantagem do espiritismo, mas seria absurdo supor que só os artifícios dos farsantes é que deram origem ao espiritismo" (§ 316).

4. Desde a introdução a *Systèmes socialistes* (1902), Pareto expõe uma de suas teses fundamentais: o homem não é um ser de pura razão, é também e sobretudo um ser de sentimentos e fé, mas, mesmo sendo a maior parte das ações humanas instintivas, quem as realiza experimenta sentimento de prazer em apresentá-las como tendo motivos racionais, de onde nascem as "teorias", as quais consistem em explicações póstumas, em geral falsas, daquilo em que os homens creem e daquilo que fazem. Desde então, iniciando o exame e a crítica dos sistemas socialistas, considerava como necessário objeto de estudo tanto o fenômeno objetivo, ou seja, os *fatos* reais que se revelam sob os sistemas, quanto o fenômeno subjetivo, ou seja, os *argumentos* de que se faz uso para justificar tais fatos. A hipótese de trabalho, que devia ser confirmada no curso da investigação, era que na maior parte dos casos os argumentos não correspondiam aos fatos, ou seja, eram falsos, nem constituíam as causas principais das mudanças sociais, ou seja, eram também socialmente ineficazes.

Não é inútil recordar que com essas considerações Pareto demonstrava ter aprendido bem algumas lições de Marx: a inversão da tradicional relação entre práxis e teoria, o valor secundário da teoria em relação à ação, o conceito da teoria como superestrutura, numa palavra, o significado e a função das ideologias na história. Apesar da polêmica antimarxista, Pareto deve ser considerado livre continuador de um dos aspectos mais vivos e desconcertantes do marxismo teórico, segundo o qual frequentemente os homens se servem de sua razão (exaltada pelos metafísicos como o órgão da verdade) não para descobrir e comunicar a verdade, mas para deformá-la ou escondê-la (ainda que na maior parte dos casos o façam de boa-fé).[18] O *Tratado de sociologia marxista*, em sua parte amplamente preponderante, é um desenvolvimento analítico, sustentado por material documentário enorme e com objetivos classificatórios e sistemáticos típicos de cientista naturalista, da crítica às ideologias iniciada pelo marxismo. Comentando o materialismo histórico em *Systèmes socialistes* e mostrando estimar seu valor científico, a ele contrapõe, com ironia, todos os que "ainda em nossos dias" querem "explicar os fatos com as ideias que os homens têm" e se sai com uma série de exclamações que contêm o núcleo de sua teoria:

> Como se as ações dos homens só fossem a consequência de deduções rigorosamente lógicas, de certas premissas preexistentes no espírito dos homens! Como se as circunstâncias em que os homens se veem não influenciassem suas ideias! As concepções metafísicas, expulsas do campo das ciências naturais, refugiaram-se no da sociologia, e é necessário ir no encalço delas e expeli-las.[19]

Pareto está agitado pela mesma desconfiança, que já fora de Maquiavel e de Vico, pelo homem animal racional e está aberto à mesma confiança de que a "verdade efetiva" só pode ser

---

18 De resto, a polêmica antimarxista de Pareto refere-se mais à economia de Marx do que à sociologia. Em *Systèmes socialistes*, afirma que "a parte sociológica da obra de Marx é, sob o aspecto científico, muito superior à parte econômica" (I, p.386); e que "a interpretação científica da concepção materialista da história se aproxima da realidade e tem todas as características de uma teoria científica" (II, p.389-90). Como juízo global sobre Marx pode valer o seguinte parágrafo do *Tratado*: "O *materialismo histórico* representou notável progresso científico porque serviu para ressaltar o caráter contingente de certos fenômenos, como o fenômeno moral e o fenômeno religioso, a que se dava, e muitos dão ainda, caráter absoluto. Além disso, ele tem certamente uma parte da verdade, a qual consiste na interdependência do fenômeno econômico e dos outros fenômenos sociais; o erro consiste em ter transformado esta interdependência em relação de causa e efeito" (§ 829).
19 *Systèmes*, II, p.392-3.

encontrada por quem considere o homem de carne e paixão, rasgando os espessos véus tecidos pela "vaidade dos doutos". O espírito de sua obra pode ser explicado pela seguinte frase, que traz à mente outra não dessemelhante do jovem Marx:

> Quem [...] se lança ao estudo dos fenômenos sociais se detém nas manifestações da atividade, isto é, nas derivações, sem remontar às causas da própria atividade, isto é, aos resíduos. Assim sucedeu que a história das instituições sociais se tornou a história das derivações e, frequentemente, a história de simples palavrórios. Acreditou-se fazer a história das religiões, fazendo a história das teologias; a história das morais, fazendo a história das teorias morais; a história das instituições políticas, fazendo a história das teorias políticas. (§ 1402)

Partindo dessas premissas, compreende-se que Pareto, propondo-se estudar a sociedade com objetivos científicos, vale dizer, com o intento de identificar fatos e uniformidades nos fatos, e não pregar um programa político nem expressar os próprios sentimentos ou desejos, se visse diante da imensa tarefa de eliminar o que se contrapunha à compreensão objetiva das ações humanas, de limpar o terreno das ideologias para ver movimentarem-se por trás delas os homens de carne e osso.[20] O material de que o sociólogo poderia se valer era material bruto, porque, seja lendo o que os homens narraram de si mesmos em tempos antigos ou ouvindo os vivos, seja referindo-se a

---

20 "As ações não lógicas são consideradas habitualmente sob o aspecto lógico por aqueles que as realizam e por aqueles que sobre elas discorrem, que fazem sua teoria. Daí nasce a necessidade de uma operação de suma importância para nosso estudo, a qual visa a eliminar estes véus e a descobrir as coisas que por trás se escondem" (§ 249, II). E em outro ponto: "[...] e é exatamente por isso que estamos estudando as várias teorias, não tanto para conhecê-las diretamente quanto para chegar, graças a elas, ao conhecimento das inclinações de que se originam" (§ 466).

narrativas históricas ou a livros de edificação religiosa e de propaganda política, ou a obras de doutrina filosófica, as ações dos homens estavam envolvidas em roupagens lógicas ou pseudológicas, tecidas de explicações, justificações, argumentos com objetivo de persuasão, adornos decorativos, que impediam o reconhecimento imediato de sua natureza e de sua real intencionalidade. Uma sociologia científica que quisesse ir à raiz, e não restar na enganosa superfície, afirmar ou negar proposições empiricamente verificáveis, e não expressar sentimentos em dissídio com outros sentimentos e, com isso, aumentar a confusão das línguas, devia antes de mais nada ver claro, seja-me permitido o jogo de palavras, na perpétua obra de obscurecimento que os homens realizaram para fins práticos ou por natural instinto combinatório diante dos reais motivos de suas ações. Ainda mais que essa obra de obscurecimento também seria um dado ineliminável da natureza da sociedade humana, tal como a nuvem negra é característica natural da sépia. E se, para descobrir a sépia, deve-se rarefazer a nuvem, para compreender e descrever as ações humanas seria preciso, antes de tudo, limpar o terreno de falsificações conscientes ou inconscientes.

Explica-se assim por que o estudo das ideologias tenha ocupado num tratado de sociologia um lugar tão importante a ponto de se tornar o objeto quantitativamente preponderante e de nos induzir, como se dizia no princípio, a considerar tal tratado antes como crítica e análise das ideologias do que investigação sobre a forma e o equilíbrio da sociedade. De resto, justamente no início das considerações metodológicas preliminares com as quais abre o *Tratado*, Pareto se desculpou, quase avisando ao leitor que não esperasse o que ele não lhe queria dar:

> Tal estudo [das teorias] é muito útil para a sociologia porque em grande parte destas proposições e destas teorias está a imagem da atividade social; muitas vezes, antes, é só graças a elas que podemos ter noção precisa das forças que operam na sociedade, isto é,

das disposições e inclinações dos homens. Por isso aqui delas nos ocuparemos amplamente. (§ 8)

E, no índice das matérias, no verbete "Derivações", em ponto separado da obra, lê-se esta frase que é uma verdadeira chave explicativa: "Toda a presente obra é uma busca da realidade que se oculta sob as derivações que os documentos nos deram a conhecer" (p.XXVI, I).

5. Ademais, a descoberta da importância das ideologias na história constituía o pressuposto para a realização do programa, que ocupava inteiramente Pareto, de uma sociologia científica. E o constituía em duplo sentido: por um lado, porque permitia chegar a observar os móveis reais, e não aparentes, das ações humanas, e distinguir o que é principal e o que é acessório na formação do equilíbrio social; por outro, porque estimulava o sociólogo à cautela crítica, à vigilância nas deduções e nos argumentos, ao controle das próprias atrações e repulsas, que, só eles, podiam impedir uma obra investigativa de se transformar por sua vez, sub-repticiamente, em nova ideologia.

A polêmica em prol de uma sociologia científica, que ocupa parte tão grande das considerações preliminares e é recorrente em todo o *Tratado*, está sempre dirigida em duas direções: contra aqueles que confundem os discursos que os homens fazem em torno das próprias crenças com as crenças mesmas e não percebem que o homem não é um animal lógico ou, pelo menos, só o é parcialmente; e contra aqueles que na pesquisa se deixam guiar por suas próprias paixões e, em vez de nos informar sobre o que aconteceu, fazem-nos saber o que desejariam que tivesse acontecido.[21] Os primeiros carecem de espírito crítico em relação às

---

21 "Nas ciências sociais, é preciso precaver-se principalmente contra a intromissão dos sentimentos do autor, o qual se inclina a procurar não o que existe, sem mais nada, mas o que *deveria* existir para adequar-se a seus sentimentos de religião, de moral, de patriotismo, de humanitarismo ou de qualquer outro tipo" (§ 2411).

coisas e se deixam enganar; os outros carecem de espírito crítico em relação a si mesmos e enganam. Quando uma investigação sociológica incide no primeiro erro, diz-se que não respeita o critério de verdade; quando incide no segundo, diz-se que viola o dever da imparcialidade. E os dois equívocos, é inútil dizê-lo, são parentes próximos e frequentemente onde se encontra um também se encontra o outro – por exemplo, na sociologia positivista, que é sem mais nem menos uma metafísica social, com o agravante de se anunciar, presunçosamente, com a pretensão de ser acolhida como ciência.[22] Exatamente porque a sociologia não reconheceu a extrema importância que tem a função da ideologização na ação humana, ela teve dificuldade, e tem, para se tornar ciência experimental. Frequentemente Pareto lamenta o atraso científico da sociologia. Mas, em preito à objetividade, que é virtude do cientista, não fecha os olhos diante das razões históricas desse atraso; como o homem é um ser não lógico que tende a expressar os próprios sentimentos e a inculcá-los nos outros, é muito mais difícil para um estudioso do mundo humano adquirir o espírito de objetividade e imparcialidade que é próprio do estudioso de ciências naturais; e, secundariamente, por causa da independência existente, como veremos melhor em seguida, entre a verdade de uma doutrina e sua utilidade social (uma doutrina verdadeira pode ser socialmente danosa, e uma falsa pode ser socialmente útil), uma verdade experimental sobre o mundo físico tem maior possibilidade de ser inócua e é, portanto, mais facilmente tolerada do que uma verdade experimental sobre o mundo humano.

Ao programa de uma sociologia científica, entendida como teoria lógico-experimental, Pareto retorna frequentemente com

---

22 "Observe agora o leitor que a maior parte das teorias que até aqui tiveram curso sobre as matérias sociais se aproximam dos tipos de teoria de que tomam parte entes não experimentais, ainda que usurpem forma e aparência de teorias experimentais" (§ 476).

a segurança de ser um inovador ou, pelo menos, ter subido um degrau acima em relação aos predecessores. Essenciais são os nove pontos estabelecidos no § 69, o primeiro dos quais nos leva ao objeto principal da investigação, que é constituído pelas crenças religiosas, metafísicas ou morais, cujo valor intrínseco (a chamada "verdade") não será examinado, e sim a função social. No segundo ponto, assevera que o campo em que se moverá será exclusivamente o da experiência e da observação; não afirma ser tal campo superior ou inferior ao de crenças e sentimentos (seria de todo modo um juízo de valor contrário ao espírito da investigação desinteressada), observando que é diferente, de sorte que seria "tolo e vão" opor a experiência aos princípios que a transcendem, e vice-versa (ponto terceiro). No quarto ponto, afirma que partirá dos fatos para construir teorias e, portanto, a investigação será contingente, relativa, e seus resultados só prováveis, ou seja, válidos nos limites de tempo e experiência por nós conhecidos (ponto quinto). Não buscará as provas senão na experiência e na observação com as consequências lógicas que comportam, "excluindo toda prova por acordo com os sentimentos, por evidência interna, por ditado da consciência" (ponto sétimo), e procederá por aproximações sucessivas (ponto nono). Dois pontos, por fim, dizem respeito especificamente à crítica linguística: deve-se raciocinar exclusivamente sobre as coisas e não sobre os sentimentos que os nomes das coisas suscitam em nós, que é, de resto, o problema da distinção entre questões de fato e questões de palavras (ponto sexto); só se deve usar vocábulos que correspondem a coisas e tomar todo o cuidado para que tenham um significado o mais possível preciso, que é o problema do rigor linguístico, fundamental para a construção de qualquer teoria que pretenda ser científica (ponto oitavo).

6. Todo o estudo das ideologias (continuamos a usar essa expressão que, como já advertimos, não é paretiana, uma vez que Pareto usa a expressão genérica "teoria") procede segundo a classificação exposta em um dos primeiros parágrafos do *Tratado*

(o 12º), que é o fundamento da sistemática da obra. As ideologias são consideradas sob três aspectos: o aspecto *objetivo*, o *subjetivo* e o da *utilidade social*.

Com base no primeiro aspecto, elas são estudadas independentemente do sujeito que as produz e do sujeito que as recebe, e independentemente de sua utilidade social; o critério com que são analisadas nessa primeira investigação é exclusivamente sua diferença em relação às teorias lógico-experimentais, as únicas que merecem o nome de científicas. Em qualquer teoria (científica ou não), podem-se distinguir dois componentes, o material que ela utiliza e o nexo com que os dados são ligados entre si. O material pode ser experimental e não experimental; o nexo pode ser lógico e não lógico. Daí nascem quatro possíveis categorias: teorias experimentais com nexo lógico, teorias experimentais com nexo não lógico, teorias não experimentais com nexo lógico e teorias não experimentais com nexo não lógico. Dessas quatro categorias, só a primeira se insere no âmbito das teorias lógico-experimentais, isto é, das teorias científicas. Todas as outras correspondem a teorias não científicas, ainda que em gradação diversa, e representam um amplíssimo campo do que chamamos até aqui de "ideologias". Portanto, podemos precisar que as ideologias são sempre caracterizadas: ou por material não experimental – por exemplo, de um conjunto de dados extraídos não da observação empírica, mas de crenças religiosas, entidades metafísicas, supostas iluminações interiores e assim por diante; ou então por nexos não lógicos – por exemplo, sofismas verbais ou raciocínios artificiosos, que são frequentemente empregados, ainda que inconscientemente, para enganar quem escuta. Ao estudo das ideologias, consideradas como teorias não lógico-experimentais, estão dedicados sobretudo dois capítulos do *Tratado* (o quarto e o quinto).

Com base no segundo aspecto, as ideologias são consideradas do ponto de vista das razões (subjetivas) pelas quais são produzidas e aceitas. E, como a principal razão pela qual são produzidas não é formular proposições empiricamente verificáveis sobre este ou aquele fenômeno, mas persuadir a si mesmo ou aos outros a crer em certas coisas ou a realizar certas ações, suscitar certos sentimentos para que a estes se sigam certas ações, e a principal razão pela qual são aceitas não é a convicção de sua verdade, mas o acordo com os próprios sentimentos, com esse segundo aspecto se considera não sua verdade ou falsidade, mas sua força persuasiva. Quem elabora teorias lógico-experimentais não se propõe o escopo de persuadir os demais; e, caso se propusesse, seria ingênuo, porque a maior parte das pessoas se deixa persuadir mais facilmente por discursos que apelam a sentimentos do que por enunciados de verdades experimentais.[23] A função social de exercer obra de persuasão é atribuída às ideologias. Portanto, uma vez examinado o problema da correspondência das ideologias aos critérios próprios das teorias científicas, e resolvido negativamente, resta aberto o estudo dos meios pelos quais elas cumprem sua função social, que não é demonstrar seja o que for, mas fazer obra de persuasão, isto é, influir no comportamento alheio. Como se sabe, Pareto chama de "derivações" os raciocínios mais ou menos especiosos com os quais os homens mascaram os próprios instintos para impô-los. O estudo das derivações, que é, aliás, o estudo das teorias não lógico-experimentais sob o aspecto subjetivo, ocupa quase três capítulos (o 9º, o 10º e o 11º).[24]

---

23 "Quem quer persuadir os outros em matéria daquilo que ainda se diz *ciência social* dirige-se principalmente aos sentimentos e acrescenta considerações de fatos e deduções lógicas de fatos; e assim deve operar se quer que sua fala seja eficaz, porquanto, se negligenciasse os sentimentos, persuadiria a bem poucos e talvez nem mesmo se fizesse escutar, ao passo que, se souber oportunamente estimulá-los, sua fala será reputada eloquente" (§ 76).

24 "Quando o estudioso de lógica descobre um erro de raciocínio, esclarece um sofisma, sua obra está completa; ao contrário, começa a obra do estudioso de sociologia, que deve perguntar por que estes sofismas são aceitos, persuadem. Os sofismas que são apenas sutilezas lógicas a ele pouco ou nada importam, por não terem amplo consenso entre os homens; ao contrário,

Quanto ao aspecto da utilidade social, ele significa que as ideologias, independentemente de sua verdade ou falsidade, independentemente de sua força persuasiva, podem ser úteis ou nocivas à sociedade, entendida a sociedade como um tal equilíbrio de forças que, desaparecendo, ela decai ou se dissolve. Quem estuda as ideologias, pois, não deve deixar de lado a avaliação do variado grau de sua utilidade social, que é um tipo de avaliação bem distinto dos outros dois. Uma das teses mais repetidas com insistência por Pareto, e à qual retornaremos, é que uma teoria verdadeira experimentalmente não é, de modo necessário, útil socialmente, e uma teoria útil socialmente não é, de modo necessário, verdadeira experimentalmente.[25] Do mesmo modo, pode acontecer que uma ideologia dotada de muita força persuasiva seja nociva e, inversamente, uma ideologia útil socialmente seja carente de força persuasiva e, portanto, permaneça inoperante. Acrescentamos, para completar, que nesse terceiro aspecto Pareto introduz uma distinção entre a utilidade ou o dano dos sentimentos manifestados por uma teoria e a utilidade e o dano de uma teoria, e distingue ainda a utilidade para quem produz e para quem recebe a teoria, de modo que também aqui a pergunta se uma teoria é útil ou nociva se divide em quatro perguntas. A esse aspecto está dedicado, em particular, o capítulo 12º.

O próprio Pareto resume a classificação das teorias em breve trecho que merece ser citado integralmente:

> importam-lhe principalmente os sofismas – ou mesmo os raciocínios bem feitos – que são aceitos por muitos. A lógica pesquisa por que um raciocínio é errado, a sociologia por que tem amplo consenso" (§ 1411).

25 "Portanto, peço ao leitor considerar sempre que, se afirmo que uma doutrina é absurda, não quero minimamente afirmar implicitamente que é nociva à sociedade: ao contrário, pode ser utilíssima. Inversamente, se afirmo que uma teoria é útil para a sociedade, não quero minimamente afirmar implicitamente que é verdadeira experimentalmente. Em suma, uma mesma doutrina pode ser ridicularizada sob o aspecto experimental e respeitada sob o aspecto da utilidade social, e vice-versa" (§ 73).

Em síntese, dada, por exemplo, a proposição expressa A = B, temos de resolver os seguintes quesitos: 1. *Aspecto objetivo*. Tal proposição é, ou não é, conforme à experiência? 2. *Aspecto subjetivo*. Por que certos homens dizem que A é igual a B? Por que outros homens creem nisso? 3. *Aspecto da utilidade*. Que utilidade têm os sentimentos manifestados pela proposição A = B para quem enuncia a proposição? para quem a aceita? Que utilidade tem a própria teoria, segundo a qual A = B, para quem a produz? para quem a aceita? (§ 14)

7. Para um estudo das ideologias, mesmo só com vistas a um entendimento mais claro das discussões ideológicas em que estamos continuamente empenhados, esse tríplice critério distintivo formulado e amplamente aplicado por Pareto em seu *Tratado* me parece de grande interesse.

Em substância, da análise paretiana se extraem duas teses fundamentais: 1) toda ideologia pode ser considerada com base em seu grau de *verdade*, em seu grau de *eficácia* e em seu grau de *utilidade*; 2) cada um desses critérios é independente do outro, de onde se deduzem as seguintes asserções: *a*) que uma teoria seja verdadeira não implica que seja eficaz e útil; inversamente, que uma teoria seja falsa não implica que seja ineficaz e danosa; *b*) que uma teoria seja eficaz não implica que seja verdadeira e útil; inversamente, que uma teoria seja ineficaz não implica que seja falsa e danosa; *c*) que uma teoria seja útil não implica que seja verdadeira e eficaz; inversamente, que uma teoria seja danosa não implica que seja falsa e ineficaz. Com base nessas asserções, pode-se aventar uma variedade notável de situações abstratas: *a*) uma teoria verdadeira que é, ao mesmo tempo, eficaz e útil; *b*) uma teoria verdadeira que é eficaz, mas não útil; *c*) uma teoria verdadeira que é ineficaz, mas útil; *d*) uma teoria verdadeira que não é nem eficaz nem útil; e assim sucessivamente para as teorias não verdadeiras, eficazes, não eficazes, úteis e danosas.

Decerto, provavelmente não se encontram exemplos concretos para cada uma dessas hipóteses abstratas, mas isso não exclui que o quadro das possibilidades abstratas deva ser considerado sempre que tenhamos de estudar uma ideologia e classificá-la. Os casos mais frequentes que se tornam objeto das análises de Pareto – cuja capacidade de coligir exemplos dos mais variados e distantes campos da história é prodigiosa, como se observou várias vezes – talvez sejam estes três: 1) teorias falsas que tiveram grande força persuasiva e, ao mesmo tempo, foram ou são danosas: por exemplo, a teoria dos antípodas; nos tempos modernos, a doutrina do virtuísmo; 2) teorias falsas que tiveram grande força persuasiva e, ao mesmo tempo, são socialmente úteis: nessa categoria se inserem muitas crenças religiosas, cuja avaliação é negativa quanto a seu fundamento de verdade e positiva quanto à utilidade social; 3) teorias verdadeiras que não são nem persuasivas nem úteis: em geral, todas as teorias experimentais no campo da ação humana, entre as quais Pareto não hesita em pôr sua própria teoria, de cuja verdade está convencido mesmo não tendo a mesma convicção sobre sua eficácia e utilidade, pelo menos no tempo presente.[26]

Ora, o interesse desse tríplice critério de classificação das ideologias reside no fato de que serve magnificamente para descobrir e, portanto, evitar frequentes confusões em que incidem os patrocinadores e até os próprios críticos das ideologias. Os casos sempre recorrentes de confusão são determinados: *a*) pela tendência a considerar e a celebrar como verdadeira uma teoria só pelo fato de ter tido muita força persuasiva e ter se mostrado

---

26 "O autor que expõe certas teorias costuma desejar que sejam acolhidas e adotadas por todos; nele se reúnem o investigador da verdade experimental e o apóstolo. Neste livro, separo-os inteiramente; permanece o primeiro, excluo o segundo. Digo e repito que meu único escopo é a busca das uniformidades (leis) sociais; e acrescento que exponho aqui os resultados de tal busca, porque considero que, pelo restrito número de leitores que pode ter este livro e pela cultura científica que neles se pressupõe, esta exposição não pode causar dano; mas me absteria de expor se acreditasse razoavelmente que esta obra poderia se tornar um livro de cultura popular" (§ 86).

socialmente útil: um exemplo típico dessa falsa dedução da verdade a partir da eficácia ou da utilidade social, ou de ambas ao mesmo tempo, é a teoria do direito natural. Ninguém pode excluir que o jusnaturalismo tenha sido uma doutrina eficaz em muitas e variadas circunstâncias históricas, bem como socialmente útil em várias situações. Mas isso não elimina o fato de que, sob o aspecto objetivo, isto é, julgado com base no critério próprio das teorias científicas, ele seja falso, isto é, seja uma teoria metafísica que não é mais verdadeira do que uma crença religiosa; b) pela tendência oposta a considerar e a recriminar como danosa uma teoria só pelo fato de se ter demonstrado sua falsidade (experimental ou lógica). Essa tendência se mostrou de modo mais evidente, segundo Pareto, na crítica iluminista e positivista às religiões, que jamais soube distinguir duas coisas diversas, como a verdade ou a falsidade de uma crença e sua utilidade ou periculosidade social, e pecou por intelectualismo abstrato.[27] É um ponto assentado da análise paretiana das crenças religiosas ser "[...] grave erro querer julgar o valor social de uma religião considerando unicamente o valor lógico ou razoável de sua teologia" (§ 167).[28]

---

27 "Pode-se só prestar atenção na forma das ações não lógicas e, não parecendo razoável, considerá-las como preconceitos absurdos, merecedores só de ser estudados sob o aspecto patológico, como verdadeiras patologias da estirpe humana [...]. Tal é ainda a atitude que ostenta nosso anticlericalismo em relação à religião cristã; o que evidencia, nesses sectários, uma grande ignorância, associada a uma mente limitada e incapaz de entender os fenômenos sociais" (§ 309).
28 "Deve-se distinguir o acordo de uma doutrina ou de uma teoria com os fatos e sua importância social; aquele pode ser zero, esta muito grande; mas tal importância não prova o acordo, assim como o acordo não prova a importância. Uma teoria pode não corresponder a fatos objetivos, ser inteiramente fantasiosa sob tal aspecto, e no entanto corresponder a fatos subjetivos de grande relevância para a sociedade. Quem vê a importância social de uma mitologia pretende que também seja real; quem nega sua realidade também nega sua importância social; no entanto, os fatos mostram

Se nos reportarmos por um momento à disputa contra e a favor do comunismo, perceberemos o interesse da distinção paretiana e seu valor metodológico. Não é difícil destacar, de fato, no desenvolvimento dessa disputa as duas tendências opostas há pouco indicadas: por um lado, os adeptos do comunismo, convencidos da importância social dessa doutrina, tentam demonstrar que ela se baseia em teoria cientificamente válida; por outro lado, os adversários, tendo demonstrado sua não validade do ponto de vista científico, são levados a negar sua importância social. Uma disputa desse tipo está baseada no erro comum dos contendores de ambos os lados segundo o qual verdade, eficácia e utilidade se implicam reciprocamente.

8. Uma nova série de considerações sobre a crítica paretiana das ideologias pode ser suscitada pela seguinte observação: na análise dos três aspectos, o objetivo, o subjetivo e o da utilidade social, afloram problemas que estão entre os mais controvertidos na discussão filosófica contemporânea e se propõem soluções que estão de pleno acordo com as mais frequentemente favorecidas pelas correntes neoempiristas. A distinção entre ciência e ideologia sob o aspecto objetivo é traçada com base na distinção entre juízos de valor e juízos de fato e na irredutibilidade de ambos. O estudo das ideologias sob o aspecto subjetivo está fundamentado na distinção entre técnica da pesquisa científica e técnica da persuasão, e fornece rico material para a discussão em torno das relações entre lógica e retórica. Por fim, a consideração das ideologias sob o aspecto da utilidade social toca no problema das relações entre teoria e práxis, entre cultura e política, e, portanto, oferece algumas indicações sobre a posição do homem teórico na sociedade. Vejamos separadamente esses três pontos.

Para quem aceita o critério de verdade próprio das teorias lógico-experimentais, as ideologias (não diferentemente de

---

claramente que as mitologias não têm realidade e têm grande importância social" (§ 1682).

mitologias e metafísicas) são um amontoado de proposições sem sentido. No entanto, elas adquirem sentido quando nos damos conta de que o homem não é só um ser lógico, como pretenderiam as filosofias racionalistas (cuja última floração é o cientificismo positivista), mas também e sobretudo um ser não lógico, que não age sempre com base em raciocínios, mas também e mais frequentemente seguindo alguns instintos fundamentais. As ideologias são expressões de sentimento e, com elas, o homem não afirma o que é empiricamente verdadeiro ou falso, mas expressa o que deseja ou não deseja, aprova ou não aprova, deve ou não deve ser. Ciência e ideologia pertencem a dois campos separados, que nada têm em comum: a primeira, ao campo da observação e do raciocínio, a segunda, ao campo do sentimento e da fé. E não existe possibilidade de comunicação de uma com a outra: "Com referência às provas, nada pode a experiência contra a fé nem a fé contra a experiência, de sorte que permanece cada qual no próprio campo" (§ 43). Mas cada qual tem, no próprio campo, seu significado e sua função. Pareto jamais condena uma ideologia em nome da verdade científica: o que ele condena é a ideologia que pretende se fazer passar por ciência, a confusão sub-reptícia entre juízo de valor e juízo de fato. Essa separação é a que permite compreender antes de condenar e distinguir o estudioso dos fatos sociais do propagandista ou do apóstolo.

Ciência e ideologia se inspiram em dois diferentes critérios de verdade, que Pareto chama costumeiramente, em respectivo, de experiência e acordo com os sentimentos. Em outras palavras, numa ciência considero verdadeiro o que se verifica empiricamente; numa ideologia considero verdadeiro o que está de acordo com meus sentimentos. Para um humanitário, é verdade que a pena de morte é um mal e sua abolição não provocará consequências danosas, não porque tenha provas empíricas do que assevera, mas só porque tem certos sentimentos que o levam a execrar a violência. O humanitarismo não é teoria científica, mas ideologia. O que não significa que seja um conjunto de proposições sem sentido: seu sentido é dado ao se reconhecer que existe uma esfera de significados diversa daquela própria das proposições científicas, e esta é a esfera dos juízos de valor, irredutíveis aos juízos de fato. Na medida em que se baseiam em dois diferentes critérios de verdade, ciência e ideologia se valem de diferentes provas para a validação de suas verdades: a prova exclusiva da ciência é o que Pareto habitualmente chama de acordo com os fatos; provas habituais para uma ideologia são os livros sagrados, o consenso universal (ou, pelo menos, das pessoas que têm os mesmos sentimentos meus), a consciência interior, provas, todas, que se poderiam reunir no único conceito de "princípio de autoridade", com base no qual é verdadeiro não o que se pode verificar, mas o que é posto como tal por alguém (seja Deus, seja a coletividade, seja minha consciência como sede de iluminação interior) considerado como fonte de verdade. Daí deriva outra diferença importante: as verdades ideológicas aspiram a uma absolutez que as verdades científicas rejeitam. E se compreende: estas últimas são o resultado de uma busca que está continuamente submetida a revisão e procede por sucessivas aproximações; as primeiras são o resultado de imposição, mesmo que espontaneamente aceita. O que só confirma a total distinção: "Não é possível nenhum paralelo entre teorias inteiramente contingentes e teorias que admitem o absoluto" (§ 69).

O que distingue, por fim, a ideologia da ciência é o diferente uso da linguagem. Na sensibilidade aos problemas linguísticos, Pareto nada tem a invejar a um analista contemporâneo. Os elementos distintivos em relação ao uso diferente da linguagem são essencialmente três: 1) as ciências tendem a construir uma linguagem rigorosa, enquanto as ideologias não só não buscam o rigor científico mas se beneficiam da indeterminação da linguagem; 2) nas ciências, as definições são só etiquetas com função indicativa e valor convencional; nas ideologias, as definições têm muitas vezes um elemento não experimental atinente ao sentimento, uma vez que as palavras são empregadas em seu significado emotivo com o fito não só de indicar uma coisa, mas suscitar certos sentimentos, e, portanto, não podem ser impunemente substituídas; 3) as ciências não disputam nunca em torno de nomes, mas só das coisas indicadas pelos nomes, tanto que "um raciocínio lógico-experimental conserva todo o seu valor, ao se substituírem os nomes das coisas por letras do alfabeto ou números" ("Índice dos temas", III-*d*), enquanto as ideologias disputam também em torno de nomes, "e convém que sigam tal caminho, uma vez que os nomes, mesmo quando não indicam coisas fantasiosas, acrescentam ao menos algo não experimental às coisas que querem indicar. Tal acréscimo, muito frequentemente, consiste em sentimentos do autor ou de outras pessoas" (ibid.).

9. O estudo das ideologias sob o aspecto subjetivo compreende o capítulo das derivações. Por "derivações" Pareto entende o conjunto de raciocínios lógicos ou pseudológicos que o homem fabrica para persuadir os outros e até a si próprio a crer em certas coisas ou a realizar certas ações. Em toda ideologia, ele distingue duas partes: a primeira é constituída pelos "resíduos", que são as manifestações dos sentimentos; a segunda é constituída pelas derivações, que "compreendem raciocínios lógicos, sofismas, manifestações da necessidade de raciocinar que o homem experimenta" (§ 1401). As derivações são o elemento mais característico do homem como animal ideológico, exatamente porque são a manifestação mais conspícua daquela mistura de ações lógicas e não lógicas que é a sociedade dos homens: se os homens fossem seres puramente instintivos, como os animais, não haveria na sociedade humana derivações, as quais nascem do fato de que eles, além de seres instintivos, são também seres lógicos; se, ao contrário, fossem meramente racionais, não teriam necessidade de derivações para ser guiados e impulsionados em sua ação social, porque bastariam as teorias lógico-experimentais. Poder-se-ia dizer que o homem é um animal ideológico porque é um ser instintivo capaz e desejoso de

raciocinar ou, inversamente, é um ser racional dominado por instintos.[29]

Do amplo exame das derivações, realizado por Pareto, podem ser extraídas três teses principais:

I. As derivações são mais variáveis do que os resíduos. Isso significa que, à multiplicidade enganadora e verdadeiramente desestimulante das ideologias, elaboradas e pregadas no curso dos séculos, não corresponde tão grande variedade de instintos e sentimentos. Um só resíduo pode ter muitas derivações, porque, refutada uma, logo se lhe segue outra que realiza a mesma função: "Eis um chinês, um muçulmano, um cristão calvinista, um cristão católico, um kantiano, um hegeliano, um materialista, os quais se abstêm igualmente de roubar, mas cada qual dá, de seus atos, uma explicação diferente" (§ 1416). Enquanto os resíduos permanecem constantes, as ideologias mudam com o tempo e assumem formas diversas nos diferentes tempos, de modo que um discurso de tipo relativista vale, para Pareto, só para as derivações, não para os resíduos. (Isso explica seu conservadorismo político do tipo: "os homens sempre foram os mesmos, e toda doutrina revolucionária é ilusória".) Como exemplo, pode-se citar o longo exame que Pareto faz da ação não lógica, comum a todos os povos e difundida em todas as civilizações, de provocar ou impedir temporais mediante certas práticas: uma das conclusões que deduz desse exame é que do núcleo não lógico (o exercício de certas práticas para provocar ou impedir temporais) derivam, nas várias mitologias, infinitas interpretações, as quais são excogitadas com o objetivo de dar uma explicação lógica da ação não lógica. Nessa tese paretiana, há uma primeira

---

29 "O animal que não raciocina, que só realiza atos de instinto, não tem derivações; ao invés, o homem experimenta a necessidade de raciocinar e, além disso, estender um véu sobre seus instintos e seus sentimentos; logo, nele raramente falta pelo menos um germe de derivações, assim como não faltam os resíduos" (§ 1400).

advertência metodológica preciosa sobre a seleção do material documentário.

II. As derivações seguem-se aos resíduos. Isso significa que, se no exame de determinada sociedade deparamos com certos resíduos ou certas derivações, devemos concluir geralmente que não existem tais resíduos porque foram elaboradas tais derivações, mas, inversamente, existem tais derivações porque preexistiam tais resíduos. As teologias vêm depois das crenças, as doutrinas morais depois dos sentimentos morais, as doutrinas políticas em seguida à formação de certas aspirações à mudança social e assim por diante. Toda a investigação sobre os sistemas socialistas, por exemplo, reflete esta convicção: "Muitos não são socialistas porque foram persuadidos por certa argumentação, mas, o que é muito diferente, aderem a esta argumentação porque são socialistas".[30] O cânone metodológico que deriva dessa tese é que se deve estudar as derivações para conhecer os resíduos, não o contrário.

III. As derivações têm no equilíbrio da sociedade menor importância do que os resíduos.[31] O que significa que, apesar da necessidade experimentada pelo homem de dar forma lógica aos próprios sentimentos, o que constitui a força persuasiva de uma ideologia não é a forma lógica que ela assume.[32] Para o sociólogo, portanto, as derivações têm importância não tanto

---

30 *Systèmes*, II, p.21.
31 "Contrariamente à opinião vulgar que dá grande peso às derivações, e entre estas às próprias derivações, às teorias para determinar a forma social, vimos, com muitas e demoradas investigações, que elas diretamente operam pouco para determinar tal forma e que isso não se vê porque se atribuem às derivações os efeitos que cabem propriamente aos resíduos por elas manifestados" (§ 2082).
32 "Tomando o signo pela coisa, pode-se dizer que os homens são levados a uma vigorosa atividade por tais derivações; mas esta proposição, entendida literalmente, estaria distante da verdade e deve ser substituída pela outra proposição segundo a qual os homens são levados a uma vigorosa atividade pelos sentimentos que se expressam graças a tais derivações" (§ 2085).

pelas consequências que delas se extraem quanto pelos resíduos de que são indício. Por exemplo, a intervenção do demônio é uma explicação da eficácia de certas práticas mágicas. Mas erraria quem considerasse que os homens creem na eficácia de certas práticas mágicas porque foram convencidos pela existência do demônio: sucede, ao contrário, que aceitam a explicação do demônio porque creem na eficácia de certas práticas mágicas. Tanto é verdade que, cessando a crença no demônio, não cessam as práticas mágicas. Daí se segue o cânone metodológico que consiste em considerar pouco (o que não significa deixar de considerar) as derivações na explicação do equilíbrio social, em considerá-las muito menos do que habitualmente o fazem os estudiosos das coisas sociais.[33]

As derivações são classificadas em quatro grupos, divididos por sua vez em subgrupos (ao todo, dezessete). Aqui não podemos nos deter em cada um deles: basta dizer que o exame detalhado de cada subgrupo constitui interessante capítulo da técnica da argumentação, da retórica distinta da lógica, que examinaremos à parte.[34] O primeiro grupo compreende as afirmações puras e simples, que podem ser juízos de fato (exemplo: "Nós homens estamos igualmente próximos da morte"), juízos de valor (exemplo: "Melhor sofrer do que cometer ofensas") ou juízos mistos (exemplo: "Todos perguntamos: é rico? Ninguém: é bom?"). O segundo grupo é constituído pelo apelo à autoridade, que pode ser a autoridade de um homem, da tradição ou

---

33 "Os teólogos, os metafísicos, os filósofos, os teóricos da política, do direito, da moral não concordam em geral com a ordem ora mencionada [refere-se ao § 1402, no qual afirmara que "a parte de maior importância para o equilíbrio social é a dos resíduos"]. Eles são levados a atribuir o primeiro lugar às derivações; os resíduos, para eles, são axiomas ou dogmas, e o escopo é simplesmente a conclusão de um raciocínio lógico. Como habitualmente não se entendem sobre a derivação, litigam à exaustão sobre ela e imaginam poder modificar os fatos sociais demonstrando o sofisma de uma derivação" (§ 1415).
34 Cf., mais adiante, o ensaio "Pareto e a teoria da argumentação".

de um ser divino. O terceiro grupo compreende o apelo aos sentimentos, ao interesse (que pode ser individual ou coletivo), a entidades abstratas (que são jurídicas, metafísicas ou sobrenaturais). Por fim, o quarto grupo compreende as derivações obtidas mediante manipulações verbais, em que se examina, com particular amplitude e riquíssima casuística, o uso de termos indeterminados, sugestivos, plurissignificativos, bem como de metáforas, alegorias, analogias e termos privados de sentido.

10. Se, sob o aspecto objetivo, as ideologias são teorias não científicas, mistura de juízos de valor e argumentações voltadas para persuadir, sob o aspecto da utilidade social se revela, por assim dizer, o avesso da medalha: de fato, pode acontecer que ideologias cientificamente inaceitáveis produzam utilidade social e, inversamente, teorias irrepreensíveis cientificamente sejam nocivas ou pelo menos inativas.

Isso ocorre principalmente por duas razões. Antes de mais nada, porque os homens, como vimos, não são seres racionais e, portanto, se deixam guiar mais facilmente por argumentações persuasivas que apelam a seus sentimentos do que por demonstrações lógicas baseadas em fatos empiricamente controlados. Proposto um fim, é mais fácil que se consiga induzir certo número de pessoas a agir antes expressando juízos de valor que se coadunem com seus sentimentos do que com uma demonstração da adequação dos meios. Em segundo lugar, porque o estudo científico da sociedade ainda está tão atrasado que não é capaz de estabelecer, posto um determinado fim, quais são os meios apropriados para alcançá-lo. O que se conseguiu até agora nas atividades técnicas (na construção de uma ponte, um engenheiro se distingue de um artesão de outros tempos porque utiliza teorias científicas) e está para se conseguir, segundo Pareto, na economia política está bem longe de ter sequer um princípio de realização em sociologia e em política: aqui, na falta de teorias científicas, vale ainda o empirismo do político, o qual se entrega, como o velho artesão, à prática, ao instinto, à experiência pessoal ou transmitida.[35] Ainda que Pareto aspire à constituição de uma teoria política lógico-experimental, parece não crer que, pelo menos no estado atual do progresso científico, por um lado, e da inclinação dos homens, por outro, uma política científica possa e deva superar uma política ideológica. Nessa matéria, "estamos bem distantes – afirma – do dia em que a teoria política poderá dar úteis prescrições" (§ 1786). Ao contrário, às vezes dá a entender que uma política científica poderia até ser danosa à coesão e ao poder de uma determinada coletividade, porque tende a gerar ceticismo quando, para fazer agir os homens tais como são, há necessidade de mitos, fés, religiões (a democracia, o pacifismo, o solidarismo e o humanitarismo – supostas doutrinas científicas dos atuais teóricos da política – são religiões como todas as outras).[36]

Com essa nítida distinção entre verdade e utilidade, Pareto se mantém distante tanto da presunção cientificista dos positivistas quanto de toda e qualquer forma de velho e novo racionalismo político. Mas, ao mesmo tempo, sua tentativa de elaborar uma política científica chegava a este resultado aparentemente

---

[35] "Os raciocínios lógico-experimentais têm grande valor quando está dado o fim e se buscam os meios adequados para consegui-lo; portanto, são usados com fecundo êxito nas artes e ofícios, na agricultura, na indústria, no comércio; e assim, além de muitas ciências técnicas, pôde-se constituir uma ciência geral dos interesses, isto é, a Economia, que supõe tais raciocínios empregados exclusivamente em certos ramos da atividade humana. Também valem para a guerra e deram origem à estratégia e a outras ciências análogas. Poderiam valer na ciência do governo, mas até agora foram empregados antes como artes de determinados indivíduos do que para constituir uma ciência abstrata, porque o fim não está determinado ou, se está determinado, não se quer evidenciar. Em geral, por estes e outros motivos, os raciocínios lógico-experimentais tiveram pouco papel no ordenamento da sociedade" (§ 2146).

[36] "Quem visa a persuadir os outros, a levar os homens a agir deve se abster de tais investigações [científicas], não só porque o vulgo a que se dirige não pode entendê-las, mas igualmente [...] porque favoreceria o ceticismo científico, que é contrário à ação enérgica e resoluta do crente" (§ 2147).

paradoxal: como a vida política escapa ao domínio da ciência, uma teoria científica da política não pode também pretender ter, além da função cognoscitiva que lhe é própria, uma função prática. Quanto aos efeitos políticos, uma teoria lógico-experimental da política não deve ser avaliada diferentemente de qualquer derivação. Retorna-se sempre ao ponto central: os homens são mais seres de fé do que de razão, creem antes de compreender, creem mesmo sem compreender. Assim, entre teoria e prática se abre um hiato insuperável: "Para o conhecimento, só vale a ciência lógico-experimental; para a ação, é de muito maior importância deixar-se guiar pelos sentimentos" (§ 1786). Um teórico que queira fazer ciência não deve o mais possível deixar-se dominar pelos resíduos; de outro modo, em vez de teoria científica, escreverá sermão. Ao contrário, um político, quanto mais tiver como guia os resíduos, tanto mais obterá sucesso. "Em outros termos: as deduções práticas se beneficiam do fato de ser essencialmente sintéticas e inspiradas pelos resíduos; as científicas, do fato de ser essencialmente analíticas e de pura observação (experiência) e lógica" (§ 1787). Teoria e prática estão destinadas a caminhar em trilhos diversos e a não se encontrarem: "Se quisermos fazer uso dos termos vulgares 'prática' e 'teoria', diremos que a *prática* é tanto melhor quanto mais for prática; a *teoria*, quanto mais for teórica. Péssimas, em geral, a *prática* teórica e a *teoria* prática" (§ 1788). Ele, Pareto, escrevera uma teoria teórica e era sinal de sabedoria não lhe atribuir nenhuma função prática. Deixava de bom grado aos políticos a prática prática e expressava impaciência, desconfiança, desprezo por toda manifestação de intelectualismo político (hoje se diria "política dos intelectuais" ou, pior ainda, "dos cientistas sociais"), que, partindo da confusão entre problemas de verdade e problemas de utilidade, promove costumeiramente má teoria praticamente ineficaz e, por querer ser ao mesmo tempo ciência e ação, não é nem uma coisa nem outra.

11. Para quem considere como próprio dever compreender antes de condenar e esteja convencido de que os meios de que

dispomos para explicar os fenômenos sociais ainda são rudimentares, creio que a leitura e o estudo da sociologia de Pareto são estimulantes e saudáveis. Estamos imersos ou, mais diretamente, submersos em tempestuoso oceano ideológico. A distinção entre questões de verdade, de sucesso, de utilidade de uma doutrina é um primeiro subsídio indispensável para começar a encontrar alguma orientação. É um enérgico antídoto a dois males extremos dos ideólogos: o intelectualismo político que renova continuamente a ilusão do sucesso de uma política "iluminada", apesar dos desmentidos contínuos, e a quimera política que induz a confundir os próprios desejos com a realidade. Pode ser motivo de espanto que, no curso das furiosas e sempre renovadas disputas ideológicas desses últimos anos, Pareto seja às vezes mencionado como teórico das elites, mas não mais empregado como teórico das ideologias. Decerto, a amplitude e a novidade da investigação deram à obra paretiana um aspecto pouco atraente que lhe foi muitas vezes censurado e terminou por dela afastar gerações inteiras de leitores. Mas acredito que, com juízo mais equilibrado, deva ser atribuída parte da culpa desse abandono aos leitores muito apressados (o *Tratado* só se abre a quem o lê e relê) e cheios de preconceitos contra o que se prenuncia, mesmo de longe, como estudo generalizante dos fenômenos humanos. Pareto semeou com prodigalidade um vasto campo em grande parte inculto. E ele mesmo recolheu com tenaz paciência os primeiros frutos. Mas agora em tal campo cresceram gramas e rebentos. Ainda existe um grande trabalho a realizar no estudo sistemático das ideologias e na tomada de consciência de sua função na história. O *Tratado* oferece meios de estudo incomparáveis. Devemos esperar que uma melhor compreensão do interesse filosófico da obra de Pareto, que aqui tentei ilustrar, sirva para a retomada dos temas nela tratados.

4.
A ideologia em Pareto e Marx

1. Que grande parte da sociologia de Pareto consista em crítica das ideologias já foi muitas vezes observado: uma de suas quatro grandes obras, *Les systèmes socialistes*, é um verdadeiro tratado de crítica ideológica; dos treze capítulos em que se divide o *Tratado de sociologia geral*, pelo menos dez são dedicados a problemas ligados à identificação e à crítica das ideologias. O que talvez não tenha sido suficientemente analisado é a contribuição de Pareto à elaboração de uma *teoria* das ideologias que compreende os três problemas relativos à *gênese*, à *natureza* e à *função* do pensamento ideológico. Desde a primeira obra mencionada, *Les systèmes*, a crítica às teorias socialistas se faz acompanhar de um contínuo esforço de análise dos pressupostos psicológicos que possam explicar o nascimento e a razão de ser do pensamento ideológico. Com a distinção inicial e fundamental entre ações lógicas e ações não lógicas, o *Tratado* se apresenta desde o início, mais do que como obra de sociologia no sentido tradicional da palavra, como uma teoria geral da ação humana, em que o critério principal de distinção entre as ações parece disposto para o fim de servir de base a uma teoria das ideologias. Na obra

intermediária, o *Manual de economia política*, de 1906, o longo capítulo dedicado à sociologia (cap. II, "Introdução às ciências sociais") é todo um esboço de teoria e crítica das ideologias.

2. Apesar das dúvidas, muitas vezes e até recentemente suscitadas sobre a inspiração marxiana de Pareto, pode-se documentar amplamente o estímulo, caso não se queira falar de inspiração, que recebeu, no problema das ideologias, do encontro com o marxismo, ainda que através da leitura de Antonio Labriola. Em uma página da última "Crônica", que é de 1897, portanto anterior em alguns anos à redação de *Systèmes*, tomando energicamente a defesa de Ettore Ciccotti, não promovido a catedrático por ser socialista, vem a falar de Labriola e escreve: "existe mais profundidade numa só página do livro escrito por Labriola sobre o *materialismo histórico* do que em cem volumes de nossos protecionistas e politiqueiros".[1] O que o surpreendeu nessa obra está claramente evidenciado pela seguinte frase: "Leiam, por exemplo, a crítica que o autor faz do *verbalismo*, a crítica das *ideologias* ou da *fraseologia*, e digam se não são verdadeiras e profundas".[2] E logo a seguir cita longo trecho do ensaio sobre a nova crítica das fontes em que Labriola recomenda ao historiador "desnudar" os fatos "dos invólucros" de que se revestem. No ano seguinte, resenha o ensaio labrianano em *Zeitschrift für Sozialwissenschaft*[3] e, definindo-o "provavelmente a expressão mais completa e mais erudita que possuímos da doutrina marxista", elogia sobretudo sua parte crítica, que diz consistir, exatamente, em concepção e consequente metodologia mais realista da história:

---

[1] *Cronache italiane*, p.519.
[2] Ibid.
[3] I, p.149-53. Ver a resenha, agora, no volume *Scritti sociologici*, já várias vezes mencionado, p.211-7, do qual extraio a citação. Os trechos acima transcritos se encontram respectivamente em p.213 e 216-7.

Em poucas palavras, eis, no momento, como nos parece a nova doutrina. Ela tem ótima parte crítica, exatamente a que refuta as "ideologias", ainda predominantes em certos setores históricos, e se propõe investigá-las com os métodos das ciências naturais. Tal crítica não é completamente nova, seus princípios foram amplamente aplicados em nosso século ao estudo da Antiguidade; mas talvez jamais tenha sido expressa com tanto vigor quanto por Labriola e pelos outros marxistas.

Por fim, em *Systèmes*, depois de declarar que a leitura de Labriola e de Croce é indispensável para dar conta do estado atual da questão do materialismo histórico, rejeita sua interpretação "popular", que o reduz a economicismo, e aceita sua interpretação *savante*, que é pura e simplesmente "a concepção objetiva e científica da história" (sabemos que, para Pareto, o máximo elogio que se podia fazer a uma teoria era reconhecer seu caráter científico).[4] Dadas essas premissas, pode-se interpretar o esforço, que faz em *Systèmes*, de demonstrar a falta de valor científico das teorias socialistas antigas e modernas como tentativa de aplicar também a elas a crítica das ideologias que considera ter bem assimilado do realismo marxista.

3. Esse programa de trabalho se desenvolve, como já evidenciado na "Introdução" a *Systèmes*, numa autêntica teoria dos fenômenos sociais, baseada na distinção entre *fenômeno objetivo* e *fenômeno subjetivo*. Fenômeno objetivo é o fato real, que é tarefa da pesquisa científica descobrir e determinar; fenômeno subjetivo é a forma pela qual nosso espírito o concebe, e essa forma é muitas vezes, por múltiplas razões, psicológicas, históricas, práticas, uma imagem deformada. A crítica histórica, para chegar à descoberta dos fatos reais, deve reconstituir o objeto para além da imagem deformada que com frequência dele fazemos. Essa operação é difícil, especialmente no estudo da realidade social,

---

4 *Systèmes*, II, p.390.

porque muitas vezes os homens, não tendo consciência das forças que os impulsionam, atribuem às próprias ações causas imaginárias diferentes daquelas reais.

No *Manual*, à distinção entre fenômeno objetivo e fenômeno subjetivo se sobrepõe a distinção mais precisa entre relação objetiva e relação subjetiva: a relação objetiva é a relação que intercorre entre dois fatos reais A e B, a relação subjetiva é a que se forma na mente do homem e intercorre não entre dois fatos, mas entre dois conceitos A' e B'. Quando a relação subjetiva corresponde à relação objetiva, encontramo-nos diante de uma teoria científica; quando não há correspondência, isto é, acontece que a relação A' e B' seja no todo ou em parte uma reprodução mental imaginária da relação efetiva A e B, a teoria não é científica. A esse gênero de teorias não científicas pertence a maior parte das teorias sociais até agora elaboradas; e é tarefa primeira de uma sociologia científica mostrar sua falta de fundamento e consistência.

No *Tratado* retorna a distinção entre fenômeno objetivo e fenômeno subjetivo: "Todo fenômeno social pode ser considerado sob dois aspectos, isto é, tal como é na realidade e tal como se apresenta ao espírito de certos homens. O primeiro aspecto dir-se-á objetivo, o segundo subjetivo" (§ 149). Ligada à relação entre meios e fins, que pode ser adequada e não adequada, ela permite a distinção fundamental entre ações lógicas e ações não lógicas: ações lógicas são aquelas em que a relação meio-fim é adequada tanto objetivamente quanto subjetivamente, isto é, tanto nos fatos quanto na consciência do agente; não lógicas todas as outras, que, portanto, podem ser de quatro tipos: *a*) o meio não é adequado e o agente não tem consciência da inadequação; *b*) o meio não é adequado e o agente crê que seja adequado; *c*) o meio é adequado e o agente não tem consciência da adequação; *d*) o meio é adequado e o agente tem consciência distorcida da adequação. As ações características do procedimento humano, e que o sociólogo deve continuamente observar, são aquelas *sub b)* e *sub d)*: elas são os ingredientes principais das teorias não científicas, que Pareto chama "não lógico-experimentais".

4. Essa exposição é sumária e simplificadora. Mas é suficiente, espero, para mostrar em que medida Pareto utilizou a sugestão marxista e em que sentido se pode dizer que sua concepção das teorias não lógico-experimentais se relaciona com a teoria das ideologias de Marx.[5]

De todas as passagens em que, por meio da distinção entre fenômeno objetivo e fenômeno subjetivo, destaca-se a possível discrepância entre a realidade e sua representação, Pareto revela-se singularmente interessado no problema do nexo que, em termos marxianos, dir-se-ia entre o ser e a consciência. Pareto também mostra aceitar o princípio marxiano segundo o qual não é a consciência que determina o ser, mas o ser é que determina a consciência, embora divirja profundamente de Marx, como veremos, no modo de entender o ser. Da aceitação desse princípio nasce o cânone metodológico, que caracteriza parte considerável de sua obra, como de resto a de Marx, segundo o qual quanto mais nos aproximamos da compreensão da realidade efetiva, tanto mais rompemos a crosta de sua falsa representação na consciência dos homens. Em célebre trecho da *Ideologia alemã*, Marx escreve:

> Não se parte do que os homens dizem, imaginam, representam nem do que se diz, se imagina, se representa que sejam, para daí chegar aos homens de carne e osso; mas se parte dos homens realmente operantes, e com base no processo real de sua vida também

---

[5] Sobre a relação derivada de Pareto em relação a Marx e, portanto, também sobre as diferenças entre a teoria da ideologia de Marx e a crítica das teorias não científicas em Pareto, chama a atenção F. Leonardi, *Sociologia dell'ideologia*, p.31 et seq.

se explica o desenvolvimento dos reflexos e dos ecos ideológicos deste processo de vida.[6]

Se Pareto tivesse conhecido essa passagem, poderia ter feito dela um lema da própria crítica às teorias sociais (inclusive ao marxismo).

Convém precisar que, quando se fala de relação entre consciência e ser, deve-se distinguir o fenômeno da consciência *ilusória* daquele da *falsa* consciência. Por consciência ilusória entendo o fenômeno da falsa representação (*a*); por falsa consciência, ao contrário, o fato de que essa falsa representação pode ser produzida sem que quem a produz tenha consciência de sua falsidade (*b*).

a) O modo como opera a consciência ilusória é, tanto em Marx quanto em Pareto, duplo (ainda que nem sempre pareça clara a distinção): na medida em que a consciência se expressa e se explicita num discurso mais ou menos elaborado e mais ou menos sistemático, ela, em vez de revelar, *cobre* a realidade ou então a revela, *deformando-a*. Para empregar linguagem metafórica, de resto frequente nas ciências sociais, a ideologia revela-se ora como véu que não deixa entrever o que está por trás, ora como máscara que deixa transparecer o que está por trás, mas através de uma imagem deformada. Correlativamente, a crítica das ideologias é comparada a uma obra de desvelamento ou de desmascaramento. A metáfora mais usada por Pareto é a do verniz: um dos motivos do pensamento ideológico seria, segundo Pareto, dar um verniz lógico à expressão dos sentimentos. Ambas as operações, a cobertura e a deformação, entram no quadro da consciência ilusória, ainda que seja diferente num e noutro caso a função da crítica ideológica – lá, a de descobrir ou desvelar; aqui, a de corrigir ou retificar.

b) Tanto em Marx quanto em Pareto, o fenômeno da consciência ilusória se duplica no da *falsa consciência*: em trecho de

---
6 *Die deutsche Ideologie*, p.26 (trad. it., p.23).

Systèmes já mencionado, lê-se que os homens atribuem a suas ações causas imaginárias porque, "com frequência, não têm consciência das forças que os levam a agir".[7] Essa falsa consciência também se manifesta, como a consciência ilusória, de dois modos (correspondentes aos dois tipos de ações não lógicas): ou como crença na existência de um nexo causal ou final *aparente*, isto é, que não existe na realidade, do que decorre o processo de cobertura; ou como crença num nexo causal ou final *imaginário*, diferente do real, do que decorre o processo de deformação. O tema da falsa consciência é um dos grandes temas da crítica marxiana das ideologias, no qual não vale a pena insistir: a mistificação ideológica não é operação intencional, mas o produto de condições objetivas, em particular da luta pela dominação; exatamente por isso, a classe dominante tende a – tem necessidade de – se apresentar como classe universal ou como não classe, e tende a erguer seus "sórdidos" interesses de classe a (luminosos) valores universais. Em relação à crítica das doutrinas religiosas, sociais, políticas, econômicas, o materialismo histórico pode ser considerado como desmistificação, no duplo sentido de revelar os erros que elas propalam e a ilusão que as fez surgir: no primeiro caso, destrói a consciência mistificadora, no segundo, prepara a consciência desmistificada, isto é, a consciência revolucionária.

5. O significado de "ideologia", tomado até aqui em consideração, é o significado negativo do termo. Na linguagem corrente e mesmo na científica, o termo "ideologia" também já é usado, cada vez mais amplamente, em sentido neutro. Nesse segundo sentido, "ideologia" significa mais genericamente sistema de crenças ou de valores, que é utilizado na luta política para influir no comportamento das massas, para orientá-las antes numa direção do que em outra, para obter seu consenso, para fundamentar, enfim, a legitimidade do poder: tudo isso sem nenhuma referência a sua

---

7 *Systèmes*, I, p.17.

função mistificadora. Nesse sentido de ideologia, qualquer teoria política poderá se tornar ideologia no momento em que for assumida como programa de ação por um movimento político. Até se poderia falar de um significado *fraco* de "ideologia" em contraste com o significado *forte*, que vem da tradição marxista. Enquanto esse segundo sentido, ou seja, o forte, é mais frequente na literatura europeia continental, o sentido fraco é aquele quase exclusivamente acolhido na literatura anglo-saxã.

Os dois significados do termo correm paralelos, sem nunca se encontrarem. Mas o emprego de um ou de outro, sem consciência da distinção, gera confusão, enganos e falsos problemas. Por exemplo, o problema tão discutido na filosofia contemporânea, se filosofia é ideologia, adquire sentido completamente diferente segundo se entenda "ideologia" no significado negativo ou no neutro: se se aceitar o primeiro significado, afirmar que a filosofia é ideologia quer dizer acentuar seu aspecto mistificador, isto é, de doutrina que pretende ter valor absoluto e incondicionado, quando tem valor relativo e historicamente condicionado; se se aceitar o segundo, a mesma afirmação quer dizer que se acentua sobretudo o valor prático da filosofia, em contraste com sua pretensão de ser pura teoria.[8]

E mais: a diferença entre os dois significados do termo "ideologia" bem se vê no uso do adjetivo "ideológico", que, no primeiro significado, associa-se habitualmente a "pensamento", no segundo significado, a "política". E, portanto, na diferença dos dois termos que são contrapostos respectivamente a "pensamento ideológico" e a "política ideológica". Ao pensamento ideológico se contrapõe o pensamento científico (ou filosófico). Se quisermos um exemplo particularmente evidente dessa

---

8 Nesse ponto, cf. a análise de L. Pareyson, "Filosofia e ideologia", p.219-40. Pareyson distingue o pensamento revelador do pensamento expressivo; identifica o pensamento revelador com o pensamento filosófico e o pensamento expressivo com o ideológico. Considera que o pensamento ideológico é sempre e necessariamente mistificador.

contraposição, pensemos na teoria pura do direito de Hans Kelsen, cuja tarefa é pôr a nu todas as ideologias que se ocultaram nos desvãos dos conceitos tradicionais da ciência jurídica. À política ideológica, ao contrário, contrapõe-se, na ciência política americana, a política pragmática. Por um lado, o pensamento científico condena a ideologia porque é falsa, mas suspende o juízo sobre sua utilidade: trata-se da velha teoria da mentira útil. Por outro, a política pragmática opõe-se à política ideológica não por razões de verdade ou falsidade, mas exclusivamente de oportunidade política. Na contraposição entre pensamento científico e pensamento ideológico, a ideologia indica certo modo de pensar; na contraposição entre política ideológica e política pragmática, a ideologia, ao contrário, indica certo modo de fazer política. O contraideal de uma política tisnada de pensamento ideológico é a política científica; ao invés, o contraideal de uma política ideológica, como se disse, é a política pragmática.

Caso se tenha presente essa distinção entre os dois significados de "ideologia", mais uma vez fica claro que a concepção da ideologia de Pareto se formou na trilha da de Marx. É de Marx, com efeito, que partiu a noção negativa de ideologia, ainda que seja preciso reconhecer que, na tradição do pensamento marxista, pouco a pouco também abriu caminho o significado positivo (por exemplo, em Lenin e em Gramsci).[9] Como vimos, é característica da noção negativa de ideologia a contraposição do pensamento científico ao pensamento ideológico: essa contraposição é um dos motivos dominantes da crítica das ideologias na obra de Pareto. No *Tratado*, essa contraposição é apresentada como distinção entre teorias lógico-experimentais e teorias não lógico-experimentais, e ocupa parte relevante da obra.

---

9 Sobre os dois significados de ideologia no pensamento marxista, cf. F. Fergnani, "Il concetto di ideologia nel materialismo storico", *Rivista di filosofia*, p.195-212. Em geral, sobre os dois significados de ideologia, cf. G. Lichtheim, *The Concept of Ideology and other Essays*, p.31.

6. Além da concepção da ideologia como falsa representação e falsa consciência, Pareto se movimenta em direção que não tem mais nada em comum com a seguida por Marx e pelo marxismo: antes, a divergência é de tal ordem que implica uma concepção oposta de sociedade e história.

As diferenças entre a concepção de Pareto e a de Marx podem ser resumidas em três pontos principais:

a) A descoberta do pensamento ideológico está ligada, em Marx, a uma determinada concepção da história, caracterizada pela luta de classes; ao contrário, Pareto faz do pensamento ideológico manifestação perene da natureza humana. O sujeito criador e portador de ideologias é, para Marx, a classe: "As ideias da classe dominante são, em qualquer época, as ideias dominantes";[10] para Pareto, cada indivíduo, seja qual for sua condição social e histórica.[11] O que, em Marx, é produto de determinada forma de sociedade, em Pareto se torna produto da consciência individual, objeto não de análise histórica, mas psicológica. À concepção historicista das ideologias própria de Marx, Pareto contrapõe uma concepção naturalista do homem como animal ideológico (incidindo assim exatamente na hipóstase da natureza humana em que Marx via uma das expressões do pensamento ideológico). Enquanto, em Marx, a ideologia nasce de necessidade histórica, sendo explicada e justificada historicamente como instrumento de dominação, em Pareto nasce de necessidade psíquica (de resto, jamais bem definida e, quando definida, a explicação é superficial), sendo justificada de modo naturalista como meio eficaz de transmissão de crenças e sentimentos – dir-se-ia, hoje, como "técnica de consenso". O problema da colocação do pensamento ideológico é resolvido por Marx no plano histórico através da distinção entre estrutura e

---
10 *Die deutsche Ideologie*, p.46.
11 Uma exposição sintética desses motivos psicológicos se encontra em *Systèmes*, II, p.120-1.

superestrutura; por Pareto, no plano psicológico através da distinção entre "resíduos" e "derivações".

b) Na medida em que a ideologia expressa interesses de classe que são interesses particulares, o procedimento típico da deformação ideológica, segundo Marx, é a *falsa universalização*, ou seja, fazer aparecer como valores universais interesses de classe, como relações naturais e objetivas relações atinentes a condições históricas determinadas. Na medida em que a ideologia nasce da necessidade de obter o consenso dos outros a nossos desejos, o que Pareto chama de "acordo dos sentimentos", o procedimento típico de deformação ideológica é, para Pareto, a *falsa racionalização*, isto é, fazer aparecer como racionais discursos, preceitos, ações que são manifestação de crenças, sentimentos, instintos irracionais.[12] No *Tratado*, Pareto decide chamar de "derivações" os vários procedimentos de racionalização dos sentimentos (depois de tê-los descrito amplamente também nas obras precedentes, chamando-os aproximativamente de "raciocínios"); e a eles dedica uma das partes ainda hoje mais válidas da obra. Como observei em outro lugar, a análise das derivações recobre o campo dos atuais estudos sobre a chamada "argumentação persuasiva".[13] Para avaliar concretamente a diferença entre esses dois modos de interpretar o pensamento ideológico, considere-se uma teoria como a dos direitos naturais, criticada tanto por Marx quanto por Pareto. Na *Questão judaica*, Marx critica as Declarações de Direitos porque atribuem valor de direitos universais, apelando à fórmula do direito natural, a exigências políticas da classe em ascensão;[14] Pareto, já em *Systèmes*, zomba dos jusnaturalistas (que se tornarão um dos alvos preferidos do *Tratado*) por terem dado forma sistemática e racional a proposições

---

12 Na "Introdução" a *Systèmes*, que contém *in nuce* as teses principais do *Tratado*, Pareto distingue os fatos reais, que favoreceram o estabelecimento de certos sistemas sociais, dos raciocínios usados para justificá-los.
13 Sobre esse ponto, cf., mais adiante, "Pareto e a teoria da argumentação".
14 "A questão judaica", p.371 et seq.

inverificáveis que, como manifestações de sentimentos, ficam fora do domínio da experiência.[15] Vê-se bem que a Marx interessa apreender, para além das supostas fórmulas universais, os interesses concretos de uma classe que luta por seu domínio ou sua libertação; a Pareto interessa descobrir sob o véu (o "verniz") de um raciocínio aparentemente correto (a derivação), que muda com o tempo assim como as roupas com a mudança da moda, o fundo constante da natureza humana (os resíduos).

c) Poder-se-ia resumir o sentido da diferença entre Marx e Pareto nesta fórmula: Marx realiza essencialmente uma crítica *política* das ideologias, Pareto visa principalmente a uma crítica *científica*. O que explica o resultado diferente que a crítica das ideologias tem num e noutro: em Marx, ela é um dos pressupostos para a formação de uma consciência não ideológica, a qual tem a tarefa de transformar a sociedade dividida em classes que gera e implica a falsa consciência ideológica, isto é, para a formação de uma consciência revolucionária; em Pareto, ela é simplesmente um método para compreender melhor como vão as coisas deste mundo, sem nenhuma pretensão de influir em sua mudança, para interpretar o mundo, segundo a famosa frase de Marx, não para mudá-lo. Antes, exatamente porque o homem é animal ideológico e a ideologização necessidade da natureza humana, a falsa consciência é dado permanente da história. O pensamento revolucionário de Marx contrapõe uma sociedade livre da falsa consciência à sociedade histórica em que a falsa consciência da classe no poder continua a gerar instrumentos ideológicos de dominação; o pensamento do conservador Pareto vê correr paralelamente a grande e monótona história das paixões humanas, de que a falsa consciência é ingrediente inelimininável, e a pequena história privada, inconcludente e sem nenhum efeito benéfico, de alguns sábios impotentes,

---

15 *Systèmes*, II, p.109-11. À crítica do direito natural estão dedicados, além de notas dispersas por toda a obra, os §§ 401 et seq. do *Tratado*.

que conhecem a verdade, mas não são capazes de fazer com que triunfe. À grande história também pertence o marxismo porque ele também é, do ponto de vista da pequena história, ideologia.

7. Para expressar um juízo sobre a contribuição trazida por Pareto à teoria das ideologias, convém considerar separadamente, como fizemos no começo, os três problemas da *gênese*, da *estrutura* e da *função* das ideologias.

a) A parte dedicada à gênese do pensamento ideológico, a meu ver, é a mais fraca. Como dissemos, Pareto se coloca de um ponto de vista exclusivamente psicológico; e, ademais, trata-se de uma psicologia rudimentar.[16] Incide assim no mesmo erro que tão frequentemente censura a seus adversários: apela à natureza humana com um modo de argumentar em que a natureza humana vale para tudo o que não se pode explicar. Por que os homens recobrem ou deformam com belos raciocínios seus sentimentos? Porque têm necessidade de fazê-lo. Porque essa necessidade é dado ineliminável da natureza humana. Na categoria dos "resíduos", Pareto inseriu todos aqueles dados originários para os quais não conseguira encontrar explicação plausível. Entre tais dados originários, isto é, entre os resíduos, aparece também "a necessidade de desenvolvimentos lógicos" (Classe I, ε). Como se vê, trata-se de uma explicação do tipo: "É assim porque é assim". Embora fosse devorador de livros de história, Pareto não era historiador. Uma análise mais aprofundada das origens do pensamento ideológico exigiria um estudo das condições históricas em que se forma. Da leitura dos livros de história Pareto extraiu material unicamente para formular suas teses sobre a estrutura e a função do pensamento ideológico, não para uma pesquisa sobre o modo como esse pensamento se forma.

b) Quanto ao problema da estrutura do pensamento ideológico, a contribuição de Pareto deve ser buscada na contraposição entre teorias lógico-experimentais e teorias não

---

16 Cf. também, nesse sentido, Th. W. Adorno, *Negative Dialektik*, p.196.

lógico-experimentais, e na ampla análise dessas últimas realizada em dois capítulos do *Tratado* dedicados, respectivamente, às teorias que transcendem a experiência e às teorias pseudocientíficas. Ainda que as teorias não lógico-experimentais não sejam todas necessariamente ideologias (no sentido negativo do termo), sua análise ofereceu a Pareto a ocasião de destacar o procedimento característico do pensamento ideológico, que é a perseguição de um *falso escopo*. Uma teoria não lógico-experimental pretende exclusivamente fazer corresponder entre si os sentimentos de quem a elabora ou mesmo encontrar uma correspondência entre os sentimentos de quem a elabora e os sentimentos de outros cujo consenso se quer obter: muitas vezes alcança seu objetivo manipulando os procedimentos intelectuais próprios de uma teoria científica para dar às próprias teses roupagem científica. Através dessa análise, guarnecida por uma miríade de exemplos, que compreendem tanto as antigas cosmogonias quanto as teorias sociais modernas, emerge a noção de ideologia em sentido negativo, que se tornou corrente, e é a única que pode ser utilizada para unificar os usos aparentemente díspares do termo. Refiro-me à definição proposta por Gustav Bergmann, segundo a qual uma asserção ideológica está caracterizada pela presença de um juízo de valor travestido por – ou confundido com – um juízo de fato.[17] É a mesma noção acolhida e explicada por Theodor Geiger em *Ideologie und Wahrheit* [Ideologia e verdade], que é, a meu juízo, a obra mais exaustiva sobre nosso tema: Geiger refere-se expressamente a Pareto para defender, contra a teoria da ideologia-interesse, que tem Marx como pai fundador, a teoria da ideologia-sentimento, que teria Pareto como pai. Segundo Geiger, são ideológicas "as proposições que, em sua forma linguística e em seu sentido manifesto, parecem expressões de fatos teóricos, quando, na realidade, são ateóricas

---

17 "Dell'ideologia", p.525.

e não contêm elementos que pertençam à realidade objetiva".[18] Eventualmente, pode-se observar que a noção que emerge das análises paretianas é mais completa: Pareto não se limita a observar a substituição sub-reptícia de um juízo de valor por um juízo de fato, mas também chama a atenção sobre o revestimento racional com que o juízo de valor é apresentado, isto é, sobre os argumentos aduzidos para justificá-lo. Sua crítica está dirigida não só ao modo como o juízo de valor está *fundado*, mas também ao modo como é *apresentado*. Com uma metáfora, poder-se-ia dizer que, para explicar os vícios inerentes a todo edifício ideológico, deve-se chegar a descobrir os fundamentos falsos e, ao mesmo tempo, livrá-lo dos falsos ornamentos. Trata-se de trabalho de restauração *integral*, que se propõe restituir o monumento a seu genuíno projeto.

c) Quanto à função do pensamento ideológico, a contribuição de Pareto consiste na teoria das derivações, que é um dos temas mais importantes do *Tratado*. Em particular, devemos referir a distinção que Pareto introduz entre os diversos aspectos sob os quais pode ser estudada uma teoria: o aspecto objetivo, o aspecto subjetivo e o aspecto da utilidade social. Do primeiro ponto de vista, uma teoria pode ser verdadeira ou falsa; do segundo, eficaz ou ineficaz; do terceiro, socialmente útil ou não útil. O problema da função prática de uma ideologia insere-se no segundo aspecto: os procedimentos usados pelo pensamento ideológico, independentemente da consideração de verdade ou

---

18 Th. Geiger, *Ideologie und Wahrheit*, p.66. Cf. P. Farneti, *Theodor Geiger e la coscienza della società industriale*, p.194 et seq. Tal definição de ideologia também foi adotada por E. Topitsch, "Begriff und Funktion der Ideologie", p.15-52. Topitsch reconhece a Pareto o mérito de ter mostrado que parte relevante da filosofia social tradicional consiste em "derivações" (p.38). Não se deve esquecer Kelsen, que repetidamente contrapôs a teoria pura do direito às concepções ideológicas do direito, empregando sempre o conceito negativo de ideologia. Veja-se uma definição desse conceito em H. Kelsen, *Dottrina pura del diritto*, p.128.

falsidade das proposições que o compõem, e da maior ou menor utilidade das ideias defendidas, têm o escopo de *persuadir*, isto é, fazer que outros aprovem certo conjunto de afirmações e, aprovando-o, ajam em conformidade. Os capítulos do *Tratado* dedicados às derivações contêm enorme material de documentação nessa direção de pesquisa. O que seria inexplicável se nos detivéssemos no primeiro aspecto torna-se claro quando se passa ao segundo: de fato, uma das teses recorrentes da obra de Pareto é que as provas lógico-experimentais em geral persuadem menos do que os raciocínios pseudológicos e pseudoexperimentais, em que consistem as derivações. Logo, quem se propõe não buscar ou demonstrar a verdade, mas pregar e fazer outros assumirem as próprias convicções, servir-se-á e não poderá deixar de servir-se de derivações. Assim, a *função* do pensamento ideológico serve para explicar sua *estrutura*, e não o contrário. A análise da função complementa a da estrutura, e ambas constituem a complexa e ainda hoje não bem dissecada teoria das ideologias que representa a contribuição dada por Pareto ao tema em discussão.

5.
Pareto e a teoria da argumentação

1. O *Tratado de sociologia geral* de Vilfredo Pareto, como se sabe, é um *mare magnum*, no qual se encontram, sabendo pescar, os peixes mais exóticos e variados. Mas uma das pescarias mais abundantes é o prêmio de quem se preparar para percorrê-lo como uma série de divagações sobre a natureza, a técnica, os fins da argumentação.

É provável que a publicação do *Traité de l'argumentation* de Ch. Perelman e L. Olbrechts-Tyteca,[1] que faz frequentes referências ao tratado paretiano, tenha chamado a atenção sobre esse aspecto importante e pouco conhecido da obra de Pareto. Certamente, fez nascer em mim o desejo de dar, creio pela primeira vez, uma exposição sistemática de todos aqueles elementos de uma teoria da argumentação que no *Tratado*, além de dispersos, estão ocultos sob diversos nomes e se referem de modo geral à noção de "derivação".

---

[1] Presses Universitaires de France, em dois volumes, 1958; em seguida traduzido para o italiano com o título *Trattato dell'argomentazione* (em um só volume, com prefácio meu).

No curso da exposição, ficará bastante claro – e não deixaremos de observar à guisa de conclusão – que o juízo que Pareto dá sobre o valor da argumentação é muito diferente do de Perelman; e que, em certo sentido, a atitude do primeiro é antitética à do segundo, tanto que seríamos tentados a considerar Pareto como uma espécie de paradigma extremo (nas consequências) e último (na ordem do tempo) da tendência a subestimar a retórica, contra a qual Perelman há muitos anos tem conduzido sua batalha, voltada para revalorizar a retórica e mostrar, através dessa revalorização, o lugar da razão na ética.

2. Convém dizer logo que Pareto e Perelman consideram o problema da argumentação sob dois pontos de vista diversos. Se tal diversidade de pontos de vista teve como efeito a diversidade de avaliação, que acabamos de mencionar, é difícil dizer. Mas estaria propenso a excluí-lo.

O ponto de vista de um é o do sociólogo, que estuda as várias técnicas da argumentação como manifestação social, considerando, portanto, os efeitos que têm na determinação da conduta,[2] o ponto de vista do outro é o do lógico, cujo interesse está voltado exclusivamente para a estrutura e os procedimentos mentais próprios do discurso argumentativo.[3] A Pareto interessa principalmente o uso que os homens em sociedade fazem da argumentação para influir na conduta alheia; a Perelman interessam principalmente as várias formas que o discurso argumentativo pode assumir, segundo os objetivos que com ele se quer atingir. Pareto propõe-se demonstrar que o discurso

---

2 Pareto expressa assim a diferença entre o ponto de vista sociológico e o lógico: "A Lógica pesquisa por que um raciocínio é errado, a Sociologia, por que há amplo consenso" (§ 1411). E em outro ponto: "pondo atenção na forma, deve-se observar a relação que a derivação tem com a lógica, isto é, se é um reto raciocínio ou um sofisma. Tal estudo pertence aos tratados de lógica, e aqui não o faremos deliberadamente" (§ 1399).

3 "Nossas preocupações são [...] as de um lógico desejoso de compreender o mecanismo do pensamento" (*Traité*, p.8).

argumentativo é sociologicamente menos importante do que consideram aqueles que a ele recorrem e aqueles que, estudando a sociedade humana, inclinam-se a dar mais peso ao que os homens dizem do que ao que fazem. Perelman, ao invés, pretende mostrar que o discurso argumentativo é logicamente mais importante do que estão dispostas a crer algumas das mais populares escolas filosóficas hodiernas, as quais, depois de identificar a lógica com o discurso argumentativo, relegam tudo o que não pertence à lógica à esfera do que não é acessível a nenhuma forma de raciocínio. O alvo de Pareto é certa interpretação da sociedade que é própria tanto do racionalismo setecentista quanto do positivismo oitocentista (e cujo grande exemplo é o jusnaturalismo), segundo a qual os homens são seres racionais que agem sempre segundo fins claros e meios adequados aos fins; o alvo de Perelman é certa teoria exclusivista da razão matemática, que ele faz remontar ao cartesianismo, e segundo a qual o discurso racional se estende até onde se estende a possibilidade da demonstração logicamente rigorosa, sendo todo o resto abandonado ao império das paixões, dos instintos, das emoções – em uma palavra, do irracional.

3. Outra advertência preliminar: Pareto não trata nem *ex-professo* nem expressamente do problema do discurso argumentativo. A atenção que dedica, de modo esparso, a esse tema deriva do fato de que considera oportuno estudar as teorias, que os homens elaboram para representar e justificar a realidade, sob três aspectos: sob o aspecto objetivo, isto é, do ponto de vista de sua verdade ou falsidade; sob o aspecto subjetivo, isto é, do ponto de vista de sua força persuasiva; sob o aspecto prático, isto é, quanto a sua maior ou menor utilidade.[4] O estudo subjetivo das teorias, isto é, o estudo de sua força persuasiva, leva-o a destacar particularmente o conjunto de raciocínios lógicos e

---

[4] Para maiores detalhes sobre esse ponto, cf. o ensaio precedente, "Vilfredo Pareto e a crítica das ideologias".

pseudológicos com que os homens tentam persuadir os outros (e também a si mesmos) a crer em certas coisas e a realizar certas ações. Desse ângulo visual é que o interesse pelo estudo dos expedientes com que os homens obtêm a persuasão, em suma pelo discurso persuasivo e a técnica da argumentação, torna-se constante no *Tratado* e, de fato, representa um dos temas recorrentes da obra.

Já nos primeiros parágrafos, exposta a distinção fundamental entre ações lógicas e ações não lógicas, definidas as ações não lógicas como as que nascem de estados psíquicos, inclinações etc., Pareto observa que às vezes, no mundo dos homens e não no dos animais, entre o estado psíquico A e a ação B se interpõe uma teoria C, a qual, por obra "da marcadíssima tendência que têm os homens de querer transformar as ações não lógicas em ações lógicas", leva-os a crer que B, em vez de efeito de A, seja efeito de C (§ 162). Mas só muito mais adiante apresenta com certo cuidado uma de suas teses fundamentais, segundo a qual, em cada uma dessas teorias criadas unicamente para dar expressão racional aos sentimentos, devem-se distinguir duas partes, uma constante (*a*), que é a expressão de certos sentimentos, e uma variável (*b*), que é "a manifestação da necessidade de lógica que o homem tem" (§ 798). Finalmente, algumas páginas mais à frente, decide chamar essa parte (*b*) "derivações" (§ 868), nome que conservará até o fim do *Tratado*.[5] Às derivações dedica três capítulos: o nono, o décimo e o décimo primeiro. Em sumária descrição, na qual diz que elas "compreendem raciocínios lógicos, sofismas, manifestações da necessidade de raciocinar que o homem experimenta" (§ 1401), o nexo entre o conceito de

---

5 Como corretamente observou C. Mongardini em seu ensaio *Storia del concetto di ideologia*, o uso do termo "derivação" no *Tratado* não é constante: às vezes designa, além do conjunto de argumentos ou raciocínios com que se revestem os resíduos, que é o significado aqui aceito, o conjunto da teoria não lógico-experimental, inclusive a parte do resíduo subjacente, e que num primeiro momento (por exemplo, no § 868) chama de "derivada".

derivação e o de discurso persuasivo mostra-se muito estreito. Essa análise, que compreende cerca de 200 páginas do *Tratado*, pode muito bem ser considerada como primeiro esboço de um tratado sobre a argumentação.

4. Os problemas relativos à derivação, tratados por Pareto, são substancialmente três: a origem ou causa, a função, os efeitos.

O que Pareto diz em torno da origem ou causa das derivações não é uma explicação muito mais sólida do que a que atribuía as razões dos efeitos soporíferos da folha de papoula à *virtus dormitiva*. Sabe-se que Pareto chama "resíduos" os instintos fundamentais que constituem os motivos últimos do comportamento social dos homens, a que o sociólogo deveria se referir para compreender a natureza e o curso de equilíbrios e desequilíbrios sociais. Divide-os em cinco classes e enumera, entre espécies e subespécies, cinquenta deles (§ 888). Quando um comportamento não é ulteriormente explicado, reduzido a outro, é elevado ao patamar de resíduo. Os resíduos são a "classe eleita" da sociologia e, ainda por cima, sem "circulação": uma vez postos em seu lugar, são sempre os mesmos. Ora, entre os resíduos da classe I, existe um que, segundo Pareto, é a causa dos incessantes raciocínios e disparates em que consistem as derivações: chama-se "necessidade de desenvolvimentos lógicos". Recorrem em todo o *Tratado* expressões do seguinte teor: "O homem tem tendência tão forte a acrescentar desenvolvimentos lógicos a ações não lógicas, que tudo lhe serve de pretexto para se dedicar a esta dileta ocupação" (§ 180). Em outro ponto fala da "necessidade de recobrir com verniz lógico as ações não lógicas" (§ 975 e, também, § 305). É como dizer que os raciocínios que fazem os homens, a torto e a direito, derivam da necessidade de raciocinar: é justamente o caso de dizer que, depois dessa explicação, ficamos rigorosamente no mesmo lugar. O efeito, isto é, a derivação, é explicado com uma causa (o resíduo "necessidade de raciocinar"), cuja explicação consiste unicamente em mostrar seus efeitos:

Observe-se – diz Pareto – quantas fantasiosas discussões produziram, e ainda produzem, matérias incompreensíveis, tais como as várias teologias, as metafísicas, as divagações sobre a criação do mundo, sobre o *fim* do homem e outras coisas análogas, e ter-se-á uma noção do poder da necessidade satisfeita por tais produções. (§ 972)

Se o homem fosse um animal instintivo, não precisaria de derivações; se fosse um ser racional, muito menos, porque nesse caso só elaboraria teorias lógico-experimentais. As derivações nascem do fato de que o homem é um ser ao mesmo tempo racional e instintivo, e, como tal, tende a dar forma racional a suas motivações instintivas. "O animal, que não raciocina, que só realiza atos de instinto, não tem derivações; o homem, ao contrário, experimenta a necessidade de raciocinar e, além disso, de estender um véu sobre seus instintos e seus sentimentos; portanto, nele raramente falta pelo menos um germe de derivações, assim como não faltam os resíduos" (§ 1400).

5. A operação da derivação consiste em dar forma lógica a ações não lógicas. Essa operação, segundo Pareto, é frequentíssima. Mas, se é tão frequente, é preciso que sirva para alguma coisa. Para que serve?

Associada à necessidade de dar forma lógica aos próprios sentimentos, deve-se pressupor, ainda que Pareto não o diga nunca claramente, a necessidade de receber de forma lógica a expressão dos sentimentos alheios para ser levado a aceitá-los e a modificar eventualmente o próprio comportamento. Parece, pois, que a função principal das derivações seja obter a persuasão do ouvinte. É convicção de Pareto de que a maior parte dos homens não está disposta a aceitar as teorias lógico-experimentais baseadas em demonstrações rigorosas. Quem tentasse influenciar seus interlocutores apresentando-lhes teorias científicas demonstraria conhecer pouco a índole da multidão: *vulgus vult decipi*. As derivações, que são compostas em geral por sofismas, têm o objetivo de obter o consenso daqueles que não se deixariam influenciar por um raciocínio bem feito. Para modificar um estado psíquico, "deve-se recorrer muito mais aos sentimentos do que à lógica e aos resultados da experiência" (§ 168). De forma drástica, ainda que aproximativa, "os raciocínios, para agir sobre os homens, precisam se transformar em sentimentos" (§ 168 e § 1746). A passagem mais significativa nesse sentido me parece a seguinte:

> Deveremos [...] não nos deter na consideração de que certo raciocínio é inconcludente, estúpido, absurdo, mas investigar se manifesta sentimentos úteis à sociedade e se os manifesta de modo útil para persuadir muitos homens que não se persuadiriam de modo algum com ótimos raciocínios lógico-experimentais. (§ 445)

A força persuasiva das derivações decorre do fato de que estão ligadas aos sentimentos, a que tentam dar expressão aparentemente ordenada e rigorosa. Elas constituem um capítulo da *lógica dos sentimentos*, que Pareto muitas vezes evoca, contrapondo-a à lógica ordinária (por exemplo, §§ 480, 514, 586, 1416).

> Os homens se deixam persuadir principalmente pelos sentimentos (resíduos) e, portanto, podemos prever [...] que as derivações extrairão força não de considerações lógico-experimentais, ou pelo menos não exclusivamente destas, mas de sentimentos. (§ 1397)

O que constitui a razão da força persuasiva de um discurso e, portanto, do assentimento a ele dado por aquele a quem o discurso se destina, está, de modo cabal, no acordo dos sentimentos entre falante e ouvinte. A maior fonte de adesão a qualquer afirmação por parte do ouvinte não é a constatação de seu acordo com os fatos, mas a percepção do acordo com os próprios sentimentos: "Quem ouve enunciar uma proposição só a aceita muitas vezes porque a considera de acordo com seus sentimentos" (§ 78). A expressão recorrente "acordo com os sentimentos", usada para definir a função das derivações, está cunhada por analogia com a expressão "acordo com os fatos", usada para indicar o caráter precípuo do discurso científico.[6] A operação de persuadir consiste em provocar o acordo entre o sentimento do falante e o do ouvinte. A derivação é o meio pelo qual são inculcados os próprios sentimentos em outros. Uma de suas principais funções é tornar claros sentimentos obscuros: "Em geral, uma derivação é aceita não tanto porque persuade as pessoas quanto porque expressa de modo claro conceitos que estas pessoas já têm de modo confuso" (§ 1747). Do ponto de vista da função, portanto, as derivações "constituem a linguagem mediante a qual se chega até os sentimentos dos homens e, assim, pode-se modificar sua atividade" (§ 1403).

6. A Pareto como sociólogo interessa menos, como se disse, o problema da estrutura da argumentação do que o de seus efeitos sociais.

Um dos motivos recorrentes do *Tratado* é a subestimação dos efeitos sociais das derivações. A tese de Pareto é que o efeito das derivações, mesmo sem poder ser reduzido a zero, é muito menor do que habitualmente se está disposto a crer: as derivações contam por causa dos sentimentos que revelam. Um raciocínio perfeito não tem nenhuma ação sobre os ouvintes, e portanto nenhum efeito sobre o equilíbrio social, se for empregado para inculcar sentimentos não compartilhados pelos ouvintes. Em trecho no qual expõe o problema da interdependência das quatro seguintes categorias sociais: resíduos (*a*), interesses (*b*), derivações (*c*), heterogeneidade e circulação social (*d*), e

---

6 Pareto usa a expressão "acordo com os sentimentos" não só para indicar o acordo entre os sentimentos de quem fala e os sentimentos de quem escuta, mas também para indicar o acordo entre os sentimentos da mesma pessoa que enuncia a derivação (§ 491).

considera as quatro combinações possíveis: I (*a*) opera sobre (*b*), (*c*), (*d*); II (*b*) opera sobre (*a*), (*c*), (*d*); III (*c*) opera sobre (*a*), (*b*), (*d*); IV (*d*) opera sobre (*a*), (*b*), (*c*), afirma que a combinação III, isto é, a que prevê o efeito das derivações sobre os resíduos, os interesses e a heterogeneidade e circulação social, tem "menor importância do que todas as outras, e não ter visto isso torna erradas, inconcludentes, inúteis as elucubrações dos humanitários, dos intelectuais, dos adoradores da deusa Razão" (§ 2206). Em termos de teoria da argumentação, essa tese de Pareto poderia ser exposta deste modo: se é lícito distinguir argumentos fortes e argumentos fracos, o critério da distinção não pode ser baseado na estrutura, na modalidade, no tipo de argumentação, mas na natureza do sentimento que busca inculcar ou reprimir nos ouvintes a que se dirige. Não existem argumentos fortes ou fracos por natureza: fortes e fracos são os sentimentos que, com os argumentos, tenta-se transmitir aos outros.

O único efeito que Pareto está disposto a reconhecer às derivações é o de reforçar sentimentos que já existem. "Aceita [...] a derivação, ela acrescenta força e vigor aos sentimentos que, deste modo, encontram caminho para se expressar; e é um fato bem conhecido que os sentimentos nos quais se detém o pensamento crescem mais viçosos do que outros negligenciados pelo pensamento (§ 1747)".

Em outro ponto: "se o efeito das derivações é muito menor do que o dos resíduos, ele não é de modo algum nulo, e as derivações servem principalmente para dar mais força e eficácia aos resíduos que expressam" (§ 2201). Isto significa, parece-me, que as derivações podem contribuir para tornar estável certo ordenamento social, mas elas próprias não o determinam nem jamais seriam capazes, por si sós, de transformá-lo: sua função é estabilizadora, não propulsora nem inovadora. Considere-se, por exemplo, o efeito dos jornais sobre a opinião pública:

É observação vulgar – diz Pareto – que têm muito poder; mas tal poder não nasce da força de impor seus raciocínios nem do valor lógico-experimental destes, que são no mais das vezes pueris; tem como única origem a arte de operar sobre os resíduos mediante as derivações. (§ 1755)

Mas, como os resíduos preexistem, os limites do poder do jornal são predeterminados mais pela existência de certos resíduos do que de outros. Aqui Pareto dá a entender que o jornal, não podendo operar senão por derivações, mais se adapta aos sentimentos do público do que tenta transformá-los.

7. De longe, a parte maior do exame dedicado às derivações refere-se a sua classificação, a qual oferece a Pareto o ensejo para minuciosíssimas análises com distinções, subdivisões, digressões, exemplificações, repetições, em que o leitor termina muitas vezes por perder, junto com o fio condutor, também a paciência. Não é fácil entender o critério da classificação dos quatro tipos de derivação, que são designados com estes nomes: 1) afirmação; 2) autoridade; 3) acordo com sentimentos ou com princípios; 4) provas verbais. Para começar, é oportuno distinguir os três primeiros do quarto, que resta à parte na medida em que pode se estender a todas as formas de derivação, como o próprio Pareto adverte (§ 1543). Em relação aos três primeiros, pode-se dizer que parecem dispostos em graus de crescente complexidade: passa-se das derivações mais simples às mais complexas.

A primeira classe, de fato, compreende as derivações que consistem não em raciocínios complicados, mas em afirmações puras e simples, como a seguinte máxima extraída da *Raccolta delle sentenze* de Publílio Siro: "Todos os homens estão igualmente próximos da morte". Uma afirmação desse tipo é uma derivação, porque quem a pronunciou certamente não tinha a intenção de descrever um estado de fato e dar uma informação, mas inculcar certos sentimentos e promover certa conduta. "A simples afirmação – reforça Pareto – tem pouca ou nenhuma força demonstrativa, mas às vezes tem grande força persuasiva" (§ 1425). Nessa classe, Pareto distingue três espécies, segundo se trate de afirmações de fatos, de afirmações de sentimentos ou de afirmações mistas de fatos e sentimentos. Dos exemplos aduzidos parece que a distinção entre afirmações de fatos e afirmações de sentimentos corresponde à diferença que nos é mais familiar entre juízos de existência e juízos de valor. Compare-se o exemplo há pouco aduzido de afirmação de fato com o seguinte exemplo de afirmação de sentimentos: "É adúltero quem violentamente ama a mulher" (§ 1420). No primeiro caso, tenta-se determinar a conduta dos outros enunciando pura e simplesmente uma verdade de fato a que se considera estarem comumente associados certos sentimentos (acredita-se que o sentido da proximidade da morte suscita sentimentos altruístas); no segundo, expressando avaliação de determinado comportamento (amar violentamente a mulher é desaprovado como adultério).

8. Do princípio de autoridade Pareto fala, no *Tratado*, duas vezes: a primeira, no cap. IV sobre "Teorias que transcendem a experiência" (§§ 583-590), a segunda, no cap. IX a propósito das derivações (§§ 1434-1463). Nas duas análises, o mesmo argumento é considerado sob dois pontos de vista diferentes: no cap. IV, como argumento demonstrativo, isto é, empregado para demonstrar ou reforçar a demonstração da verdade de uma tese; no cap. IX, como argumento persuasivo, empregado para obter a adesão do ouvinte. Pareto menciona essa diferença (§ 1434), mas não a explica. Seja como for, ela se insere na distinção fundamental, acima mencionada, entre a consideração das teorias sob o aspecto objetivo e sob o aspecto subjetivo, ou seja, segundo sejam mais ou menos conformes aos fatos e logicamente demonstráveis, ou tenham maior ou menor força persuasiva. Pode-se recorrer ao princípio de autoridade quer para convencer outros da verdade de uma tese, e nesse caso o que se pressupõe é uma afirmação deste tipo: "Tudo o que foi dito por Deus, por Aristóteles ou por Marx é verdadeiro"; quer para

persuadir outros a realizar dada ação, e nesse caso o pressuposto é este: "Tudo o que Deus, Aristóteles ou Marx disseram é para teu bem".

A classe das derivações por autoridade é composta de três gêneros, que não requerem comentários particulares: 1) autoridade de um homem ou de vários homens; 2) autoridade da tradição; 3) autoridade de um ser divino. Como sempre, também nesse tema as páginas mais curiosas são as dedicadas aos exemplos. No primeiro caso, Pareto cita uma passagem da *Démonomanie des sorciers*, de Bodin, em que o autor, para persuadir seu leitor acerca da verdade de uma narração relativa a um homem transformado em lobo, diz: "Pois não só Heródoto escreveu isso há dois mil e duzentos anos, e quatrocentos anos antes Homero; mas também Pompônio Mela, Solino, Estrabão, Dionísio Africano, Marco Varrão, Virgílio, Ovídio e uma infinidade de outros" (§ 1439). (Observe-se a força sugestiva que emana, apesar da extrema vaguidão, dessa "infinidade de outros".) No segundo caso, cita, entre outros, os motivos aduzidos por Ovídio para explicar as origens das purificações nas festas Palílias (*Fastos*, IV, 783-806), e atribui a quatro deles o caráter de derivações por autoridade da tradição: 1) a recordação de Faetonte e do dilúvio de Deucalião através do fogo e da água; 2) a descoberta do fogo pelos pastores com a pederneira; 3) a fuga de Eneias em meio a chamas que não lhe fazem mal; 4) a recordação da fundação de Roma quando foram queimadas as cabanas em que antes habitavam os romanos. Quanto ao terceiro gênero, observa precisamente que, quanto à substância, não se diferencia dos outros dois, porque a vontade de um ser divino só se dá a conhecer a nós através dos homens que o interpretam ou das tradições que a ele se referem.

9. A terceira classe de derivações é muito ampla e compreende tantos gêneros que encontrar seu elemento comum constitui verdadeiro quebra-cabeça, um dos muitos quebra-cabeças a que deve se submeter o leitor sem pressa do *Tratado*. Tanto

mais que a expressão "acordo com os sentimentos", que aqui designa só uma classe, é muitas vezes usada por Pareto para definir em geral, integralmente, o campo das derivações, cuja função, como vimos, é fazer concordar os sentimentos de quem fala com os de quem ouve. Listemos seis gêneros: 1) sentimentos; 2) interesse individual; 3) interesse coletivo; 4) entidades jurídicas; 5) entidades metafísicas; 6) entidades sobrenaturais. Por si sós, essas seis expressões dizem muito pouco. Sobre a classe em geral, Pareto limita-se a esta breve explicação:

> O raciocínio adquire novos desenvolvimentos, torna-se sutil, abstrai-se, quando se deixam intervir interpretações de sentimentos, entidades abstratas, interpretações da vontade de seres sobrenaturais; o que pode gerar uma cadeia muito longa de deduções lógicas ou pseudológicas e produzir teorias que se assemelham a teorias científicas, entre as quais encontramos as metafísicas e as teológicas. (§ 1400)

Não muito mais concludente, para quem pretenda ter ideia do sentido unitário da classe, é o exame do conteúdo dos seis gêneros, cuja análise se prolonga com muitos exemplos (entre os quais a crítica à teoria utilitarista de Bentham e ao imperativo categórico de Kant) por cerca de cinquenta páginas. No primeiro, fala-se sobretudo do tema do consenso universal, da maioria ou dos doutos; no segundo e no terceiro, do apelo ora ao interesse individual, ora ao interesse coletivo, para induzir outros a realizar algo ou para justificar a própria conduta; no quarto, das teorias que se valem, para obter assentimento, de conceitos jurídicos absolutizados, como o de contrato social; no quinto e no sexto, das teorias que visam ao mesmo resultado, invocando, respectivamente, conceitos abstratos, como solidariedade, progresso, humanidade, democracia, razão, natureza, ciência etc., todos eles nomes, precisa Pareto, que "só indicam sentimentos indistintos e incoerentes" (§ 1513) ou entidades personificadas em lugar de conceitos abstratos, como ocorre quando se diz Minerva em vez de inteligência ou se invoca o Deus do Decálogo em vez do imperativo categórico.

Trata-se, parece-me, de vários casos, expostos sem ordem aparente, de argumentos, raciocínios ou teorias que, para obter assentimento, apelam a certos valores compartilhados pelos indivíduos a que se dirigem (mas Pareto jamais usa o termo "valor", o qual coloca na categoria dos termos indeterminados que não devem ser usados em instância científica),[7] começa-se pelo próprio fato do consenso universal, considerado como prova de valor compartilhado, para passar aos poucos a valores cada vez mais entificados, cuja validade depende cada vez menos de sua correspondência com fatos experimentáveis e, portanto, necessitam cada vez mais de raciocínios capciosos ou sofísticos (em que, precisamente, consistem as derivações) para serem justificados.

10. A quarta classe, dita das "provas verbais", "é constituída por derivações verbais obtidas graças ao uso de termos de sentido indeterminado, duvidoso, equívoco, e que não correspondem à realidade" (§ 1543). Ela, como já advertimos, está à parte, porque a rigor o abuso ou mau uso da linguagem é comum a todas as classes de derivações: em certo sentido, é a operação de derivar por excelência. Nesse ponto, Pareto restringe o exame aos casos em que o caráter verbal da derivação é prevalente; mas examina a questão, mesmo assim restrita, muito mais amplamente do que as anteriores, a ponto de lhe dedicar um dos treze grandes capítulos em que se divide o *Tratado*. De resto, o destaque que dá à análise da linguagem constitui, a meu ver, uma das razões do interesse atual da obra, merecendo um discurso à parte. Aqui me limito a indicar brevemente os pontos tratados neste capítulo, só para completar o quadro e mais para estimular do que para satisfazer a curiosidade do leitor.

---

7 § 1551; cita também *Systèmes*, I, 6, p.338-40.

Os pontos tratados são cinco: 1) *termos indeterminados*, com exemplificação extraída principalmente do sorites, cujo erro "consiste em empregar termos que decerto fazem nascer sentimentos indeterminados, mas não correspondem a nada real" (§ 1551); 2) *termos que indicam uma coisa e fazem nascer sentimentos acessórios*, daí que, por exemplo, "chama-se *perseverança* o fato de permanecer fiel à própria fé, se a fé é ortodoxa; *obstinação*, se é herética" (§ 1552), e o termo "liberdade", mesmo tendo significados descritivos diversos, sugere sempre ao interlocutor sentimentos aprazíveis; 3) *termos com muitos sentidos*, como, por exemplo, "verdadeiro", que é usado para indicar tanto o que é factualmente verdadeiro quanto o que o interlocutor considera como tal (ainda que não seja verificável ou seja efetivamente falso), "sumo bem", "valor" (na linguagem dos economistas) ou "natureza"; 4) *metáforas, alegorias, analogias*, que são comuns nas obras de metafísicos e teólogos (de Platão a Tertuliano, de Santo Agostinho aos modernos defensores de religiões laicas, como o pacifismo, o solidarismo etc.) e espicaçam a veia humorística de nosso autor: "No tempo do conflito das Investiduras, o Papa e o Imperador arremessam metáforas um contra o outro, à espera de que armas mais concretas decidam a vitória" (§ 1617); 5) *termos vagos*, que "terminam por parecer simples música vocabular", daí que o vulgo, "aturdido e estupefato com a estranheza dos vocábulos, fica boquiaberto, supondo que ocultem sabe-se lá quais mistérios" (§ 1686): uma bela ocasião para zombar de Gentile e dos gentilianos.

11. Creio ter ficado bastante claro a partir dos sete parágrafos precedentes que, na análise do que Pareto chama bizarramente "derivação", está compreendido um autêntico tratado da argumentação. Não nos diz por que recobriu coisa velha com nome novo: só se podem fazer algumas conjecturas.

A primeira é que terá chegado sozinho à descoberta, por assim dizer, da relevância que tem a argumentação no estudo das relações humanas. Certamente não passou pelos tratados de lógica antigos ou modernos. Pareto conhece bem Aristóteles e cita muitas de suas obras: mas do *Organon* não se encontra, em toda a obra, uma só citação; quatro citações da *Retórica*, das quais só duas a propósito das derivações (§ 1407, a propósito do entimema; § 1552, a propósito da metáfora). Um dos autores a que mais se refere é Cícero, mas as obras mais frequentemente citadas são *De natura deorum* e *De divinatione*; os *Tópicos*, como se não existissem. De todas as obras medievais que reluzem nas notas, não existe sequer um dos costumeiros tratados de lógica ou de dialética. Serve-se, geralmente, de todos esses autores, inclusive Cícero, para extrair exemplos de argumentação, não para buscar motivos para uma teoria da argumentação. Das obras modernas citadas, as duas únicas atinentes ao tema são os *Sofismas políticos*, de Bentham (§§ 1397, 1435, 1532), e a *Lógica* de Mill (§§ 1410, 1412, 1492); de resto, sabemos por referência em carta a Pantaleoni que, "em termos de lógica, concordava em quase tudo com Mill e com Bain" (mas o segundo não é nunca citado).[8]

Uma segunda conjectura nos induz a voltar mais uma vez ao que se disse no § 2, isto é, que o tema da argumentação interessava a Pareto não como lógico, mas como sociólogo, e, portanto, segundo uma perspectiva inteiramente diferente da tradicional; e por mais que, exatamente a propósito dos termos "resíduos" e "derivações", ele intime o leitor a buscar seu significado "na etimologia ou na linguagem vulgar" e aconselhe ater-se exclusivamente às definições (§ 119), talvez valha a pena correr o risco de não seguir o conselho com vistas a observar que terá sido induzido a escolher antes o termo "derivação" do que outro qualquer pelo desejo de destacar imediatamente a pouca conta em que tinha, em termos sociológicos, os argumentos com os quais os homens tecem seus discursos persuasivos, considerando-os elemento não primário, mas secundário, não originário, mas "derivado", do equilíbrio social, contrariamente ao que deles

---

8 *Lettere*, I, p.106.

pensavam habitualmente historiadores e sociólogos, que negligenciam os motivos reais das ações humanas para correr atrás daqueles declarados pelos próprios protagonistas. As três teses fundamentais de Pareto sobre as derivações são as seguintes: 1) as derivações são mais variáveis do que os resíduos; 2) são subsequentes aos resíduos; 3) no equilíbrio das sociedades, têm menor importância do que os resíduos. Com uma fórmula: raspe a derivação e encontre um resíduo. Daí a advertência aos historiadores e aos sociólogos: enquanto não acharem o resíduo, não descansem, porque não terão achado coisa nenhuma.

12. Das derivações Pareto pensa e diz, no *Tratado*, todo o mal que pode. O discurso persuasivo lhe parece macaqueação do discurso científico, discurso para uso de ignorantes, incultos e passionais; numa palavra, de homens irrazoáveis, daqueles sobre os quais não teriam nenhuma influência as demonstrações científicas. Decerto necessário socialmente, porque a maior parte dos homens são refratários à compreensão das teorias lógico-experimentais: mas como são necessárias tantas outras calamidades que decorrem da prevalência das ações não lógicas sobre as lógicas. Num mundo de seres racionais, o discurso persuasivo deixaria de existir, assim como, para Marx, o Estado numa sociedade sem classes. Pareto não se coloca o problema se existem proposições cujo *status* seja tal que não podem ser demonstradas com provas lógicas ou factuais. E, não se colocando esse problema, revela o limite de sua teoria, assim como colocá-lo significa o ponto de partida de uma teoria da argumentação distinta da lógica demonstrativa. Ele parece considerar que, se os homens recorrem a outras provas além das admitidas nas teorias científicas, isso decorre de sua incapacidade ou, pior, de espírito fraudulento. Os homens recorrem ao discurso persuasivo, segundo Pareto, não porque existam asserções que não podem ser demonstradas, mas só justificadas com argumentos, e sim porque são maus e, quando não podem recorrer à violência, recorrem à fraude. Lógica e retórica não são duas formas diferentes de

proceder à prova e ao controle de nossos discursos, cuja diversidade decorre do diferente tipo de discurso a que se referem, mas são o modo positivo e o negativo, o modo bom e o mau, o modo genuíno e o sucedâneo, o original e a cópia ruim. A distinção entre os dois tipos de discurso não está fundamentada *ratione materiae*, mas, se podemos assim dizer, *ratione personarum*.

Embora Pareto não fale expressamente de "auditório", o que parece relevante para distinguir o discurso científico do persuasivo não é tanto o *status* das proposições que se pretende provar quanto à natureza do auditório. No fundo, está convencido de que as teorias lógico-experimentais poderiam ser estendidas muito além do campo até agora a elas reservado; se isso não acontece, decorre não da impotência do método científico, mas do fato de que o auditório capaz de aceitar essas teorias, isto é, de se deixar convencer antes por uma demonstração científica do que por um argumento retórico, é muito restrito. Em outras palavras: o limite do discurso demonstrativo diante do persuasivo não passa pela linha que distingue vários tipos de prova, mas pela que separa vários tipos de ouvinte: o público dos doutos e, bem mais numeroso, o dos ignorantes. Se não me equivoco, o termo "persuadir" tem, na linguagem paretiana, significado ligeiramente pejorativo, como quem dissesse "tentar", "seduzir", "extrair consenso indevido com meios ilícitos". A análise de Pareto compreende o campo do que hoje se chamaria "manipulação do consenso". No fundo, a ação de persuadir não é, para Pareto, moralmente neutra, exatamente porque substitui a de demonstrar, elimina o único tipo de discurso admissível entre seres racionais. Insistentemente, em livros e cartas, ele declara que não tem nenhuma intenção de "persuadir" seja quem for; e o diz com o tom de quem rejeita uma ação má. Talvez porque os maiores especialistas na arte de persuadir são os politiqueiros, uma raça que detesta.

13. A nítida contraposição entre discurso científico e discurso persuasivo induz Pareto a esta afirmação geral: "As condições

que fazem de um argumento uma boa derivação são [...] muitíssimas vezes opostas às que dele fazem um bom raciocínio lógico-experimental" (§ 1772). Uma vez que ele entende por raciocínio lógico-experimental um raciocínio: (*a*) que parte de fatos empiricamente verificáveis; e (*b*) que se desdobra sob formas logicamente corretas, a derivação pode pecar contra as exigências do discurso científico de dois modos: (*a'*) na medida em que parta de afirmações empiricamente não verificáveis; e (*b'*) na medida em que use sofismas de preferência a raciocínios logicamente corretos. Tenha-se sempre presente que quem realiza derivações se propõe não enunciar proposições verdadeiras, mas persuadir outros a fazer ou não fazer algo. Para esse escopo, sempre tendo em conta a irrazoabilidade humana, pode servir melhor uma afirmação errada ou um raciocínio torcido do que uma afirmação verdadeira ou um raciocínio correto.

O mais simples exemplo do vício (*a'*) é o seguinte. Quando digo a meu vizinho: "Se você cometer um assassinato, provavelmente vai acabar na cadeia", esse discurso é, numa sociedade em que o homicídio seja previsto como delito, existam juízes para enquadrá-lo e agentes para cumprir a sentença do juiz, um discurso lógico-experimental. Quando digo: "Se cometer um assassinato, você vai para o inferno", esse discurso é uma derivação porque o argumento com que busco influir no comportamento alheio não está, para usar expressão típica de Pareto, de acordo com os fatos. Não se exclui que, para o fim de persuadir outros a não matar, a derivação seja mais eficaz do que o raciocínio lógico-experimental. É provável que, para convencer outros a não beber, seja mais eficaz dizer que, como se lê em manual comum de moral, "para gozar de boa saúde, não se deve jamais beber nenhuma bebida alcoólica", ainda que, tomada literalmente, isto é, no sentido de que basta "ingerir uma só gota de conhaque ou de licor para não gozar de boa saúde", a afirmação seja obviamente falsa (§ 1440). O *Tratado* tem abundantes exemplos desse tipo: basta não esquecer que a maior parte das teorias sociais, isto é, das teorias imaginadas para explicar a origem ou o curso das sociedades humanas, do jusnaturalismo ao marxismo, do solidarismo ao evolucionismo, são derivações, cujo erro fundamental consiste precisamente em partir de afirmações gerais que não são factualmente verdadeiras (como o famigerado contrato social).

Quanto ao vício (b'), não existe no *Tratado* uma verdadeira análise dos sofismas, porque, segundo o próprio Pareto, a investigação se derivação é sofisma ou raciocínio correto pertence aos tratados de lógica (§ 1399). Mas existe, como vimos, todo um capítulo dedicado à análise dos abusos linguísticos, considerados, talvez impropriamente, como uma classe de derivações, quando pertenceriam mais apropriadamente a uma análise sobre os raciocínios sofísticos. Infelizmente, Pareto comete abuso linguístico bastante perturbador quando, a propósito do aspecto lógico das derivações, emprega frequentemente a metáfora do "verniz" (as derivações têm como objetivo recobrir de "verniz lógico as ação não lógicas", § 305), que deixa livre o leitor para entender como lhe parecer e achar melhor. O único vício lógico das derivações em que ele se detém de modo particular é o entimema ou silogismo oratório, isto é, o silogismo em que se cala uma das premissas (§§ 1405-1409, 1772). Sustenta que as derivações são muitas vezes aduzidas sob forma de entimema com o fito de eludir, entre as duas premissas, a que mostraria mais obviamente o defeito de raciocínio, em geral a premissa maior. Eis um exemplo curioso: o Kaiser, num discurso em Königsberg, em agosto de 1910, proclamou que governava por direito divino; a oposição protestou, considerando tal declaração em contradição com "o conceito moderno de Estado". O raciocínio da oposição é um entimema sob esta forma: "O conceito expresso pelo imperador é contrário ao conceito moderno de Estado, logo é ruim". O silogismo completo seria: "O conceito expresso pelo imperador é contrário ao conceito moderno de Estado; tudo o que é contrário ao conceito moderno de Estado é ruim; logo, o imperador é ruim". Pareto observa que, suprimindo a premissa maior, elimina-se o que chama a atenção para o ponto fraco do raciocínio (§ 1525).

14. Enquanto no discurso lógico-experimental a conclusão vem depois, como consequência necessária das premissas, nas derivações a conclusão está pressuposta, e o procedimento argumentativo não serve para demonstrá-la, mas para torná-la plausível, para fazê-la ser aceita. Daí deriva a atitude negativa (do ponto de vista sociológico) que Pareto assume diante do discurso retórico, atitude que pode ser bem resumida nesta afirmação: "Via de regra, sabe-se de onde se parte, sabe-se aonde se deve chegar; a derivação segue um caminho qualquer que conecte estes dois pontos" (§ 1590). Observe-se: "um caminho qualquer". Essa expressão significa que, nas derivações, não existe passagem obrigatória de certas premissas para certas conclusões. O discurso persuasivo carece de rigor.

Dois são os modos pelos quais essa falta de rigor se revela: 1) de idênticas premissas, diferentes derivações podem extrair diferentes conclusões, até opostas entre si; 2) de premissas diversas, diferentes derivações podem extrair a mesma conclusão. Exemplo do primeiro caso:

> Considerando a água e o fogo como puros e sagrados, daí os indianos deduziam a consequência de que se deve lançar os cadáveres no Ganges ou então queimá-los; e os persas, ao contrário, deduziam a consequência de que não se devia sujar nem a água nem o fogo com o contato dos cadáveres (§ 587)

Exemplo do segundo caso:

> As mulheres – diz um dos interlocutores – podem andar com roupas mais leves do que os homens, porque o calor que têm no corpo resiste ao frio. Não – rebate um opositor; motivo do fato é o frio natural que as mulheres têm no corpo, e coisas semelhantes são reciprocamente convenientes. (§ 873)

Dessa falta de rigor decorrem sobretudo duas consequências, às quais Pareto volta muitas vezes e de bom grado, nas mais variadas ocasiões: 1) as derivações servem para demonstrar o que se quiser, tanto a favor quanto contra; 2) duas derivações contraditórias não se excluem uma à outra. Mas aqui os exemplos aduzidos são bastante frágeis. No primeiro caso:

> Por exemplo, as derivações empregadas pelo Monsenhor Duchesne para justificar as perseguições sofridas, na África, pelos donatistas são precisamente as mesmas empregadas na França, em nosso tempo, para justificar as perseguições contra os correligionários de Monsenhor Duchesne. (§ 1573)

No segundo:

> As seguintes proposições parecem contraditórias: Não se deve matar – Deve-se matar. Não se deve tomar os bens alheios – É lícito tomar os bens alheios. Deve-se perdoar as ofensas – Não se deve perdoar as ofensas. No entanto, podem ser aceitas simultaneamente pelo mesmo indivíduo, graças a interpretações e distinções, que valem para justificar a contradição. (§ 1416, n. 4)

15. Bastarão essas indicações, creio, para mostrar a importância que Pareto atribuía à teoria da argumentação. Talvez não bastem para fazer entender que o problema dos vários argumentos que os homens usam para enganar seus semelhantes foi uma das inspirações fundamentais de que nasceu o *Tratado*. Sob diversos disfarces, Pareto volta sempre, no *Tratado*, ao ponto sensível da razão humana usada mais para esconder a verdade do que para revelá-la, e por isso os motivos reais pelos quais os homens agem lhe parecem cobertos por uma crosta de belas palavras. O que os poderosos não obtêm com a violência tentam obter com a fraude, e o meio para a perpetração dessa fraude é o discurso persuasivo.

A teoria das derivações representa, de modo exemplar, a posição antitética à que Perelman defende e expõe analiticamente no *Traité de l'argumentation*: enquanto Pareto talvez seja o mais radical adepto de uma desvalorização (lógica e moral) da retórica, associada a uma excessiva confiança no método lógico--experimental, a *nouvelle rhétorique* de Perelman é uma tentativa de revalorizar a argumentação retórica, acompanhada de consciente condenação do imperialismo lógico-matemático. O próprio Perelman tem perfeita consciência desse contraste, que está estreitamente ligado a uma diferente avaliação do lugar da razão nas vicissitudes da história humana. A filosofia de Pareto é expressão característica da "destruição da razão" que caracterizou muitas correntes filosóficas da Europa do início do século XX e, afinal, deixou livre o caminho para os vários mitos da violência e os fanáticos de todas as seitas. Uma vez que a persuasão era engano, melhor ceder o lugar à violência, pelo menos mais genuína. Tem razão Perelman quando diz, na conclusão, referindo-se expressamente a Pareto:

> É muito fácil desqualificar como "sofísticos" todos os raciocínios não conformes às exigências da prova que Pareto chama lógico-experimental. Se tivéssemos de considerar como raciocínio fraudulento toda argumentação desse tipo, a insuficiência de provas "lógico-experimentais" deixaria, em todos os domínios essenciais da vida humana, o campo inteiramente livre à sugestão e à violência.[9]

Mas era exatamente esta a conclusão a que Pareto e companheiros queriam chegar: abençoados os violentos, porque deles será o reino da Terra.[10]

---

9 *Traité de l'argumentation*, p.679.
10 Sobre a violência como um dos elementos da filosofia da história de Pareto, cf. G. Perrin, *Sociologie de Pareto*, p.211 et seq.

16. A filosofia de Pareto está construída, com certa simplificação, sobre a separação nítida entre a parte racional e a parte irracional da alma humana, entre a "razão" e o "sentimento", e sobre a convicção de que, no comportamento social do homem, seja de longe predominante a segunda. Se a velha sociologia de origem jusnaturalista partia da concepção do homem como animal racional e social, a sociologia de Pareto, que está continuamente em polêmica com o velho jusnaturalismo, parte da concepção do homem como animal social e irracional. A inspiração fundamental da *Sociologia* nasceu, como se sabe, no momento em que as amargas experiências políticas do próprio país o convenceram de que a maior parte das ações dos homens são ditadas não pela razão, mas por alguns instintos, daí a distinção, que domina o *Tratado*, entre ações lógicas e ações não lógicas. Ao contrário, entre outros motivos inspiradores da revalorização da retórica, feita por Perelman, está a tomada de posição contra uma separação excessivamente radical entre a parte racional e a parte irracional do homem: lógica e retórica pertencem ao mesmo *genus*. A propósito de Aristóteles e da distinção, que a ele remete, entre ação sobre o intelecto e ação sobre a vontade, Perelman diz:

> Quanto a nós, acreditamos que esta distinção, que apresenta a primeira como inteiramente impessoal e intemporal, e a segunda como completamente irracional, está baseada num erro e conduz a um impasse. O erro é conceber o homem como constituído de faculdades completamente separadas. O impasse é retirar da ação baseada na escolha toda justificação racional e, assim, tornar absurdo o exercício da liberdade humana.[11]

Essas palavras podem muito bem ser também referidas à teoria dualista de Pareto e contêm, implicitamente, sua crítica.

---

11 *Traité de l'argumentation*, p.62.

Efetivamente, a separação entre as duas partes do homem, a racional e a irracional, leva Pareto a uma dificuldade de que não consegue se livrar. Como se explica que seres guiados prevalentemente pelo sentimento ou pelo instinto sintam tanto gosto ou interesse em tecer raciocínios para se persuadirem uns aos outros, ou, mais brevemente, como se explica que seres prevalentemente irracionais percam tanto tempo raciocinando? A resposta de Pareto – segundo a qual, entre os instintos do homem, também existe o instinto de raciocinar – é, como dissemos, insuficiente e, ademais, suscita nova dificuldade ainda mais grave. Vimos, de fato, que a maior parte dos raciocínios que os homens constroem só com o objetivo de satisfazer a necessidade de raciocinar são, do ponto de vista lógico-experimental, equivocados. Portanto, a nova dificuldade é a seguinte: como se explica que a necessidade de lógica possa ser satisfeita por uma pseudológica? É como se se dissesse que a necessidade de se nutrir pode ser satisfeita fingindo comer ou aspirando fumaça, em vez de comer o assado. A resposta de Pareto a essa segunda pergunta é uma das explicações que ele mesmo classificaria na categoria: "É assim porque é assim". Eis uma versão: "Eles [os homens] têm certa necessidade de lógica, mas satisfazem-na comodamente com proposições pseudológicas" (§ 2086). Em boa síntese: os homens são seres irracionais que, por mais estranho que seja, sentem irrefreável necessidade de raciocinar e, mais estranho ainda, satisfazem essa necessidade com raciocínios incorretos. Poder-se-ia tentar salvar esses dois absurdos, observando que a necessidade de raciocinar dos homens se satisfaz com maus raciocínios exatamente porque os homens são seres irracionais. Mas este seria o caso, que Pareto frequentemente ironiza, da verdade que se restabelece através de duas proposições errôneas que se suprimem reciprocamente.

17. Para extrair algumas conclusões, diria que as maiores contribuições trazidas por Pareto à teoria da argumentação são essencialmente duas: 1) o destaque dado, no estudo da

sociedade humana, à diferença entre o discurso de tipo científico e o de tipo oratório, assim como a delimitação dos dois campos com base nos critérios pelos quais os dois diferentes tipos de discurso podem ser julgados (verdade-falsidade no primeiro, eficácia-ineficácia sobre o ouvinte, no segundo); 2) a constatação de que no discurso de tipo oratório deve-se distinguir duas partes, os sentimentos que nele se expressam ou se quer provocar, e os raciocínios empregados para obter o chamado acordo dos sentimentos, bem como a constatação de que a segunda parte é sociologicamente mais variável e menos relevante do que a primeira.

Infelizmente, esses dois pontos foram obscurecidos ou tornados menos aceitáveis pela carga fortemente passional com que Pareto os identificou e analisou. Seríamos tentados a dizer, para nos expressarmos de forma sintética, que é muito mais fácil aceitar as constatações de Pareto, frequentemente penetrantes, do que as avaliações, frequentemente unilaterais. Em relação ao primeiro ponto, ele não se limitou a distinguir as duas formas de discurso, mas expressou repetidamente sua convicção de que a segunda fosse eticamente inferior à primeira, como se a escolha entre o discurso científico e o persuasivo dependesse unicamente da boa ou má vontade do sujeito falante, e não do *status* lógico das premissas. Na verdade, Pareto lançava seus dardos polêmicos contra os discursos persuasivos que se camuflavam conscientemente como discursos científicos (e nesse caso a condenação moral se justificava). Mas no furor da polêmica contra seus colegas economistas e sociólogos, que faziam passar suas ideologias políticas por teorias lógico-experimentais, terminou por levar de roldão, em desvalorização indiscriminada, o discurso persuasivo como tal. Em relação ao segundo ponto, não se limitou a distinguir resíduos e derivações, mas considerou geralmente estas últimas como meios de deformação, de engano, acrescentando também aqui, sobre elas, um juízo moral que não podia ser derivado de constatação factual. É verdade que tinha em mente, sobretudo, o tipo de discurso que hoje se diria de propaganda política, e nada detestou mais, especialmente na segunda parte de sua vida, depois do fracasso constatado dos ideais do liberalismo econômico, do que a política ativa e seus atores; mas em seu ódio contra os politiqueiros terminou por ver hipocrisia e fraude um pouco em toda parte e por se acreditar destinado ao papel do grande vidente, cuja missão é observar do alto de sapiência estéril o vão e estúpido jogo dos atores de um drama que não oferece surpresas.

No fundo, Pareto, como teórico da argumentação, incorreu nas mesmas culpas de que acusava seus colegas sociólogos e economistas: elaborou uma teoria fortemente influenciada pelas poderosas paixões que o agitavam. Se a retórica floresce nas sociedades democráticas, não deve ter sido irrelevante, pela concepção que construiu sobre tal fato, seu furor antidemocrático. Também sob esse aspecto pode sugerir alguns interessantes comentários a atitude oposta assumida por Perelman no *Traité*, em que se encontram, exatamente na última página, estas palavras: "Só a existência de uma argumentação que não seja nem coercitiva nem arbitrária concede sentido à liberdade humana, condição para o exercício de uma escolha razoável".[12]

---

12 Ibid., p.68.

6.
Pareto e o direito natural

1. Pelo que sei, os juristas jamais se deram conta da existência de Pareto.[1] De resto, o único jurista de peso com quem esteve

---

[1] Constitui exceção a obra, não isenta de interesse mas inteiramente esquecida, de Arturo Colonna, *Per la scienza del diritto: critica delle dottrine giuridiche tradizionali e programma metodologico per l'attuazione della scienza del diritto*. O autor se propõe demonstrar a não cientificidade daquilo que chama "doutrinas jurídicas tradicionais", apresentando como modelo de ciência aquele oferecido no *Tratado* de Pareto, com a distinção entre teorias lógico-experimentais e teorias não lógico-experimentais: "Nada fiz além de seguir – ele declara – as diretrizes de Pareto, em cuja obra vi muitas vezes realizar-se esta análise lógica das mais díspares doutrinas e este estudo das 'uniformidades' dedutíveis da história das ciências, que agora me servem para estabelecer os pontos cardeais de um estudo científico dos fenômenos jurídicos e para testar, antes de mais nada, a consistência das Doutrinas Jurídicas Tradicionais" (p.22-3). Referência a Pareto se encontra no curso litografado de Cesare Magni, *Teoria del diritto ecclesiastico civile. Parte generale. La funzione normativa*. A propósito das tentativas de aplicar a matemática ao direito, Magni, que delas foi convicto adepto, escreve: "Pareto, *Curso de ec. pol.*, Turim, 1943, v. I, p.23, nota 34, indica tentativa realizada por um trabalho que não pudemos ver, mas, do apanhado feito pelo próprio Pareto, vê-se que o autor, apesar de se servir de resultados de uma técnica jurídica hoje envelhecida, tinha opiniões bastante claras (Roguin, *La règle du droit*)" (p.3). Magni continua

em contato, Ernest Roguin, que era seu colega na Universidade de Lausanne, é, apesar da originalidade de sua teoria geral do direito, comparada às vezes à de Kelsen, um grande esquecido.[2] O capítulo das relações entre Pareto e o direito resta ainda por escrever.[3] A parte mais importante deste capítulo, a meu ver, é a que se refere à análise e à crítica, que Pareto desenvolve no *Tratado*, das teorias do direito natural. Mas, se não estou enganado, ninguém se ocupou disso até agora. Era inevitável que um encarniçado perseguidor de todas as teorias que pretendiam ser científicas e não o eram, como Pareto, devesse topar com a doutrina do direito natural. Esta ocupa nos séculos XVII e XVIII, aproximadamente, o lugar ocupado no século seguinte pelas primeiras grandes teorias sociológicas de Comte e de Spencer. Na exemplificação que Pareto fornece das falsas doutrinas científicas, muitas vezes ele associa o jusnaturalismo a seu outro inimigo mortal, o solidarismo. Para ter ideia de todo o mal que Pareto pensa do direito natural, bastaria a seguinte citação, que se encontra num dos primeiros parágrafos do *Tratado*:

> Discorrer sobre os antípodas é muito mais cômodo do que ir ver se existem realmente; meditar sobre o "princípio" do "fogo" ou do "úmido" é muito mais fácil do que realizar todas as observações de que se compõe a geologia. Meditar sobre o "direito natural" é muito mais cômodo do que estudar as legislações dos diversos

---

    elogiando Pareto pelos "resultados importantes da mais recente teoria geral do direito italiano e da sociologia, que, na trilha de Pareto, obteve resultados igualmente importantes" (p.3).

2 Sobre as relações entre Pareto e Roguin, veja-se G. Busino, Contributi alla storia del pensiero politico contemporaneo: Ernest Roguin e Vilfredo Pareto, *Cahiers Vilfredo Pareto*, p.189-210. Sobre Roguin remeto a meu ensaio, "Un dimenticato teorico del diritto: Ernest Roguin" (1978), agora em *Diritto e potere. Saggi su Kelsen*.

3 Salvo engano de minha parte, o artigo mais importante publicado até agora sobre esse tema é o de N. S. Timasheff, Law in Pareto's Sociology, *American Journal of Sociology*, p.139-49.

países, nos diferentes tempos. Tagarelar sobre o "valor", pesquisar quando e como *se diz* que "uma coisa vale" é muito menos difícil do que estudar e entender as leis do equilíbrio econômico. (§ 109)

Para ter ideia da importância dessa citação, acentue-se que serve a Pareto de motivo para observar que, enquanto o método experimental já se aplica com sucesso nas ciências físicas, o método não experimental "ainda dá as cartas na economia política e, mais do que nunca, na sociologia" (§ 110). A referência ao direito natural autoriza-nos a acrescentar: "e nas ciências jurídicas".

Pareto ocupa-se expressamente das doutrinas do direito natural nos §§ 401-463 do *Tratado*, no cap. IV, que trata das "Teorias que transcendem a experiência", bem como em alguns parágrafos dedicados à crítica da teoria do contrato social no cap. IX sobre "Derivações". Essa análise deve ser ligada às páginas de *Systèmes socialistes* dedicadas ao surgimento de "uma nova religião cuja divindade, a *Natureza*, é uma concepção essencialmente metafísica" (II, 21). As doutrinas de que Pareto se ocupa em *Systèmes* são as dos fisiocratas; mas não é improvável que justamente o estudo das doutrinas fisiocratas o tenha levado a ir até a escola do direito natural, que é sua inspiradora. O fato é que os parágrafos de *Systèmes* relativos aos fisiocratas estão, no *Tratado*, incluídos nos parágrafos dedicados ao direito natural (§§ 447-448). A leitura e o comentário das obras dos jusnaturalistas é uma novidade do *Tratado*; não encontrei traços desses autores, exceto Rousseau (que, de resto, não é *só* um jusnaturalista), nas obras anteriores. Pode-se levantar a hipótese de que a leitura dos jusnaturalistas lhe tenha sido sugerida por Roguin, o qual confessa ter estudado esses autores depois que Gierke, comentando sua primeira obra, *La règle de droit* [A regra do direito] (1889), recriminou-o por não conhecê-los.[4] Os escritores que Pareto

---

4 E. Roguin, *La science juridique pure*, p.247, nota 1.

toma em consideração são os mesmos nomeados por Roguin e são, com algumas exceções (como Thomasius e Wolff), os "clássicos" do direito natural: Grotius, Pufendorf, Barbeyrac, Burlamaqui, Vattel, Rousseau. Sobre a origem da doutrina, remonta às definições igualmente clássicas de Aristóteles, Cícero e juristas romanos.

2. O interesse do encontro entre Pareto e a escola do direito natural consiste no fato de que esta representou, na história do pensamento ocidental, em particular em suas correntes modernas, que vão de Grotius-Hobbes até Kant e Hegel (incluído-excluído), a maior tentativa jamais feita de construir uma teoria racional da moral e do direito, ou, em outras palavras, uma ética, e respectivamente um direito, unicamente nos limites da razão, prescindindo completamente da autoridade da revelação (de que se serve a teologia) e da tradição (de que se servem os historiadores). É juízo corrente que o traço comum de todos os escritores que pertencem à escola do direito natural não é o conteúdo, mas o método. Com mais propriedade de linguagem, talvez, pode-se dizer que o jusnaturalismo é não determinada ética, mas determinada teoria da ética, ou seja, metaética:[5] o que têm em comum os vários jusnaturalistas não é determinado sistema de regras, mas determinado modo de fundamentar o sistema de regras que cada qual considera o melhor. O jusnaturalismo é um racionalismo ético, e o racionalismo ético é uma teoria cujos postulados fundamentais são os três seguintes: *a*) as leis do mundo moral (e jurídico) não são menos objetivas e universais do que as do mundo físico, porque todas derivam de uma única mente ordenadora (postulado ontológico); *b*) essas leis podem ser conhecidas pelo homem através de exercício rigoroso das próprias faculdades racionais (postulado gnosiológico); *c*)

---

[5] Sobre esse ponto remeto a meu artigo "Sulla rinascita del giusnaturalismo" (1963), publicado com o título "Il giusnaturalismo come teoria della morale" no volume *Giusnaturalismo e positivismo giuridico*, p.179-85.

uma vez conhecidas, essas leis tornam-se o motivo determinante da conduta do homem (postulado prático). Entre todas as teorias da ética, o jusnaturalismo é a que põe com maior confiança no centro da própria construção o homem como ser racional. De fato, a passagem do estado de natureza, em que dominam as paixões (Hobbes), os interesses (Locke) ou os instintos (Rousseau), isto é, o homem irracional, para o estado de civilização, que é o estado racional por excelência, isto é, o estado mais conforme às exigências da razão, só é possível com base na hipótese de que o homem é capaz de conhecer o que a razão quer (os *dictamina rectae rationis*) e de agir em consequência; em outras palavras, a razão é ao mesmo tempo *facultas cognoscendi* e *principium agendi*.

A principal exigência de que nasceu o interesse de Pareto pelo estudo da sociedade foi, como se sabe, desnudar quão pouco vale a razão nas coisas deste mundo e, portanto, quão pouco devemos confiar nas construções excessivamente racionais para desvelar o segredo do movimento social. Ainda que o embate direto com o jusnaturalismo só aconteça em lugar específico do *Tratado*, e não haja teoria social, das mais remotas no tempo às mais próximas, que tenha escapado à crítica demolidora de seu autor, a teoria social de Pareto pode ser interpretada como uma das antíteses mais radicais que já foram pensadas não só do jusnaturalismo histórico, mas desse jusnaturalismo que volta continuamente sob forma de presunção da razão de fundamentar objetivamente a moral (e o direito) e dirigir, com autoridade irresistível, sua observância. Na medida em que o jusnaturalismo está ligado ao iluminismo, o *Tratado* de Pareto é uma longa e apaixonada batalha anti-iluminista (e só podia ser combatida com tanta tenacidade por um iluminista desiludido).

3. Os juristas e os sociólogos não esperaram Pareto para criticar o direito natural. Há mais de dois séculos (caso se considerem patriarcas da crítica anti-iluminista Vico, na Itália, e Hume, na Inglaterra), a escola do direito natural está sob acusação. Não há corrente dominante no século XIX que não tenha tomado

posição contra este ou aquele aspecto do jusnaturalismo, de Bentham a Austin, na Inglaterra, de Saint-Simon a Comte, na França, de Hegel a Marx, na Alemanha. Nos mesmos anos em que Pareto escrevia o *Tratado*, apareciam as primeiras obras de Hans Kelsen, que se tornaria o campeão da polêmica antijusnaturalista de nosso tempo. Mas é característica da obra de Pareto não se relacionar com nenhuma das críticas precedentes. Volta diretamente aos textos e procede por seu próprio caminho, que é o da crítica lógica, empírica e ideológica das doutrinas. O único grande jurista oitocentista que cita e utiliza, sobretudo por causa do material que oferece para o estudo das instituições romanas, é Jhering, de quem, além da obra clássica *Lo spirito del diritto romano*, cita, mas não utiliza, a tradução francesa (parcial) de *Der Zweck im Recht* [O objetivo do direito], publicada em 1901 com o título *L'évolution du droit*. Essa obra, como bem sabe todo aquele que tem certa familiaridade com a história do pensamento jurídico, é um dos monumentos do positivismo jurídico: mas a leitura jheringuiana de Pareto nada tem a ver com a crítica ao direito natural. Além disso, se se considera que a obra de Pareto, como, de resto, as outras grandes obras sociológicas, inclusive a de Max Weber, jamais foi acolhida no domínio reservado dos juristas, pode-se encontrar uma explicação do fato de que, na história da crítica ao direito natural, particularmente rica de episódios neste último quarto de século, Pareto nunca tenha sido mencionado.[6] No entanto, seus argumentos estão entre os que deixam marca e merecem ser tomados em consideração. O objetivo que agora me proponho é principalmente acrescentar um capítulo a esta história,

---

6 Ao contrário, recorda-o seu amigo e colega Roguin, o qual, chegado o momento de justificar a diferença entre sua "ciência jurídica pura" e o direito natural, dedica longa nota à crítica paretiana, escrevendo: "Vilfredo Pareto, nosso ilustre colega, [...] dedica-se [...] a uma crítica tão viva quanto profunda do direito natural, em que diz seguramente muitas coisas bastante corretas" (*La science juridique pure*, p.600, nota 2).

buscando responder à pergunta: qual lugar ocupa a crítica paretiana na disputa secular contra e a favor do direito natural?

4. Na crítica do direito natural, deve-se distinguir, antes de mais nada, entre o aspecto mais estritamente jurídico e o filosófico. Do ponto de vista jurídico, o direito natural é refutado como não direito: aqui a contraposição é entre jusnaturalismo e positivismo jurídico. Inútil dizer que Pareto é completamente alheio a esse tipo de crítica, que, aliás, é a crítica pela qual se interessam particularmente os juristas. Por sua vez, a crítica filosófica deve ser distinta em crítica ideológica e crítica teórica. Ideologicamente, o direito natural foi acusado alternadamente, por parte dos tradicionalistas, de ser a ideologia da revolução, e, por parte dos revolucionários, de ser a ideologia da restauração: na realidade, o direito natural, por causa da vacuidade de suas fórmulas, presta-se politicamente a qualquer serviço. Que todas as doutrinas políticas, na condição de não científicas, tenham essencialmente função ideológica é um dos eixos da teoria social paretiana, mas, quanto ao jusnaturalismo, esse aspecto não lhe interessa, ao passo que é o aspecto que interessa principalmente a Kelsen. Sem contar que numa teoria, como a paretiana, em que a ideia de progresso se vê banida, os conceitos de "reação" e "revolução" perdem qualquer carga emotiva e podem ser substituídos por conceitos mais neutros, como os de manutenção e ruptura do sistema em equilíbrio. Os únicos critérios com base nos quais podem ser julgadas as doutrinas que já se demonstraram não científicas são aqueles cientificamente irrelevantes de sua utilidade e sua força persuasiva. A crítica paretiana ao direito natural não é ideológica, mas teórica: não é ideológica no duplo sentido de que Pareto não se preocupa em saber se os escritores do direito natural foram reacionários ou progressistas nem considera essas doutrinas, como, ao contrário, considera outras, como ideologias. Crítica teórica, a sua, porque o que pretende primeiramente atingir na doutrina do direito natural é sua pretensão de ser científica.

Mesmo com referência à crítica teórica do direito natural, convém não confundir alhos com bugalhos. Considero possam distinguir-se dois grandes filões no âmbito desse tipo de crítica: o historicista e o empirista (só para evocar nomes ilustres, Vico, no primeiro filão, Hume, no segundo). Entendo por crítica historicista a que insiste, sobretudo, no caráter abstrato, anti-histórico, exatamente, do direito natural, que, pretendendo ser eterno, não pertence em realidade a tempo nenhum, e, pretendendo ser universal, não é em realidade de nenhum lugar; e, considerando o direito produto não da razão, mas da história, cancela como mero produto da imaginação o material conceitual com que os jusnaturalistas construíram seu edifício, material constituído por um estado de natureza que jamais existiu e por um contrato social que jamais ocorreu. É sintomático que, para desvalorizar o contrato social, usem a mesma palavra "quimera" tanto um escritor progressista, como Bentham, quanto um escritor conservador, como von Haller. Entendo por crítica empirista a mais atenta ao método – bem mais ao método do que aos pressupostos ou ao resultado, ou seja, atenta aos ingredientes empregados, e ao ingrediente primário que é a linguagem, aos tipos de argumento e raciocínio usados, bem mais aos procedimentos formais do que ao conteúdo; numa palavra, à lógica do discurso (em sentido lato) com que a teoria foi construída. Parece-me indiscutível que a crítica de Pareto é exclusivamente desse segundo tipo. Por mais que seja filosoficamente autodidata e não tenha tido nenhum contato com o empirismo seu contemporâneo, que afinal iria desembocar no Círculo de Viena, Pareto é, sob muitos aspectos impressionantes, não ainda suficientemente iluminados, um perfeito neoempirista: da obstinada polêmica antimetafísica em nome da ciência à importância atribuída à análise da linguagem, do modelo de ciência empregado para criticar as teorias não científicas à relevância da distinção entre juízos de valor e juízos de fato como divisor de águas entre o que pertence à ciência e o que não lhe pertence, a teoria da ciência de

Pareto antecipa alguns dos traços mais característicos da teoria neopositivista da ciência.

5. Como é bem sabido, as teorias podem ser estudadas, segundo Pareto, sob três aspectos, que ele chama objetivo, subjetivo e de utilidade social (§ 13). Estudar as teorias sob o aspecto objetivo significa estudá-las com base no critério de sua verdade ou falsidade: com as palavras de Pareto, segundo suas proposições estejam ou não de acordo com a experiência. A partir desse critério, distinguem-se teorias lógico-experimentais e teorias não lógico-experimentais. No *Tratado*, o jusnaturalismo só é estudado sob esse aspecto e, naturalmente, classificado entre as teorias não lógico-experimentais. Nesse sentido, a crítica paretiana ao jusnaturalismo não é nem crítica jurídica nem ideológica, mas crítica teórica (ou gnosiológica), isto é, crítica ao jusnaturalismo como ciência da moral ou do direito, ou como ética científica. O que, parece-me, é importante sublinhar, na medida em que o jusnaturalismo, especialmente o jusnaturalismo moderno, apresentou-se como ciência rigorosa, cujo modelo é a geometria, antes como a primeira tentativa de aplicar também ao estudo da moral o método das ciências exatas, de fazer penetrar no mundo das ações e das paixões humanas o *esprit géometrique*. Não diferentemente da sociologia dos Comte e dos Spencer, contra a qual Pareto não poupa observações críticas, ainda que o modelo de ciência em que a sociologia oitocentista se inspira não seja mais a geometria, mas a física.

No campo ilimitado das teorias não lógico-experimentais (ilimitado porque compreende todas as teorias excogitadas antes da que o próprio Pareto está elaborando no *Tratado*), Pareto distingue dois tipos: as teorias que transcendem a experiência e as pseudocientíficas. O jusnaturalismo é classificado entre as primeiras. Para compreender a diferença entre um tipo e outro, é preciso perceber que quem se ocupa das teorias sob o aspecto objetivo, isto é, com o fito de julgar sua verdade ou falsidade, deve decompô-las em dois elementos fundamentais: o "material", de que derivam suas proposições, e o "nexo" com que as várias proposições são ligadas entre si. Ora, enquanto o nexo pode ser lógico e não lógico, o material pode ser experimental e não experimental. É autoevidente que as teorias lógico-experimentais são as que têm material experimental. Entre as teorias não lógico-experimentais, existem aquelas em que a intervenção do material não experimental é declarada, explícita, e aquelas em que a intervenção do mesmo material é dissimulada, implícita (vejam-se os §§ 574 e 663). Pareto chama as primeiras de teorias que transcendem a experiência, as segundas de teorias pseudocientíficas.

> Os materiais que os defensores do direito natural põem em ação – explica Pareto – são principalmente: a Reta Razão, a Natureza, com seus apêndices, isto é, a natureza razoável, o estado de natureza, a conveniência com a natureza, a sociabilidade etc.; o consenso de todos os homens ou parte deles; a vontade divina. (§ 403)

Trata-se, como se vê, de entidades metafísicas, quando não são, como a vontade divina, teológicas, e nada têm a ver com a experiência. Certos jusnaturalistas usam algumas delas, outros usam algumas outras. E existem os que usam todas, uma depois da outra, como mostra este saboroso diálogo (§ 402):
– Por que devo seguir sua opinião?
– Porque está de acordo com a razão.
– Mas eu uso a razão e penso diferente.
– Sim, mas não é a *Reta Razão*.
– E como é que os senhores, que são tão poucos, sabem disso?
– Não somos poucos, nossa opinião goza de *consenso universal*.
– Mas há quem pense diferente.
– Diremos: o consenso dos bons e dos sábios.
– Está bem, mas foram os senhores, bons e sábios, que inventaram este direito natural?
– Não. De fato, ele nos foi ensinado pela Natureza, por Deus.

6. O método que de preferência usam os que, como os jusnaturalistas, introduzem entidades não experimentais, como a natureza e a reta razão, é aquele próprio dos metafísicos que Pareto chama de auto-observação subjetiva, pessoal ou íntima, o qual, à diferença da observação objetiva de que se valem as ciências, só reconhece como juiz a pessoa mesma do observador. Desde as primeiras frases, em parágrafo decisivo no qual traça o próprio caminho (§ 69), Pareto se livra desse procedimento com as seguintes palavras:

> O campo em que nos movemos é, portanto, exclusivamente o da experiência e da observação. Usamos estes termos no sentido que têm nas ciências naturais, como a astronomia, a química, a fisiologia etc., e não para indicar as outras coisas que se pretende indicar com os termos: *experiência íntima, cristã*, e que renovam simplesmente, com simples mudança de nome, a auto-observação dos antigos metafísicos.

Ainda que não faça referência expressa, é certo que Pareto, falando de "auto-observação", como procedimento próprio da metafísica "que busca fora da experiência um critério de verdade" (§ 111), tem em mente o agostiniano *in interiore homine habitat veras*. O caso mais célebre de auto-observação que comenta é o cartesiano *cogito, ergo sum*, no qual uma experiência subjetiva ("uma experiência sobre si mesmo") é estendida, sem nenhuma confirmação experimental, para todos os homens:

> Este é o estilo costumeiro adotado pelos metafísicos, isto é: pensam alguma coisa, depois dizem, porque assim lhes parece, que todo homem sensato deve ter a mesma opinião, e isso vale, para eles, como consenso de todos os homens sensatos ou, então, de uma bela abstração por eles chamada "espírito humano", que mortal nenhum jamais viu nem sabe precisamente o que é. (§ 599)

O que distingue a observação objetiva, própria da ciência, da observação subjetiva, própria da metafísica, é que a primeira tem como juiz a experiência, a segunda só reconhece como juiz a pessoa mesma que a fez:

> Quem cria [tal] teoria torna-se juiz e parte ao mesmo tempo. Seu sentimento julga a teoria que este mesmo sentimento criou, e, portanto, o acordo não pode deixar de ser perfeito e a sentença, favorável. A questão se desenvolve de outro modo quando é juiz a experiência objetiva, a qual pode desmentir, e isso ocorre frequentemente, a teoria construída pelo sentimento. O juiz é distinto da parte. (§ 581)

A doutrina do direito natural é, para Pareto, um dos exemplos mais estridentes de procedimento metafísico. Quando lhe ocorre (e muitas vezes lhe ocorre) enumerar os equívocos de quem não segue o método experimental, dificilmente deixa de fazer referência ao direito natural:

> A experiência dos crentes no direito natural é semelhante à experiência do cristão moderno. Num caso e no outro, não há nada que se assemelhe à experiência das ciências naturais, e este termo *experiência* só serve para dissimular o fato de que quem o usa expressa simplesmente a própria opinião e a de quem pensa como ele. (§ 431)

Quem tiver a paciência de esquadrinhar o *Tratado* há de deparar com o direito natural e a "senhora Natureza" que o acompanha. Mas a essência do discurso está concentrada nesta frase de espírito: "O *direito natural* é simplesmente o que parece ótimo a quem usa tal termo" (§ 401).

7. Para dar um juízo sobre uma teoria, como se disse, devem-se examinar os materiais dos quais se serve e os raciocínios que usa. Se os materiais das teorias do direito natural são entidades

metafísicas, produzidas pela auto-observação, o tipo de raciocínio a que recorrem insere-se no domínio da pseudológica que Pareto, talvez acolhendo a sugestão de Théodule-Arnaud Ribot, que em 1905 havia publicado uma obra intitulada *La logique des sentiments*, chama "lógica dos sentimentos" (e que nós hoje chamaríamos, no rastro dos estudos de Perelman, e exumando o termo clássico, "retórica").[7] Os homens raciocinam para conectar diversas proposições entre si e para extrair, dessas conexões, certas conclusões de certas premissas. Mas, segundo Pareto, existem dois modos de operar essas conexões, de modo que as teorias se distinguem não só em experimentais e não experimentais, mas também em lógicas e não lógicas: o acordo com os fatos e o acordo com os sentimentos. A lógica dos sentimentos compreende a esfera dos raciocínios que procedem por acordo de sentimentos (§ 480). Mais uma vez o autodidatismo filosófico de Pareto, que o leva a construir uma linguagem pessoal, não correspondente à usada pela *koiné* filosófica, aumenta a dificuldade de leitura de um texto, como o *Tratado*, difícil por mil outras razões já várias vezes indicadas pelos críticos. Considero que a contraposição entre acordo de fatos e acordo de sentimentos se torna imediatamente mais clara se percebermos que aquilo que Pareto chama de "acordo de sentimentos" corresponde ao que chamamos "acordo de valores". (Com isso não quero dizer que o termo "valor", que Pareto desdenha – mas ele se refere específica e limitadamente às teorias econômicas do valor –, seja mais claro e preciso do que o termo "sentimento"; limito-me a constatar que, num contexto em que o termo contraposto é "fato", o termo "valor" é mais exato do que "sentimento", o qual habitualmente se contrapõe a "razão" e análogos.) Dado que fatos são o

---

7 Encontra-se referência de Pareto a Ribot em carta a Pansini de 31 de maio de 1898. A Pantaleoni, que talvez lhe tivesse aconselhado ler um livro de Ribot (De Rosa, em nota, formula a hipótese de que se tratava de *L'évolution des idées générales*, publicada em 1897), Pareto responde em pós-escrito: "Encomendo o Ribot!" (*Lettere a Maffeo Pantaleoni*, p.204).

que se observa e valores o que se "sente" (parece-me indiscutível que a obra de Pareto contém implicitamente uma teoria emotiva dos valores, o que torna ainda mais estimulante um paralelo de seu pensamento com o dos neopositivistas), a terminologia paretiana teria sido mais exata se, mesmo mantendo a expressão "acordo dos sentimentos", tivesse usado, por contraste, a expressão "acordo das observações". De todo modo, se a terminologia pode despertar alguma perplexidade, é bastante claro o que Pareto quer dizer: existem duas formas de obter o assentimento do outro às próprias afirmações, o recurso a seu espírito de observação, mediante a coleta continuada e meticulosa de fatos dos quais se possam extrair "uniformidades", ou então o apelo aos valores em que nosso interlocutor acredita, mostrando que aquilo que afirmo, independentemente do fato de ser ou não provado empiricamente, corresponde plenamente às crenças do outro. Traduzindo a linguagem paretiana em linguagem filosófica corrente, o primeiro tipo de discurso baseia-se exclusivamente em juízos de fato, o segundo introduz, mais ou menos sub-repticiamente, juízos de valor. Segundo bem conhecida teoria, um juízo de fato descreve certo estado de coisas, um juízo de valor recomenda-o como bom ou mau, isto é, dirige-se não à faculdade de entender do outro, mas a sua faculdade de desejar. A diferença entre as teorias científicas e as teorias metafísicas (e para Pareto, como vimos, a teoria do direito natural é uma dessas últimas) está no fato de que as primeiras observam só o acordo sobre fatos, enquanto nas segundas intervêm os "sentimentos", recobertos por raciocínios mais ou menos lógicos. Razão pela qual quem se detém nestes e julga a metafísica por suas teorias, e não pelos sentimentos que estas transmitem, agiria como "quem quisesse julgar a força de um exército pelo uniforme dos soldados" (§ 598).

Também desse ponto de vista, isto é, do ponto de vista do tipo de raciocínio empregado, as teorias do direito natural inserem-se na categoria das teorias metafísicas. O mecanismo de seu raciocínio pode ser reconstruído deste modo: elas partem de intuição justa, isto é, da observação de que as leis vigentes não são o produto de mero arbítrio, mas nascem de um "substrato" que tem existência própria (§ 407). No entanto, como não se preocupam em conhecer experimentalmente esse substrato (o que as conduziria à descoberta dos "resíduos"), e exatamente por isso não são teorias científicas, tendem a considerar esse substrato como algo absoluto, imutável, eterno, e que, por isso mesmo, também é bom. A força de persuasão de tais teorias reside no fato de que a contraposição entre o que é constante e bom (o direito natural) e o que é variável e menos bom (o direito positivo) corresponde ao sentimento de muita gente, que prefere ser iludida a ser iluminada. Não se explicaria o sucesso secular de tais teorias, que do ponto de vista científico parecem irrelevantes, quando não pueris, se não percebêssemos que o assentimento a elas dado decorre exclusivamente do fato de que o sentimento de quem as recebe corresponde ao de quem as fabrica, ou, mais brevemente, do fato de que apelam a valores difusos.

8. Para estabelecer a distinção entre discurso científico e discurso metafísico, tem enorme importância a análise da linguagem que um e outro respectivamente usam. Pela extraordinária consciência que Pareto tem das insídias que a linguagem oferece a quem queira construir uma teoria científica e da necessidade de dar lugar eminente às "questões de palavra" (como as chamara Giovanni Vailati) na crítica da ciência, ele pode ser considerado, a justo título, precursor da chamada "virada linguística" na filosofia. Enquanto no discurso científico, que lida com as relações entre coisas e não entre palavras, a escolha das palavras é irrelevante, e uma palavra vale pela outra desde que exatamente definida, no discurso metafísico o uso de certas palavras em lugar de outras tem valor decisivo, porque a linguagem, certa linguagem, é um dos meios mais habituais e ao mesmo tempo mais poderosos a que se recorre para obter o acordo de sentimentos. Embora não use a terminologia que posteriormente se tornaria

corrente entre os analistas da linguagem, Pareto é extremamente atento ao que hoje se chama de significado emotivo das palavras. Um dos cânones do método relacionados no § 69 é o seguinte: "Raciocinamos exclusivamente sobre as coisas, e não sobre os sentimentos que *os nomes das coisas despertam em nós*". É impossível contar as vezes em que Pareto repete no *Tratado* as ideias que lhe são caras: por certo, esta é uma das ideias que mais frequentemente lhe vêm à pena. Em parágrafo programático do primeiro capítulo, explica que, quando não fazemos ciência, somos levados a dar grande importância aos vocábulos, com a consequência de que "a coisa é considerada com os sentimentos que o vocábulo suscita e, portanto, favorece-a ter nome que evoca sentimentos de louvor e prejudica-a ter nome que evoca sentimentos de reprovação" (§ 113). Uma das quatro classes de derivação está constituída pelas chamadas "derivações verbais"; uma das subclasses desse tipo de derivação está constituída, por sua vez, pelos termos que são empregados por causa do sentimento que despertam (a que correspondem sentimentos que fazem escolher certos vocábulos e não outros). Por um lado, usam-se palavras diferentes para suscitar sentimentos diferentes em relação ao mesmo fato, como quando o homicídio é chamado "execução", se infligido pelo governo, ou "assassinato", se infligido pelos revolucionários; por outro, usa-se a mesma palavra que suscita sentimentos aprazíveis, como liberdade, para indicar as coisas mais diversas, porque no discurso retórico o que importa é "conservar os sentimentos aprazíveis que sugere este termo" (§ 1555). Exatamente porque muitas palavras da linguagem comum, além do significado descritivo, às vezes vago e ambíguo, têm significado emotivo, que, ao contrário, é claro e inequívoco, o cientista deverá tender a substituir, o mais que lhe for possível, as palavras pelos símbolos. Ao contrário, o metafísico, a quem importa obter o assentimento não em virtude de provas empíricas, mas em virtude dos sentimentos que quer provocar, serve-se de palavras cujo significado descritivo é tão mais fraco (como palavras de significado indeterminado) e, portanto, suscetíveis das mais diversas interpretações, quanto mais forte é o significado emotivo:

> contrariamente ao que ocorre no raciocínio lógico-experimental, em que os termos são tão bons quanto sua determinação, no raciocínio por acordo de sentimentos são tão bons quanto mais indeterminados. Isso explica o amplo uso que têm em tal raciocínio termos como "bom", "belo", "justo" etc. (§ 515)

"Direito natural", como, de resto, "natureza", é um desses termos. Já desde as primeiras linhas da parte do *Tratado* dedicada às críticas aos jusnaturalistas, Pareto observa que estes "obtiveram grande proveito em tal ação com o uso de vocábulos indeterminados que não correspondem a coisas, mas só a sentimentos" (§ 401). Depois de examinar algumas definições de "direito natural", conclui:

> Todos estes giros e rodeios levam a afirmar, finalmente, que *direito natural* é o que, na mente do autor, produz conceitos análogos aos que produzem os vocábulos: natureza razoável, conservação, perfeição, estado bom e vantajoso, todos eles essencialmente indeterminados. (§ 427)

A seguir, resume a análise nestes pontos, que constituem em sua concisão uma súmula crítica do discurso metafísico:

> Todas estas definições e outras análogas têm as seguintes características: 1. Usam termos indeterminados, que fazem nascer certos sentimentos mas não correspondem a nada preciso; 2. Definem o ignoto através do ignoto; 3. Misturam definições e teoremas, que não demonstram; 4. Seu objetivo é, em substância, mobilizar o mais possível os sentimentos para conduzir a um fim já preestabelecido a pessoa à qual se dirigem. (§ 442)

9. Detive-me nestes três pontos, o método da auto-observação, o assentimento baseado no acordo de sentimentos, o uso de linguagem sugestiva, porque estes são os pontos através dos quais melhor se consegue caracterizar, segundo Pareto, o que distingue teorias científicas e não científicas. Importa ainda observar para os fins de nossa análise que nas doutrinas do direito natural, a juízo de Pareto, essas três características das doutrinas não científicas destacam-se de modo eminente. No laboratório do autor do *Tratado*, o jusnaturalismo é um objeto quase privilegiado de experimentação. Tanto que o juízo conclusivo não poderia ser mais drástico: "A falta de precisão contamina todas estas teorias e as torna estéreis. Sob o aspecto lógico-experimental, não são verdadeiras nem falsas, mas simplesmente não significam nada" (§ 463).

No entanto, uma teoria, como bem sabemos, pode ser insignificante do ponto de vista de seu valor científico e ser muito relevante sob o aspecto social, seja por sua eficácia persuasiva, seja por sua utilidade. Sobre a eficácia persuasiva das doutrinas do direito natural Pareto parece não ter dúvida: por mais que só as analise especificamente quanto a seu valor de verdade, ele percebe perfeitamente que a extraordinária proliferação de escritos que apelam a um direito de natureza contraposto ao mutável direito positivo, e sua reiteração em toda época histórica, são por si sós prova de sua enorme força sugestiva. Quanto a sua utilidade social, admite-a, mas sem se comprometer muito, sobretudo sem precisar em que consiste. A passagem mais significativa me parece a seguinte: "As ações não lógicas que correspondem às elucubrações do direito natural muitas vezes parecem ter, e às vezes têm efetivamente, utilidade social; o que não permite ver tão facilmente sua absoluta nulidade lógico-experimental" (§ 965). Mesmo para as teorias do direito natural, deve-se ter o cuidado de distinguir forma e conteúdo:

Se observarmos só a forma, todas estas disquisições sobre o direito natural nos parecerão um amontoado de tolices. Se, ao contrário, deixarmos de lado a forma e só considerarmos o que ela recobre, encontraremos inclinações e sentimentos que operam poderosamente para determinar a constituição social e que, por conseguinte, são merecedores de atento estudo. (§ 445)

Mas Pareto não se demorou em estabelecer com mais precisão em que sentido acontece essa influência na constituição social. Limita-se a observar, e de todo modo é observação importante para descobrir a função ideológica do direito natural, que as teorias dos jusnaturalistas são indício seguro da exigência de uma contraposição entre algo constante estimado como bom (o direito natural) – estimado como bom, podemos acrescentar, justamente por ser constante – e algo variável considerado como menos bom ou até mau (§ 408). Sabemos muito bem que a interpretação ideológica do direito natural é controvertida: depois de o direito natural, por pelo menos um século, isto é, a partir do momento da crise do jusnaturalismo iluminista por obra do historicismo jurídico, ter sido considerado como ideologia da revolução, Kelsen sustentou que sempre fora, salvo em casos excepcionais (Rousseau), ideologia da conservação. Pareto diria que também essa controvérsia, por sua vez, era ideológica: "revolução" e "conservação" pertencem à categoria de palavras indeterminadas carregadas de significado emotivo de que ele fugia como da peste. Prova disso é que um conservador como Julius Stahl, para refutar o direito natural, associara-o com algo que considerava censurável, como a revolução; e que, ao contrário, um progressista como Kelson refuta o mesmo direito natural, associando-o à ideia de conservação social. De fato, ambas as interpretações são parciais e equivocadas exatamente porque ideologicamente comprometidas. A interpretação ideológica tem a função não de demonstrar a verdade ou o erro da doutrina do direito natural, mas de trazer forte argumento para conseguir sua aprovação ou desaprovação, remetendo, como diria Pareto, ao acordo de sentimentos. Se for verdade, como acredito ser verdade, que do ponto de vista lógico-experimental as doutrinas do direito natural revelam, apesar de sua variedade, a continuidade da contraposição entre um elemento constante e um elemento variável, o juízo sobre o elemento variável, isto é, sobre o direito positivo, mudará segundo seja considerado como conforme ou desconforme ao elemento constante. O juízo de desconformidade revela ou estimula uma tendência à mudança (interpretação revolucionária); ao contrário, o juízo de conformidade revela ou estimula uma tendência à conservação (interpretação reacionária).

10. Por tudo o que disse até aqui, deduz-se, parece-me, que Pareto seria arrolado entre os que se costuma chamar de "não cognitivistas" na filosofia moral contemporânea. De fato, sua obra é exemplo tão perfeito de "não cognitivismo" que espanta não ter sido ainda estudada, pelo que sei, também desse ponto de vista, isto é, do ponto de vista da metaética que compreende.

> O não cognitivismo dos valores – escreve F. E. Oppenheim – como teoria metaética pode ser resumido como segue: os princípios éticos fundamentais não têm *status* cognoscitivo; não podem ser *conhecidos* nem como verdadeiros nem como falsos, porque nada afirmam ou negam.[8]

Um dos temas de fundo ligados ao não cognoscitivismo é o do chamado "sofisma naturalista" (*naturalistic fallacy*): por essa expressão entende-se o mau raciocínio denunciado por Hume, pelo qual se considera poder deduzir uma proposição prescritiva de uma proposição descritiva, ou, com a própria linguagem humana, uma proposição de dever ser (*ought-proposition*) de uma

---

[8] F. E. Oppenheim, *Moral Principles in Political Philosophy*, p.24 (trad. it.: *Etica e filosofia política*, p.29).

proposição de ser (*is-proposition*).[9] Parece-me que Pareto, caçador de sofismas como poucos, não expôs em lugar algum o problema nesses termos precisos, mas o tema, embora não explicitado, está presente no *Tratado* do princípio até o fim. Na realidade, Pareto se ocupou pouco das proposições prescritivas, que chama de "preceitos", e delas se ocupou só para destacar as razões de sua força persuasiva. No entanto, um dos princípios onipresentes no *Tratado*, como nas obras precedentes, é o dualismo radical entre proposições das quais se pode afirmar a verdade e a falsidade e proposições que não são nem verdadeiras nem falsas, por serem expressões de sentimento, ou, dito de outra forma, entre proposições que têm função cognoscitiva e proposições que têm função exclusivamente persuasiva ou preceptiva: dualismo que corresponde à *great division* da ética neoempirista entre proposições descritivas e proposições prescritivas. Falo de "dualismo radical" porque, para Pareto (assim como para os neoempiristas), trata-se de dois mundos separados, incomunicáveis, sem passagem de um para outro. Um dos divertimentos de Pareto é flagrar em erro os pseudocientistas que pretendem extrair de suas (pretensas) descobertas científicas receitas para a ação; em outras palavras, presumem deduzir o que deve ser daquilo que é. Por seu turno, adotou como orientação suprema de sua obra de cientista abster-se de qualquer avaliação sobre o que é o bem e o que é o mal, a recusa de se colocar nas vestes de pregador. E isso justamente porque as uniformidades que o cientista descobre são completamente mudas a propósito da pergunta: "O que devo fazer?".

Quis ainda ressaltar este ponto porque o jusnaturalismo é considerado habitualmente um dos exemplos historicamente mais importantes do "sofisma naturalista". De fato, disse-se várias vezes que o erro de fundo do jusnaturalismo consiste em

---

[9] Sobre o tema é importante a obra de G. Carcaterra, *Il problema della fallacia naturalistica*.

considerar que se possa fundar objetivamente um sistema normativo sobre a observação de certas relações constantes entre as coisas (a chamada "natureza das coisas"), ao passo que, na realidade, os próprios naturalistas derivam seu sistema normativo não do que consideram ser a natureza do homem, mas do juízo (de valor) que dão sobre ela (isto é, se essa natureza é boa ou má). Independentemente do fato de Pareto ter reconhecido explicitamente tal sofisma, era inevitável que uma obra como a sua, baseada no dualismo de fatos e valores, viesse a se chocar com uma corrente de pensamento cujo pressuposto teórico (consciente ou inconsciente) era diametralmente oposto e que, de resto, é considerada costumeiramente, na história da filosofia moral e jurídica, a expressão mais autorizada e persistente desse pressuposto antitético.

Os estudos paretianos de Giovanni Busino

Giovanni Busino, benemérito dos estudos paretianos, agora publica dois novos volumes, de tamanho imponente e leitura agradável e instrutiva: *L'Italia di Vilfredo Pareto: economia e società in un carteggio del 1873-1923* e *Epistolario*, na coleção "Studi e ricerche di storia economica italiana dall'età del Risorgimento". O primeiro, além de constituir comentário à coletânea de cartas publicadas no segundo, também pode ser considerado a síntese dos estudos realizados pelo autor em cerca de trinta anos de apaixonada e escrupulosa investigação sobre a vida, a obra, a fortuna do grande economista e sociólogo.

Pode ser útil tentar apresentar um apanhado de todos esses inúmeros estudos, embora seja impossível enumerá-los a todos. De qualquer modo, para dar ideia da continuidade do esforço e da amplidão dos campos explorados, basta recordar aqui o primeiro ensaio, *Introduction à une lecture de la sociologie de Pareto*, que é de 1966, várias vezes sucessivamente reeditado, seguido por

Guida a Pareto [Roteiro para Pareto] e *Gli studi su Vilfredo Pareto oggi: dall'agiografia alla critica* [Os estudos de Vilfredo Pareto hoje: da hagiografia à crítica] *(1923-1973)*. Inúmeras as introduções a obras paretianas republicadas, entre as quais os trinta volumes da Editora Droz em Genebra, de 1974 a 1988, os nove organizados para a Editora Utet, de Turim, a saber, três de *Systèmes socialistes* e de *Scritti politici*, na coleção "Classici della politica", em 1974, dois de *Scritti sociologici*, na coleção "Classici della sociologia", em 1980, quatro da nova edição finalmente crítica do *Tratado de sociologia geral*, em 1988, na mesma coleção. Àquelas introduções deve-se acrescentar a "Introdução" ao *Compendio di sociologia generale*, escrito por Giulio Farina em 1920 e republicado pela Einaudi em 1980. Em geral, tais textos são seguidos por ampla nota biográfica e acompanhados por trechos de cartas; o último, além disso, escrito para o *Tratado*, apresenta também bibliografia de escritos de e sobre Pareto. Outras introduções, não menos documentadas, foram antepostas a coletâneas de cartas, das quais devem ser mencionadas as compreendidas nos dois volumes do *Epistolario (1890-1923)*, editado pela Academia dos Linces em 1973, por ocasião dos cinquenta anos da morte, e as postas como apêndice ao volume *Pareto e l'industria del ferro in Valdarno*, publicado em 1977 na mesma coleção "Studi e ricerche" da Banca Commerciale Italiana, em que saíram os dois volumes de que estamos nos ocupando. Essas cartas vão de 19 de dezembro de 1869 até setembro de 1890: entre elas, são de particular interesse as relativas à atividade desenvolvida pelo jovem engenheiro Pareto na *Società delle Ferriere Italiane*.

Ademais, entre os escritos paretianos de Busino não se devem esquecer os inúmeros ensaios sobre os mais diversos aspectos da vida e da obra do "solitário de Céligny", publicados nas mais variadas revistas italianas e estrangeiras, principalmente em *Cahiers Vilfredo Pareto*, fundada e dirigida pelo próprio Busino em 1963. São ensaios que se referem tanto às fontes do pensamento paretiano quanto ao ambiente em que se formou, em particular o florentino da juventude e o suíço da maturidade, entre Genebra e Lausanne, bem como às relações, nem sempre pacíficas, que nos vários ambientes por ele frequentados manteve com personagens do mundo cultural e político, italiano e internacional. Por fim, aos livros, às introduções e aos ensaios devem ser acrescentadas, para completar o já riquíssimo quadro, as eruditas notas de atualização da cada vez mais abundante literatura paretiana dos anos 1960 até agora, oportunamente recolhidas no volume *Vilfredo Pareto oggi. L'uomo e la società* [Vilfredo Pareto hoje: o homem e a sociedade].

Dos dois volumes agora publicados, o primeiro, como se evidencia desde o título, *L'Italia di Vilfredo Pareto*, e do subtítulo, *Economia e società in un carteggio del 1873-1923* [Economia e sociedade em correspondências de 1873-1923], é uma espécie de comentário à coletânea de cartas publicadas no segundo. Dessas cartas, as primeiras, endereçadas ao casal Ubaldino e Emilia Peruzzi, além das já conhecidas e publicadas em dois volumes, em 1968, por T. Giacalone-Monaco, fazem-nos percorrer mais uma vez as vicissitudes dos anos florentinos, nos quais o jovem engenheiro, diplomado em 1870 na Escola de Engenharia de Turim, participa ativamente do debate político na Itália, interessando-se, com influência direta de John Stuart Mill, pelo problema da representação proporcional e do sufrágio universal. Seguem-se as dirigidas a homens de esquerda, como Felice Cavallotti e Napoleone Colajanni, com quem o futuro indômito conservador mantém relações amigáveis e de recíproca estima, apesar do desacordo de juízos relativos aos acontecimentos econômicos e políticos de nosso país, e as de grande interesse biográfico (a começar de 1891, porque as precedentes já foram publicadas na coletânea citada de 1977) ao amigo conde Francesco Papafava dei Carraresi, "o paretiano mais consequente e coerente"; a Guido Martinelli, diretor de *L'idea liberale*, de que Pareto se torna colaborador; ao publicista socialista Nicola Trevisonno, com quem está em contato a partir de 1909 para a publicação de *Il mito virtuista*. Em meio a mensagens esporádicas a personagens como Teodoro Moneta, Salvatore Cognetti de Martiis, Luigi Einaudi, Léon Walras, Giuseppe Prezzolini, Robert Michels, a correspondência termina com as densas cartas dos últimos anos endereçadas a seu grande admirador, o magistrado Vittore Pansini, preciosas pela sinceridade e crueza, ainda que monótona, quase monomaníaca, dos juízos sobre os acontecimentos do tempo, entre os quais sobressaem o bolchevismo e o fascismo pela importância histórica, que desperta em Pareto a orgulhosa pretensão de ter previsto o futuro com suas análises sociológicas não deformadas por preconceitos e baseadas na investigação experimental que não se equivoca; e preciosas também pelos juízos malévolos, desdenhosos, irritados, sobre todos aqueles que falaram do *Tratado* sem compreendê-lo ou o julgaram sem ter lido.

Em algumas páginas muito vivas, escritas em 1973, o próprio Busino narra como e quando começou a se interessar pelo grande economista e sociólogo, que à primeira leitura o deixara indiferente, e a seguir deu início, estimulado também por alguns de seus professores de Lausanne, àquilo que ele mesmo chama de "aventura" paretiana, mantendo-se distante tanto da cega veneração dos paretófilos, que ergueram a seu númen um templo vedado aos dessacralizadores, quanto da igualmente acrítica paretofobia dos detratores.

A obra de Pareto, autor de quatro livros originais e geniais, *Cours d'économie politique*, de 1896, que deu o primeiro impulso a sua fama, *Systèmes socialistes*, de 1902, *Manual de economia política*, de 1909, e *Tratado de sociologia geral*, de 1916, além de um número imenso de escritos, publicados em jornais e revistas de todo o mundo, compreendendo comentários críticos, muitas vezes venenosos, sobre os fatos do dia, através dos quais desfilam cinquenta anos de notícias de política econômica, financeira e parlamentar na Itália e fora da Itália – de fato, Pareto estava sempre informadíssimo, apesar do isolamento encarniçadamente defendido na vila de Céligny –, pareceu ao então jovem estudioso um campo excepcional de estudo, por um lado, para aprofundar a história das ciências sociais na Itália e na Europa, por outro, para redescobrir tendências da vida intelectual na Itália, frequentemente negligenciadas. No décimo sexto volume das *Obras*, em que recolhe escritos dispersos de seu autor, Busino narra as peripécias ocorridas desde quando, em 1960, preparou um plano para a publicação das obras completas em edição crítica, e comenta os contatos havidos no plano internacional, as promessas não cumpridas, os desafios lançados e não mantidos, os estímulos de alguns eruditos, as desconfianças de grandes editores, a inevitável decisão de republicar os escritos no estado em que se encontravam, com a ajuda de Alain Dufour e da Librairie Droz, "sem ajuda privada e sem subvenção oficial". Apesar de tudo, conseguiu publicar 6.600 páginas em dez anos!

Quanto ao epistolário, legado enorme mas disperso, acumulado em cinquenta anos de relações muito intensas com inúmeros correspondentes, entre os quais economistas, políticos e escritores, admiradores e críticos, Busino a ele retorna frequentemente para narrar suas tormentosas peripécias, que começam já no momento da morte de Pareto, quando os papéis deste foram abandonados à fúria destruidora da viúva Jeanne Régis, que logo se torna, no círculo de amigos e admiradores, objeto de justas recriminações e ferozes maledicências. As primeiras cartas foram publicadas pelos próprios destinatários e por iniciativa dos discípulos. Em 1960, aparecem os três volumes de *Lettere a Maffeo Pantaleoni*, organizados por Gabriele De Rosa; em 1968, os dois volumes de *Lettere ai Peruzzi*, organizados por T. Giacalone-Monaco. Entre os curiosos acontecimentos contados por Busino, está o da descoberta de duas prensas copiadoras, de uma das quais extraiu em 1973 os dois volumes já citados de mais de mil páginas ao todo, que recobrem "os anos mais operosos" de Pareto (1890-1923); da segunda, o volume que estamos apresentando. Pela "Introdução" ficamos sabendo que as cartas até agora publicadas superam 4.200. Uma tabela mostra que os anos com mais cartas encontradas, em número superior a cem, foram os primeiros, 1873, 1874, 1875; em seguida, os anteriores ao exílio suíço, 1896, 1897, 1898; os primeiros anos de ensino em Lausanne, 1896, 1897, 1898; o ano da publicação do *Tratado*, 1917; e, finalmente, 1922, o ano anterior à morte.

A obra de Pareto pode ser considerada de diferentes pontos de vista. Busino dirigiu os próprios estudos principalmente para o Pareto sociólogo, mas não deixou de lado o economista, o crítico dos sistemas socialistas ou o teórico da política. Como mostra o título dos dois volumes, o ponto de vista particular adotado nessa sua nova contribuição à literatura paretiana é a relação da obra de Pareto com as vicissitudes que acompanham a história da Itália desde a Unidade até o fascismo, a política econômica dos primeiros governos depois da Unidade, o surgimento do nacionalismo e a crise do Estado liberal, o advento do fascismo. São vicissitudes que, por seu turno, tiveram influência decisiva sobre a mudança de atitude de Pareto em relação a essa história, desde o comprometimento juvenil na luta liberal-liberista e pacifista (o pacifismo na versão livre-cambista), o desencanto e o desengajamento da idade madura, até o desencanto associado à cada vez mais irada e monótona polêmica temperamentalmente antidemocrática contra o pacifismo wilsoniano e a Sociedade das Nações, contra a desagregação do Estado por obra de sindicatos e partidos, que requer o restabelecimento do princípio de autoridade, contra a plutocracia demagógica, que corre, sem saber, ao encontro da própria ruína. A relação com as vicissitudes se faz acompanhar daquela com alguns personagens representativos dessa história: à esquerda, Felice Cavallotti, Napoleone Colajanni, Filippo Turati, o pacifista Teodoro Moneta; à direita, Prezzolini, Papini e, nos últimos anos, Vincenzo Fani. Um capítulo é dedicado à relação, ao mesmo tempo complexa e ambígua, entre Pareto e o marxismo; outro, à relação rica de reconhecimentos recíprocos e irredutíveis contrastes de Pareto com Croce; outro ainda, à investigação das afinidades de humor, caráter, ideias com Sorel, a quem o liga a mesma paixão antidemocrática, a desconfiança pelas utopias igualitárias e a *puissance de mépris*. Dois aspectos singulares da vida de Pareto, para os quais Busino dirigiu particular atenção, com a achega de documentos inéditos e o relato de fatos curiosos, são as peripécias do ensino de economia política na Universidade de Genebra, por que se interessaram Pantaleoni e Einaudi, e na Universidade de Lausanne, que lhe permitiram lançar luz sobre personagens menores, como Vittore Racca e Pasquale Buoninsegna; e o saboroso episódio, narrado com muitos detalhes, da obtenção de cidadania fiumana graças ao amigo Pantaleoni, amigo e admirador de D'Anunzio, requerida para conseguir o divórcio da primeira mulher, infiel e repudiada, e esposar, antes de morrer, a companheira Jeanne Régis (no atestado de óbito, o grande italiano de nascimento, suíço por adoção, cosmopolita de gosto e cultura, é mencionado como "cidadão fiumano").

Quanto à relação do pensamento de Pareto com a cultura do tempo, a investigação mais original e sugestiva é a que trata da relação entre o grande economista e Freud. Embora fossem desconhecidos um do outro, "um curioso destino os colocou no mesmo espaço teórico" (p.542), isto é, no espaço da crítica à razão, ou melhor, da desconfiança na onipotência da razão, e do uso subsidiário do raciocínio, amplamente discutido por Pareto na teoria das derivações: uma crítica à razão que não deve ser confundida com o irracionalismo, ainda que Pareto dirija mais sua atenção à ação pública, Freud à privada. Também têm em comum a crítica à sociedade de massas e a descoberta do inconsciente coletivo.

Apesar de serem no epistolário bem mais numerosos os correspondentes italianos e predominantes as pesquisas que se referem às relações de Pareto com a história italiana, também são retomadas nessa nova obra muitas das investigações levadas adiante por Busino, e mais amplamente expostas em ensaios precedentes, acerca das relações de Pareto com o ambiente culto suíço: os Naville pai e filho, o jurista e sociólogo Ernest Roguin. Relações nem sempre amigáveis, muitas vezes assinaladas por conflitos pessoais e rixas universitárias. Particularmente interessantes as sondagens sobre eventuais afinidades com dois dos maiores representantes da cultura suíça, Saussure e Piaget.

O último capítulo antes da conclusão está dedicado à fortuna da obra de Pareto, ou melhor, ao infortúnio de sua obra sociológica logo depois da morte, antes da explosão da *Pareto-renaissance*, para a qual a tradução americana de 1937 dará a maior contribuição. A esse tema Busino volta várias vezes nas resenhas bibliográficas que consideram ano a ano a ampla e variada literatura sobre o economista e o sociólogo, cuja fama conheceu altos e baixos mas jamais desapareceu, e hoje já está consolidada como a de um "clássico" (expressão do próprio Busino várias vezes empregada).

Nosso autor se põe a pergunta: "Mas, de fato, quem era Pareto?". Não é fácil dar uma resposta. Certamente, um homem de gênio, destinado, como muitos de seus pares, a romper esquemas consolidados, a elaborar novas categorias para a compreensão da realidade – pense-se na distinção entre ações lógicas e ações não lógicas, naquela, verdadeiro quebra-cabeça para os críticos, entre resíduos e derivações, na outra entre instinto das combinações e instinto da permanência dos agregados –, a suscitar ódios e amores, a alimentar fileiras igualmente numerosas e intransigentes de admiradores e detratores. Ele próprio gostava de se apresentar como homem extravagante, que se fecha sobre si mesmo porque se considera muito acima das pessoas comuns para ser compreendido. Em carta a Pansini, define-se, complacente, como "o urso do Lago Leman". Fato que, afinal, não é de todo verdadeiro: com efeito, soube cultivar durante sua vida longas e fortes amizades, e muitas vezes convidou alguns de seus correspondentes a passar alguns dias em sua vila, na qual sempre estava pronto um quarto para os hóspedes com quem desejava continuar a conversação iniciada por carta. Frequentemente, nos últimos anos (e que anos! Os anos de desordem entre o fim da guerra e o advento do fascismo), seu estado de espírito se dividiu entre a indignação com o modo pelo qual caminham as coisas deste mundo e a satisfação por ter previsto tudo exatamente em sua sociologia, que tende então a considerar como uma espécie de tábua das leis que governam o andamento das sociedades humanas. Em carta a Pansini, chega a dizer-se alegre com o fato de se caminhar rumo à catástrofe, porque assim ficam confirmadas suas previsões. Um de seus bordões mais frequentes é: "Mas como é que os senhores se espantam? Há muito já lhes falei sobre isso". Cada vez mais cético sobre a força das ideias, exclama: "Todos os discursos do mundo não podem mudar um fato". Cada vez mais afastado, ainda que, não pareça contraditório, apaixonadamente. Partira da convicção de que as ciências sociais só fariam progressos reais se adotassem o método lógico-experimental das ciências naturais. No fim da vida, chega a observar, de modo consequente, a agitação, aparentemente sem fim, dos homens com a mesma indiferença com que o entomólogo observa um formigueiro.

A atitude de Busino diante de seu autor está distante tanto de "incensos" quanto de "impropérios". Afinal de contas, não é necessário ser paretiano para se interessar por Pareto. No entanto, não se explicariam as infinitas horas de trabalho dedicadas ao estudo desse personagem se quem as dedicou não estivesse fascinado por ele: horas de trabalho que não saberia dizer se foram mais ou menos numerosas do que as "nove mil" anunciadas por Livingston para a preparação da edição americana do *Tratado*. Essa forte atração se deve, em parte, à convicção de que a mina do *Tratado*, dos escritos esparsos e das infinitas cartas daquele bom observador e mau caráter que foi o urso do lago não foi inteiramente explorada e, explorando-a, pode-se ainda encontrar algumas pedras preciosas. Mas a atração não esconde a cautela crítica, a ponderação de prós e contras, a distinção entre descobertas fecundas e extravagâncias. O próprio Busino define-se a si mesmo como "o mais antiparetiano dos estudiosos de Pareto". Como economista, o autor do *Cours* e do *Manual* já entrou para o panteão da economia moderna: o chamado "ótimo paretiano" é um daqueles princípios que passou a fazer parte habitual do debate contemporâneo sobre as escolhas racionais. Como sociólogo, teve menor fortuna: seu lugar entre os pais fundadores da sociologia moderna não está à altura do ocupado por Durkheim e por Weber, ainda que, graças a Parsons, sua fama tenha pulado de volta dos Estados Unidos para a Europa, e ainda que, como acrescento, surpreso que se tenha falado tão pouco disso, seja justamente no início do *Tratado* que elabora a distinção entre ações lógicas e não lógicas, a qual constitui o ponto de partida de toda a sua concepção do sistema social e o coloca, com pleno direito, entre os mais coerentes adeptos daquele modo de se aproximar do estudo da sociedade humana que esteve tão em voga nestes últimos tempos e é conhecido como "individualismo metodológico".

A pergunta sobre a atualidade de um autor é sempre ambígua, porque a resposta depende do que cada um de nós considera ser vital, relevante, digno de avaliação positiva no tempo em que vive. Se se considera a atualidade caracterizada pela crise catastrófica dos regimes socialistas, o autor da mais ampla e meticulosa resenha histórica e crítica dos *systèmes socialistes* deveria ser mais atual do que nunca. Não é casual que tenha sido exumada recentemente, traduzida pela primeira vez em italiano, a obra de von Mises, *Socialismo*, que, embora em plano mais teórico e menos histórico, contém uma das mais radicais críticas da economia coletivista em defesa do livre mercado. Na realidade, um clássico é, por definição, em sentido menos restritivo, sempre atual, porque toda época redescobre-o e repensa-o a seu modo. Desse ponto de vista, a melhor prova da atualidade de Pareto é o sério e original estudo, publicado enquanto escrevia este comentário, de Francesco Aqueci, *Discorso, ragionamento, azione in Pareto: un modello della comunicazione sociale non ideologica* [Discurso, reflexão, ação em Pareto: um modelo da comunicação social não ideológica], que destaca um aspecto até agora não estudado da obra paretiana, a linguística, e detém-se nas afinidades entre o universo científico de Pareto e o de Piaget. Mais do que sobre a atualidade, Busino chama muitas vezes nossa atenção, por um lado, em termos de contribuição crítica, sobre a lição de "lúcido realismo" que o livre-pensador nos deixou em tantas páginas de crítica a preconceitos, mitos, ideologias, que deformam e obscurecem o reto juízo e obstruem a via mestra (que só poucos sábios impotentes podem percorrer) do discurso racional; por outro, em termos de resultados teóricos, sobre certas afinidades entre o arcabouço sistemático da obra paretiana e as várias formas do estruturalismo contemporâneo, tema acerca do qual nos convida a novas reflexões num de seus últimos escritos sobre o "inquietante" personagem e que ainda está aberto a futuras reflexões.

7.
Mosca e a ciência política

No "Prefácio" à segunda edição de *Elementos da ciência política*, escrito em 1922, Gaetano Mosca fazia votos de que sua obra fosse "por outros continuada e aperfeiçoada" e fossem "pouco a pouco preenchidas todas as grandes lacunas" que ele havia deixado.[1] A obra à qual aludia e à qual acreditava ter trazido contribuição não perecível era a construção de nova ciência: a ciência política. Quarenta anos depois de sua morte, uma visão panorâmica sobre as ciências sociais dos vários países mostraria que a confiança no futuro da nova ciência não fora por ele mal depositada. A ciência política, emigrada por algumas décadas nos

---

1 *Elementi di scienza politica*, p.3. A primeira parte dos *Elementos* foi publicada pela primeira vez em 1896 e republicada, com o acréscimo de uma segunda parte, em volume único, em 1923, pela editora Bocca; a editora Laterza publicou as duas partes em dois volumes separados em 1939, depois em 1947 e 1953. Cito desta última edição. Pela mesma editora se publicou em 1956, organizada por N. Bobbio, uma edição reduzida, com o título *La classe politica*, na coleção "Universale Laterza", n.43.

Estados Unidos, onde Mosca ocupa lugar de honra,[2] há uma década está de volta à Europa. Três obras de autores não desconhecidos, aparecidas ao mesmo tempo, há cerca de dez anos, na França, sobre o método da ciência política,[3] são o testemunho mais eloquente de um retorno que o próprio Mosca talvez não esperasse assim tão convincente.[4] Nestes últimos anos ocorreram, na Europa, com ritmo acelerado, seminários, mesas-redondas, congressos de ciência política. E até na Itália, onde os tradicionais adversários da ciência política, os juristas e os historiadores, são mais aguerridos, o interesse pela ciência política despertou rapidamente a ponto de induzir a universidade, que habitualmente chega em último lugar, a acolhê-la, embora ainda timidamente, em seu seio.

Para um escritor como Gaetano Mosca, a quem se prestou a duvidosa honra de alinhamento entre os "maquiavélicos",[5] o juízo que dava de Maquiavel não era certamente dos mais benevolentes. O secretário florentino, exaltado ora como criador da ciência política, ora como mestre da arte política, não tinha, segundo Mosca, nem construído a primeira nem elaborado a

---

2 Basta aqui recordar a meritória monografia sobre Mosca de J. H. Meisel, *The Myth of Ruling Class. Gaetano Mosca and the Elite*, Ann Harbor, 1958. Cf., também, a antologia organizada por Meisel, *Pareto and Mosca*, Prentice Hall, 1965, que recolhe vários ensaios, especialmente de autores americanos, sobre os dois escritores italianos; e o artigo "Mosca transatlantico", *Cahiers Vilfredo Pareto*, p.108-17. Antes do livro de Meisel fora publicado nos Estados Unidos o importante ensaio de H. Stuart Hughes, Gaetano Mosca and the Political Lessons of History, p.146-67.

3 G. Burdeau, *Méthode de la science politique*; M. Duverger, *Méthodes de la science politique*; J. Meynaud, *Introduction à la science politique*. Cf. G. Sartori, La ripresa della scienza politica in Francia, *Rivista internazionale di scienze sociali*, p.461-9.

4 Sobre o desenvolvimento da disciplina na França, veja-se o número da *Revue de l'enseignement supérieur*, dedicado à "Ciência Política", com artigos de J.-J. Chevalier, M. Duverger, G. Burdeau, F. Goguel, G. Vedel, J. Touchard, G. Lavau etc.

5 Refiro-me ao conhecido livro de J. Burnham, *The Machiavellians*, traduzido em italiano com o título *I difensori della libertà*.

segunda. Quanto à ciência política, limitara-se a traçar algumas linhas do edifício, mas não conseguira sequer lançar seus fundamentos por causa da limitação das leituras históricas, que naquela época não iam além da história de gregos e romanos, e, por consequência, do limitado campo de observação de que havia extraído comparações e princípios. Quanto à invenção de uma arte política, jamais antes revelada, Mosca, censurando a Maquiavel o fato de ter se formado mais pela leitura dos livros do que pelo conhecimento direto dos homens,[6] considerava que muitas daquelas máximas, celebradas ou vituperadas por sua sagacidade, revelavam, ao contrário, pouca experiência ou, precisamente, desarmada ingenuidade. E, uma vez que os defeitos que condenamos mais facilmente nos outros são os que não temos ou acreditamos não ter, penso ser bom método, para começar um discurso sobre Mosca e a ciência política, buscar em suas obras o que ele não encontrara nas obras de Maquiavel.

A ciência política, para Mosca, era o fruto amadurecido na árvore, que se tornara no século XIX cada vez mais viçosa, das ciências históricas e, portanto, o desenvolvimento do conhecimento histórico era o pressuposto necessário da fundação de uma sólida ciência política, cujo objetivo consistia em indagar tendências e leis constantes dos ordenamentos sociais. Enquanto o estudo da história teve por limite a civilização grega e romana, assim como o desenvolvimento dos grandes Estados europeus, o campo de observação ficou por demais restrito para que uma ciência política pudesse se formar: as intuições isoladas de grandes escritores não foram suficientes para dar vida a um campo orgânico de observações, princípios, leis, do qual se pudesse legitimamente extrair a conclusão de que uma ciência

---

6 Il Principe di Machiavelli quattro secoli dopo la morte del suo autore (1927), p.673-721. Com este título, que é o título de um dos últimos ensaios mosquianos, publicou-se, por ocasião do centenário de nascimento, um volume que compreende várias obras de Mosca, do qual extraio as citações.

política já havia nascido. Só no fim do século XIX, graças ao extraordinário desenvolvimento do conhecimento histórico, o estudioso das tendências constantes na formação e dissolução dos Estados tinha finalmente à disposição um material imenso, ignorado pelos grandes precursores, como Aristóteles e Maquiavel. Para Mosca, portanto, o primeiro e fundamental cânon metodológico da ciência política era muito simples: recolher o maior número possível de fatos das mais diversas civilizações.[7] Naturalmente, quem seguisse com mais zelo a escola dos historiadores conseguiria respeitar melhor tal cânon. Ele mesmo narra, no prefácio à *Teoria dos governos*, escrita, como se sabe, aos 25 anos, que, dotado de excelente memória, desde moço se dera à leitura de livros de história:

> deste modo, quando entrei na adolescência – conclui –, sem, para dizer a verdade, compreendê-los muito ou poder deles extrair algum resultado, possuía um capital de conhecimentos históricos bastante amplo e, o que é melhor, bem exatamente retido: e este capital me foi de suma valia em todos os meus estudos.[8]

---

7 Para bem aplicar o método histórico, ele diz, "condição indispensável é conhecer a história ampla e exatamente, o que não estava nas possibilidades de Aristóteles, Maquiavel ou Montesquieu nem de qualquer outro escritor que tenha vivido só há mais de um século. As grandes sínteses só podem ser tentadas depois de se ter uma coleção imensa de fatos estudados e verificados com critério científico" (*Elementi di scienza politica*, I, p.65). Em outro ponto, diz que, para se livrar de preconceitos nocivos à formação de uma ciência objetiva, deve-se "ter estudado muitos fatos sociais" e "conhecer muito, e bem, a história não de um período ou de um povo, mas possivelmente da humanidade" (*Elementi*, I, p.73).

8 *Teorica dei governi e governo parlamentare* (1884), p.5. A primeira edição foi publicada em 1884, com o título *Sulla teorica dei governi e sul governo parlamentare*. Muitos anos mais tarde, em 1925, saiu a segunda, de que faço as citações. Nova edição foi publicada (1968) pela Editora Giuffrè, com apresentação de R. De Mattei.

História e ciência política, portanto, estavam tão associadas na mente de Mosca que na obra mais madura, *Elementos de ciência política* (1896), pondo-se pela primeira e única vez com certa amplitude o problema do método, explicou que à ciência política se adequava o método histórico: "Seja qual for a eficácia prática da ciência política no futuro, é indiscutível que os progressos dessa disciplina foram todos baseados no estudo dos fatos sociais e que esses fatos só podem ser buscados na história das diferentes nações".[9] Para compreender o que Mosca, avesso a sutilezas filosóficas, queria dizer com a expressão "método histórico", não se deve atribuir-lhe, como se costuma fazer, significados muito ocultos: empregar o método histórico significava, muito simplesmente, construir a ciência política com base na observação dos fatos e não deduzi-la de princípios apriorístas. O método histórico na ciência política era, nem mais nem menos, o correspondente do método experimental nas ciências naturais. Assim como o método experimental havia libertado o estudo da natureza da teologia da natureza e da metafísica da natureza, também o método histórico estava fadado a libertar o estudo da sociedade daqueles sistemas que talvez se apresentassem como doutrinas científicas da sociedade e do Estado, mas, na realidade, eram só "uma justificação mais ou menos filosófica, teológica ou racional de certos tipos de organização política".[10] A obra construtiva de Mosca se faz acompanhar continuamente de eficaz trabalho de demolição das velhas e novas doutrinas políticas que são edificadas não no sólido terreno dos fatos, mas naquele mais maleável de desejos, paixões e interesses. A ciência política tem a tarefa não de justificar este ou aquele Estado existente, mas explicar como os Estados surgem, organizam-se e decaem.

A aproximação entre o método da ciência política e o das ciências naturais, que lhe foi recriminada, ainda que afavelmente,

---

9 *Elementi*, I, p.64.
10 Ibid., p.15.

também por Croce,[11] e no rastro de Croce por quase todos os que, na Itália, ocuparam-se e preocuparam-se com ele, só teve o significado, em Mosca, de orientar a ciência da sociedade para o rigor de procedimentos, o amplo emprego de observação e abstração, a separação entre juízos de fato e juízos de valor, que constituíram as razões de sucesso e progresso das ciências da natureza. E nessa orientação, confesso, não vejo nada censurável ou escandaloso. É preciso fazer uma distinção que muitas vezes se deixa de lado: uma coisa é o uso por parte da ciência social do maior rigor investigativo que as ciências naturais mais adultas empregavam fecundamente havia alguns séculos; outra é a utilização, para explicar fenômenos do mundo social, dos resultados obtidos pelas ciências naturais em seu próprio domínio, como, por exemplo, a tentativa de explicar o surgimento das sociedades humanas com a lei darwiniana da luta pela existência. Só no segundo caso se pode falar com razão, como algo a ser condenado, de concepção naturalista da sociedade. Mas desse modo de entender a aproximação das ciências sociais às ciências naturais Mosca se esquivou sempre com a consciência mais madura. Por exemplo, considerava que o motivo principal das sociedades humanas não era a luta natural pela existência, mas a humana luta pela preeminência,[12] e não poupou críticas à teoria evolucionista e às várias tentativas de torná-la critério explicativo também da formação das sociedades. Também rechaçou os modos mais comuns de explicar com causas naturais a diferenciação das várias sociedades, seja a teoria que fazia decorrer tal diferença do clima, seja a outra que a fazia derivar da raça.

Se merecesse censura, seria a que os historicistas intransigentes, e pouco pacientes, sempre dirigiram às ciências sociais,

---

11 Na resenha à segunda edição de *Elementos*, publicada em *Critica*, p.374-8, depois republicada como premissa à quarta edição. Quem capta claramente o significado sociológico da obra de Mosca é P. Rossi, no artigo "Liberalismo e regime parlamentare in Gaetano Mosca", p.621-3.
12 *Elementi*, I, p.47.

da sociologia à ciência política, de considerar os fatos humanos objeto de juízos não individuais, mas gerais. Certamente, a ciência política tinha por objetivo, segundo Mosca, não narrar os fatos individuais, o que cabia à historiografia, mas extrair da observação dos fatos, oferecidos pela historiografia, tendências ou leis gerais. Toda vez que declara os objetivos da ciência política, usa expressões desse tipo: examinar as leis que regulam a organização da sociedade humana,[13] estudar as tendências que regulam o ordenamento dos poderes políticos;[14] conhecimento exato das leis que regulam a natureza social do homem,[15] averiguar as leis reguladoras do ordenamento político das várias sociedades humanas.[16] Mas o propósito de estudar o mundo humano, retirando dos fatos individuais tendências gerais, pode ainda ser seriamente contestado diante do desenvolvimento atual das ciências generalizadoras da sociedade? A negação por parte dos historicistas extremados da legitimidade das ciências generalizadoras dos fatos humanos deriva de não considerar que todo fenômeno, tomado no conjunto dos elementos que o compõem, é individual (mas isso ocorre no mundo tanto da natureza quanto da sociedade), enquanto os elementos em que pode ser composto e decomposto se encontram, ainda que em diferente medida e diferente composição, em outros fatos históricos, e é com base na repetição desses elementos, e não na unicidade do fato individual, que opera a generalização (o que ocorre no mundo da sociedade e no da natureza).[17] Deve-se acrescentar que, quando Mosca falava de observação, falava corretamente do que hoje se diria observação guiada ou controlada, ao advertir que a observação, por si só, não bastava, mas eram necessárias

---

13 Ibid., p.9.
14 Ibid., p.10.
15 *Elementi*, II, p.195.
16 Studi ausiliari del Diritto costituzionale (1886), p.594.
17 Esta observação foi feita por M. Duverger, *Méthodes de la science politique*, p.424-5.

observações feitas com cuidado especial, métodos apropriados, e coordenadas por hipóteses.[18]

Ainda que pouco conhecedor, como se repetiu, de epistemologia, Mosca, quando enfrentava, e o fazia raramente, questões de método, dizia coisas sensatas e percebia perfeitamente as maiores dificuldades que as ciências sociais encontravam em relação às ciências naturais para chegar a formular leis ou só propor generalizações seguras. Já na *Teoria dos governos*, apresentava três razões de inferioridade das ciências sociais diante das naturais: consistiam na menor quantidade de observações que requerem essas últimas em comparação com as primeiras, nos maiores obstáculos que o sociólogo deve superar para obter materiais de estudo e na ação mais forte exercida sobre a mente do pesquisador pelos preconceitos, crenças, paixões – diríamos hoje na maior interferência dos juízos de valor.[19] E nos *Elementos* reiterava, ainda que de passagem, que as ciências sociais se encontravam em posição de desvantagem em relação às ciências da natureza, por um lado, pela maior complexidade do material de observação, por outro, pela maior dificuldade de alcançar a objetividade necessária para conduzir com bons resultados as observações.[20] Só via como remédio, para eliminar o primeiro inconveniente, a coleta muito abundante de fatos, que já mencionamos; para atenuar o segundo, só o apelo à honestidade do estudioso, "à serenidade que constituía o dote principal de todo estudioso de ciências sociais",[21] dote que nenhuma metodologia, até a mais nutrida de sabedoria gnosiológica, pode ensinar a quem não o tem.

---

18 *Elementi*, I, p.11-4.
19 *Teorica*, p.12-4.
20 *Elementi*, I, p.63-4.
21 "La sociologia del partito politico nella democrazia moderna" (1912), p.35. Leia-se, a esse propósito, o final do Prefácio à segunda edição de *Elementos*, datado de dezembro de 1922, p.3.

A objeção a que deu maior destaque, porque considerava talvez ter respondido a ela do modo mais conveniente e convincente, era a relativa à escassa confiabilidade dos materiais históricos. Pode-se falar de ciência, de resultados cientificamente comprovados, tendo em vista uma disciplina, como a história, na qual se chocam as interpretações mais diferentes do mesmo acontecimento? Com que segurança se pode extrair conclusões "de fatos que são sempre muito duvidosos e imperfeitamente conhecidos"?[22] A resposta de Mosca se baseava na distinção de duas ordens de fatos históricos ou, mesmo, de dois tipos de história: a história dos indivíduos e a história das instituições. A falta de credibilidade era defeito muito maior na primeira do que na segunda. Tão imperscrutável é a mente do homem, e daí a multiplicidade das interpretações desta ou daquela ação dos personagens históricos, quanto abertas à observação e ao estudo comparativo são as produções do gênero humano, como as instituições, os ordenamentos, as organizações sociais.

Pode-se razoavelmente duvidar de que o faraó Ramsés II venceu os hititas, mas é indiscutível que os egípcios em seu tempo alcançaram alto grau de cultura material e que a base de sua organização política era o absolutismo de um soberano intérprete da vontade de Amon e dos outros deuses tutelares do povo egípcio.[23]

---

22 *Elementi*, I, p.68.
23 "Ciò che la storia potrebbe insegnare" (1936), p.10. Sobre esse ponto, cf. *Elementi*, I, p.68-71. Em *Elementi*, II, p.183, a questão está exposta sinteticamente nestes termos: "a investigação histórica dá sempre resultados mais ou menos incertos quando pretende julgar as grandes personalidades do passado, enquanto suas deduções e conclusões são muito menos incertas quando evoca e esclarece as instituições, as ideias, as obras das grandes civilizações passadas". Para análoga formulação da mesma tese, cf. *Storia delle dottrine politiche*, p.11-2; *Pensieri postumi*, p.735.

O escopo que Mosca se propunha com essa distinção estava bastante claro: das duas histórias, a que fornecia material de estudo à ciência política era a segunda, a única digna de crédito; que estivessem sujeitos a contínua contestação, por exemplo, os resultados das biografias não devia preocupar excessivamente o estudioso de ciências sociais, a quem importava a história das instituições. Menos clara era a solução proposta. Mosca não nos diz o que estava por trás da distinção entre história dos indivíduos e história das instituições: e os vários exemplos que aduz são mais capazes de suscitar dúvidas do que dissolvê-las. Acredito que ele tivesse em mente a diferença entre história em escala reduzida e história em grande escala, entre micro-história, não sei se se poderia dizer assim, e macro-história, e quisesse sugerir a ideia de que só a segunda ofereceria materiais suficientes para a revelação de tendências gerais ou leis, cuja descoberta era, exatamente, tarefa da ciência política. Feita essa distinção, seria talvez legítimo concluir que a ciência social, se não na história dos indivíduos, podia obter na história das instituições a mesma certeza de previsão das ciências naturais? Mosca foi sempre muito prudente também na resposta a essa pergunta. Costumava distinguir entre previsão negativa e positiva: ou seja, considerava que no máximo se podia prever, "algumas vezes", o que não aconteceria nunca, porque contrário à natureza social do homem; mas, quanto à previsão do que aconteceria, as "mil combinações diferentes" nas quais se apresentavam os fatos sociais tornavam facilmente incompleta e muitas vezes falaz toda e qualquer profecia.[24]

Respondendo às mais frequentes objeções que se dirigiam e continuam a se dirigir às ciências sociais, Mosca queria demonstrar unicamente sua possibilidade. Estava bem longe de acreditar que os resultados até então obtidos fossem satisfatórios. Não escondia que a ciência política estava ainda no estágio infantil.

---

24 Stato liberale e stato sindacale (1925), p.309.

Em 1895, escrevia: "Não cremos que sequer agora a ciência política tenha entrado inteiramente no verdadeiro período científico".[25] E com isso queria dizer, antes de mais nada, que ela não havia ainda chegado a verdades compartilhadas por todos os especialistas; em segundo lugar, que não havia ainda elaborado um método de investigação seguro e universalmente aceito.

Talvez não tenha sido tão cauteloso em prognosticar o futuro: tem-se a impressão de que atribuía à ciência política desenvolvimentos mais rápidos e sucessos mais seguros do que aqueles que, afinal, na realidade ocorreram. O caminho da ciência política foi lento. As dificuldades que os estudiosos encontraram em seu caminho foram superiores às que Mosca certamente previra: a coleta de fatos, que se lhe afigurava mais do que suficiente para tentar enunciar algumas tendências e leis constantes, hoje pareceria tão exígua e minguada que faria dele merecedor da mesma recriminação que dirigiu a Aristóteles e a Maquiavel. Sabe-se que a ciência política teve, nos últimos cinquenta anos, sobretudo nos países anglo-saxões, uma fome insaciável de fatos, para cuja coleta foram testadas técnicas novas, como a análise de conteúdo, as pesquisas, as entrevistas, a experimentação, que eram ignoradas por Mosca. Mas, à medida que os fatos se acumulavam nas mesas dos pesquisadores, as hipóteses tornavam-se cada vez mais tímidas, a comparação cada vez mais difícil, a enunciação de leis cada vez mais circunspecta. Só nestes últimos anos, a teoria começa a se tornar mais audaciosa, até porque se percebe que é inútil continuar a recolher dados se depois não se sabe o que fazer deles. Mas os campos em que se tenta investir o capital acumulado são cada vez mais restritos, e

---

25 *Elementi*, I, p.14. Em outro lugar: "sou forçado a lhes confessar que o Direito Constitucional, como quase todas as ciências sociais, estando ainda em vias de formação, só pode oferecer poucas daquelas verdades provadas e indiscutíveis que tão frequentemente se encontram nas ciências naturais e matemáticas e que tão proveitosas são em todas as situações e em todos os momentos da vida humana" (Studi ausiliari del Diritto costituzionale, p.604).

os resultados são anunciados como problemáticos e provisórios; quanto à proposição de leis gerais, quem se arrisca a tanto é considerado quase como jogador desleal que tenta surpreender seus companheiros de jogo simulando cartas que não tem.[26]

E, no entanto, a teoria principal que Mosca formulou, e a cuja fortuna está ligada sua fama, a teoria da classe política, não só até agora não foi desmentida, mas é ainda hoje um dos pilares da ciência política, quase opinião comum, em relação à qual o ônus da prova cabe aos que a rejeitam, não aos que a aceitam.[27] O problema central em torno do qual se desenvolvem as investigações de ciência política é o problema do poder. Entre as definições mais críveis da ciência política, está a que a define como estudo da formação e organização do poder; Mosca expressou-se mais ou menos do mesmo modo, ao dizer que a ciência política tem por objeto "as tendências que regulam o ordenamento dos poderes políticos".[28] Aliás, creio que a identificação do problema do poder como objeto principal da ciência política pode ter sido facilitada pela descoberta de que, em toda sociedade, existe uma classe particularmente voltada para o exercício dessa função. E mesmo prescindindo desse nexo, é certo que o estudo do poder compreende o estudo das pessoas que o exercem e, portanto, o estudo da formação, da organização, das diversas características

---

26 Como se sabe, a maior tentativa de dar corpo a uma teoria geral da política é a que se refere à chamada *System-Theory*, de David Easton, cuja obra mais representativa até agora é *A System's Analysis of Political Life*, 1965.

27 Para os Estados Unidos da América, cf. um dos mais conhecidos e respeitados *political scientists* americanos, H. D. Lasswell, no manual escrito em colaboração com A. Kaplan, *Power and Society. A Framework for Political Inquiry*, Yale University Press, 1950 (3.ed., 1957), em particular p.201 et seq. Para a França, G. Burdeau, La classe politique, p.207-21. Para a Inglaterra, T. B. Bottomore, *Elites and Society*, traduzido em italiano com o título *Elite e società*. Ao tema das elites se dedicou uma das sessões do Congresso Internacional de Sociologia realizado em Stresa, em setembro de 1959, e publicada no volume *Le élites politiche*. Para maiores detalhes sobre o tema, cf. o ensaio seguinte.

28 *Elementi*, I, p.10.

de uma classe política. Em recente introdução à ciência política de um estudioso francês, lê-se na conclusão: "Um dos maiores temas da análise política e, tudo somado, talvez o mais significativo, é determinar quem governa realmente uma dada sociedade".[29]

Onde Mosca pecava por certa indulgência com sua criatura e, também o reconheçamos, cedia à confiança inteiramente positivista nos efeitos benéficos do saber científico era na questão que então se chamava de "função prática" das ciências sociais. À pergunta que repetidamente se pôs: "Para que serve a ciência política?", a resposta era habitualmente pródiga de reconhecimentos. Do exame das páginas esparsas em que se discute o problema, pode-se dizer que, para Mosca, a ciência política tinha principalmente duas tarefas, uma negativa, outra positiva: a primeira consistia em desembaraçar o campo das doutrinas errôneas sobre a sociedade e o Estado, que eram, simultaneamente, corruptoras e sediciosas,[30] opondo, conforme expressão tirada do repertório positivista, "a todo um sistema metafísico" "todo um sistema positivo",[31] a segunda, em formular doutrinas cientí-

---

29 J. Meynaud, *Introduction à la science politique*, p.344-5.
30 No escrito já citado, "Studi ausiliari del Diritto costituzionale", assim conclui: "[...] em nossa ciência, o professor pode acrescentar ao trabalho positivo o negativo, eliminando da mente dos senhores todas aquelas concepções aprioristas e anticientíficas que porventura possam atravancá-la, bem como dar-lhes boa orientação e bom método de estudo e lhes preparar sadio e seguro critério para compreender e julgar os fatos sociais, que sob seus olhos irão se desenvolvendo, e, quando necessário, saber influir sobre eles" (in *Ciò che la storia*, p.604). Numa das primeiras páginas da *Teorica dei governi*, expõe deste modo o motivo que o levou ao estudo das ciências políticas: "Então, não me custou muito compreender como as ideias políticas de quase todas as pessoas com as quais lidava fossem superficiais ou equivocadas e como também os vários sistemas políticos, que em torno de mim se ensinavam e se proclamavam, fossem em grande parte fundamentalmente errados, porque se inspiravam em certas suposições tão estranhas quanto gratuitas e quase nunca correspondentes à realidade dos fatos" (p.6).
31 *Elementi*, I, p.472.

ficas, vale dizer, baseadas em fatos, com o fito de guiar a maioria governada a requerer, e a minoria governante a conceder, só reformas razoáveis.

Os dragões devoradores de homens, contra os quais se erguera, finalmente, como libertador, o estudioso de ciência política, eram a democracia e o socialismo, e mais frequentemente, sob forma que reunia os dois monstros para melhor enfrentá-los, a democracia social. Em relação ao socialismo, a atitude de Mosca foi tenaz e duramente hostil: reconhecia a validade da crítica, baseada na constatação da disparidade na distribuição das riquezas, mas considerava utópicos os remédios propostos, na medida em que visavam a uma justiça absoluta que, com os homens assim como são, "egoístas e duros de coração", só se efetivaria com a tirania mais cruel.[32] Em relação à democracia, se bem que o próprio Mosca em conhecida profissão de fé se tivesse declarado antidemocrata, mas não antiliberal,[33] deve-se precisar que a democracia contra a qual dirigiu constantemente seus ataques era a teoria pseudocientífica, hoje diríamos a ideologia, segundo a qual são melhores as sociedades políticas em que a maioria governa: do ponto de vista da ciência política, a pergunta se a democracia assim compreendida fosse o regime melhor ou pior não tinha nenhum sentido, pela boa razão de que um governo da maioria jamais existiu e jamais existirá. Se, ao contrário, se entendia "democracia" no único sentido que, segundo Mosca, estava de acordo com os fatos, isto é, como a tendência que visa à gradual ou total renovação da classe dirigente, ele, pelo menos na fase mais madura de seu pensamento,[34] foi

---

32 *Elementi*, I, p.416-68; II, p.160-75. Cf., também, A proposito di una recente pubblicazione di sociologia criminale (1890), p.615-7; Inchiesta sul socialismo (1902), p.649-56; L'utopia di Tommaso Moro ed il pensiero comunista moderno (1928), p.657-69.
33 Aristocrazia e democrazia (1904), p.335.
34 Destacou bem a evolução do pensamento de Mosca rumo a uma aceitação cada vez maior do método democrático A. Passerin d'Entrèves, na

favorável ao desenvolvimento, e não à repressão, dessa tendência, embora a quisesse mitigada pelo princípio aristocrático da hereditariedade e realizada com a máxima circunspecção. (Como se sabe, ele criticou a ampliação do sufrágio introduzida pela lei eleitoral de 1882[35] e tomou nítida posição, como deputado, contra a nova e mais larga ampliação proposta pela lei eleitoral de 1912.[36])

> Que a teoria abstrata da democracia seja equivocada – afirmou – não significa que a prática das democracias seja em tudo e por tudo condenável. Efetivamente, a democracia substituiu um método de escolha da classe política por outro método de escolha: e não se pode dizer que a substituição tenha sido ruim, especialmente quando o novo critério não é aplicado de modo demasiadamente exclusivo e uniforme e é moderado por outros. Devemos à democracia, pelo menos em parte, o regime de debates em que vivemos; devemos-lhe as principais liberdades modernas: de pensamento, imprensa, associação. Ora, o regime de livre discussão é o único que permite à classe política renovar-se, que a refreia, que a elimina quase completamente quando não corresponde mais aos interesses do país.[37]

Mosca era politicamente conservador: via os males da sociedade, mas considerava que a natureza moral dos homens não podia ser substancialmente modificada, sendo, portanto, vãs todas as reformas inspiradas no pressuposto de que os homens podiam se tornar melhores do que sempre foram. Para ele, esta era uma verdade científica, uma das verdades de fato para a qual

---

conferência, lida em 7 de novembro de 1959, na Universidade de Turim, intitulada "Gaetano Mosca e la libertà", p.579-93.
35 *Teorica*, p.272-3.
36 *Sulla riforma elettorale politica. Discorso pronunciato alla Camera dei Deputati nella tornata del 7 maggio 1912*, p.353-67.
37 *Aristocrazia e democrazia*, p.334-5.

o cientista da política devia ter os olhos bem abertos. Como consequência, o socialismo era mau remédio, e a democracia remédio útil, mas a ser usado com moderação. A ciência política, libertando a mente dos homens de erros funestos, abriria o caminho para a única política digna de classes políticas sábias e iluminadas; em uma palavra, para uma política científica.[38]

A ciência política, como vimos, também tinha uma tarefa positiva: esta consistia, exatamente, na contribuição que só ela podia dar à elaboração de uma política científica. A expressão "política científica" encontra-se no segundo volume de *Elementos*,[39] que representa a fase mais madura de seu pensamento. Mas desde a obra juvenil Mosca considerava com horror o diletantismo dos politiqueiros,[40] que abria um abismo entre ciência e política; e um de seus ideais constantes foi dar a própria contribuição para superá-lo. Por "política científica" entendia uma política feita por homens de governo que inspirassem suas decisões em métodos e resultados das ciências sociais, em particular da ciência política. E, uma vez que a ciência ensinava a cautela nos procedimentos, a circunspecção nos pressupostos, a desconfiança dos resultados definitivos, política científica era sinônimo de política moderada, amante das reformas, certamente, mas graduais, inimiga acérrima das mudanças muito

---

38 "Ora, no mundo em que vivemos, o socialismo só será detido se a ciência política positiva conseguir, nas disciplinas sociais, esmagar inteiramente os atuais métodos aprioristas e otimistas, isto é, se a descoberta e a demonstração das grandes leis constantes, que se manifestam em todas as sociedades humanas, puser a nu a impossibilidade de realizar a concepção democrática" (*Elementi*, I, p.472).

39 "Já mencionamos ser nossa opinião que o século XIX e as primeiras décadas do presente século já elaboraram, graças ao avanço das investigações históricas e das ciências sociais descritivas, tal quantidade de dados, fatos controlados e material científico, que se torna possível à geração presente e às imediatamente sucessivas o que foi impossível às passadas, isto é, a criação de uma verdadeira política científica" (*Elementi*, II, p.196).

40 A polêmica contra o diletantismo nas ciências sociais é tema recorrente na *Teorica dei governi*, p.12, 114, 230.

bruscas e precipitadas. Não que pensasse estar próxima a fase da política científica, mas, obstinadamente, não se cansou de pregar seu advento. Estava convencido de que, só quando a ciência política exercesse maior influxo nas coisas do governo, as nações estariam mais protegidas de abalos violentos, que de tempos em tempos sacodem seu ordenamento. A tarefa positiva da ciência política era, numa palavra, impedir, prevenindo-as, as revoluções e, em geral, os cataclismos sociais.[41] Se um nosso velho escritor

---

41 Já num dos primeiros escritos, "Le costituzioni moderne" (1887), escrevia, contra os estudiosos que continuavam a repetir fórmulas mortas sem vivificá-las em contato com a experiência, que, se estes prevalecerem, encerrados em seu mundo doutrinário, "esperaremos, arautos redivivos, bizantinos do século XIX, que a sociedade nos ultrapasse, que ela explicite cada vez mais suas novas forças e que importantíssimas mudanças se efetivem, sem que a ciência política tenha sabido minimamente dirigi-las e moderá-las" (p.496). Dedicou ao problema uma seção do v.II de *Elementi*, intitulado "Se i progressi della scienza politica potranno in avvenire evitare le grandi crisi sociali?" [Os avanços da ciência política poderão no futuro evitar as grandes crises sociais?] (p.188-97), em que se lê, entre outras coisas: "Acreditamos que, no passado, mais de uma das crises mencionadas tenha sido às vezes consideravelmente retardada pelo simples empirismo político, desde que não desencaminhado por falsas doutrinas e iluminado pelo lampejo do gênio. E nos parece evidente que obra muito mais eficaz se poderá desenvolver graças ao conhecimento exato das leis que regulam a natureza social do homem; o qual conhecimento pelo menos ensinaria a distinguir o que pode acontecer e o que não pode e nunca poderá acontecer, evitando assim que muitas intenções generosas e muitas doses de boa vontade se percam de modo improfícuo, e mesmo danoso, ao tentar alcançar graus de perfeição social que são inalcançáveis, bem como, além disso, tornaria possível aplicar à vida política o mesmo método que a mente humana põe em prática quando quer dominar as outras forças naturais" (*Elementi*, II, p.195-6). Cf., também, *Elementi*, II, p.241. No artigo "Il programma dei liberali in materia di politica ecclesiastica" (1887), depois de defender energicamente a liberdade da ciência, diz: "Ora, só neste século, a ciência verdadeira, que não é de nenhum partido, nenhuma seita, nenhuma igreja, graças aos indiscutíveis serviços prestados à sociedade, conseguiu impor-se como força social em si mesma e fazer parte do conjunto de influências políticas que constituem a coesão do Estado" (*Partiti e sindacati*, p.86). Com um pouco menos de otimismo, no artigo "Un nuovo sistema di sociologia" (1888), escreve: "A verdadeira

político celebrara a "filosofia da revolução", Mosca perseguiu por toda a vida a miragem de uma ciência da antirrevolução. Num de seus "Pensamentos póstumos", expressou deste modo suas esperanças:

> finalmente, o século XX e talvez também o XXI poderão fazer progredir de tal forma as ciências sociais que se encontrará o modo de transformar lentamente uma sociedade sem que ela decaia e evitando as crises violentas que frequentemente acompanham a decadência.[42]

Que a filosofia ou a ciência governem o mundo é velho sonho de filósofos e cientistas. Thomas Hobbes, que se jactava de ter sido o primeiro a reduzir a política a ciência rigorosa, considerava dever dos governantes "mandar redigir bons tratados de ciência política e ordenar seu ensino em todas as universidades do Estado".[43] E que, afinal, o mundo governado por filósofos e cientistas seja melhor do que aquele em que até agora nos coube viver é velha convicção geralmente compartilhada, não sabemos dizer se infelizmente, só por filósofos e cientistas, e de que até agora não nos foi dada prova segura, quando menos porque um Estado governado por cientistas ou por filósofos jamais existiu. Mas a Mosca não escapava em absoluto uma das razões dessa lacuna: verdades científicas são muito menos fascinantes do que mitos, ideologias, pseudoverdades, e não sabem suscitar nas massas o entusiasmo, o consenso caloroso, de que os políticos necessitam para governar.[44]

---

ciência, parece-me, a única que pode nos fazer esperar gradual redução da influência que a fortuna, a charlatanice e a fraude tiveram e têm no jogo da vida; mas diminuir não equivale a eliminar, e a própria diminuição só pode ser obtida de modo lento e gradual" (p.644-5).

42 Pensieri postumi, p.733.
43 *De cive*, XIII, § 9.
44 *Elementi*, II, p.197.

Difícil compreender como é que Mosca, com suas ideias, bem enraizadas e prazerosamente repetidas, sobre a vulgaridade da massa, a mediocridade da classe política, a relação política como relação entre enganadores e enganados, podia verdadeiramente crer no advento de uma política científica, baseada, como devia ser, na razoabilidade dos desejos, por parte dos governados, e na precisão dos remédios, por parte dos governantes. Se a natureza moral do homem era sempre igual e se, com tal natureza, a política sempre se beneficiara de fórmulas enganosas, como se podia razoavelmente ter esperança no advento da era científica? E, de resto, o próprio Mosca, falando das fórmulas políticas, isto é, dos princípios extracientíficos com que os governantes justificam o próprio poder, não havia admitido que eram cientificamente falsas, mas politicamente necessárias? As várias fórmulas políticas, admitia, não são "imposturas vulgares inventadas deliberadamente para arrancar a obediência das massas", mas "correspondem à verdadeira necessidade da natureza social do homem".[45] Ele teve clara consciência da distinção, na qual Pareto se deteve demoradamente no *Tratado de sociologia*, entre o valor científico de uma doutrina, ou seja, sua correspondência com os fatos, e o valor ideológico, ou seja, sua capacidade de estimular a ação dos homens.

> É certo – escreveu – que todas as doutrinas religiosas e políticas, que mudaram a história do mundo e foram fatores poderosos de coesão ou desagregação social, que contribuíram para o progresso ou a decadência de tantos organismos sociais, não se basearam na verdade científica. A causa real de seu triunfo ou sua rápida difusão deve ser antes buscada na capacidade que tiveram de satisfazer certas tendências intelectuais e morais das massas.[46]

---

45 *Elementi*, I, p.110.
46 Inchiesta sul socialismo, p.653.

E então? Se a natureza moral do homem dificilmente podia ser modificada e se, com tal natureza, o homem se deixava persuadir antes pelas ideologias do que pelas doutrinas científicas, como se podia esperar, ainda que em longo prazo, o advento de uma política baseada na ciência em lugar da ideologia, uma vez que o político deveria sempre se haver com a natureza humana? A pergunta é embaraçosa. No entanto, creio que uma resposta pode ser encontrada na visão que Mosca tinha do andamento histórico, do movimento e da transformação das classes sociais, que via ou acreditava ver desenvolver-se sob seus olhos. Já na *Teoria dos governos* observara que a classe política tinha sido até então recrutada predominantemente entre os ricos. Com juvenil impaciência, previa que o progresso histórico caminharia no sentido de dar cada vez mais lugar à capacidade e ao mérito, isto é, à inteligência e à instrução;[47] portanto, queria que o prestígio da inteligência pouco a pouco substituísse o privilégio da riqueza.[48] Posto o problema político em termos de classe dirigente, compreende-se que as transformações políticas deviam ser examinadas em função da transformação da classe dirigente.[49] Um dos males da sociedade italiana era a pouca consideração que nos organismos políticos se dava ao saber não diletante. Uma vez, na Câmara dos Deputados, tendo provocado alguns comentários

---

47 "A instrução superior será a base da formação de toda a classe política. O conceito certamente é ainda vago e indeterminado, porque as circunstâncias ainda não o tornaram maduro, mas não duvidamos de que tenha por si o futuro. Até dizemos mais, que esta é uma das mudanças sociais que na sociedade europeia estão amadurecendo há mais tempo e que a primeira nação que souber efetivá-la, pressagiando por assim dizer o momento histórico e tirando vantagem do presságio, terá no século vindouro a hegemonia moral do mundo" (*Teorica*, p.219; cf., também, p.292-3).

48 A propósito da organização do exército, no qual queria ver banido o privilégio da riqueza, comentava: "As classes altas vão estrilar, especialmente nos países em que não estão acostumadas a estudar, pior para elas! Que sejam forçadas a estudar e a trabalhar, é o que queremos" (*Teorica*, p.232).

49 Nesse sentido, veja-se a conclusão de *Teorica dei governi*, p.300.

entre os presentes por causa de uma citação de Maquiavel, exclamou com amargura: "Vejo que os professores nesta Câmara não são muito bem cotados".[50] Entre as duas forças antagônicas de ricos e pobres, via adquirir nova importância na sociedade de seu tempo uma terceira força, a da classe intelectual, a qual "só se afirma e faz sentir a própria influência em estágio avançadíssimo de civilização".[51] Qual tarefa se atribuía, na renovação da sociedade, a essa classe "materialmente frágil na aparência, porque não possui dinheiro ou número", mas na realidade "fortíssima, porque suporta intelectualmente todo o edifício social"? Na resposta a essa pergunta Mosca expressa uma ideia que há pouco deteve nossa atenção. A tarefa atribuída à classe intelectual era

> evitar os choques violentos e as revoluções repentinas, bem como efetuar com forte substância os lentos e graduais melhoramentos do organismo social, que são até agora quase os únicos que souberam durar e normalmente não se resolvem na orgia de um dia, em efêmeras aparências ou em bolhas de sabão.[52]

Mas não era esta, também, a tarefa da ciência política? Exatamente porque a tarefa da classe intelectual e a tarefa da ciência política coincidiam, explica-se o aparente conflito entre a constatada prevalência, na história, das fórmulas anticientíficas e a

---

[50] Sulla riforma elettorale politica. Discorso pronunciato alla Camera dei Deputati nella tornata del 19 luglio 1919, p.374. Sobre a situação de pouco prestígio da classe intelectual na Itália, cf. Le costituzioni moderne, p.529. No ensaio "Di due possibili modificazioni del sistema parlamentare in Italia" (1898), também considerava, entre as fragilidades do regime parlamentar na Itália, "o pouco prestígio e a limitadíssima importância política de que desfruta o elemento mais intelectual e mais culto, quando a cultura não está associada a nenhum outro coeficiente de influência social" (p.341).
[51] Le costituzioni moderne, p.453-4.
[52] Le costituzioni moderne, p.536. A reforma do Senado, que tem em vista nessa passagem, inspirava-se exatamente no princípio de dar espaço mais amplo à aristocracia intelectual (cf. p.538-43).

confiança no futuro da política científica. A política científica seria o efeito natural de uma transformação social, em decorrência da qual a classe dirigente se renovaria, enriquecendo-se de indivíduos menos inclinados aos mitos políticos, mais dispostos a seguir a disciplina da razão. Classe política nova, política nova. Se nos for lícito um comentário, os políticos realistas também têm seus ideais; os cientistas, suas utopias. De resto, num dos "Pensamentos póstumos", nosso autor deixa escapar o pressentimento de ser um precursor.[53]

Gaetano Mosca, como dissemos no início, recriminava a Maquiavel não só a limitação dos conhecimentos históricos, mas também um conhecimento dos homens extraído mais dos livros do que da realidade. A recriminação nascia do fato de que ele pusera sempre na base de sua investigação científica, além da leitura dos livros de história, o conhecimento direto dos homens. No prefácio de *Teoria dos governos*, escreveu ter tido como colaboradores todos os autores de livros que lera e todas as pessoas com quem conversara; e assim explicava informalmente seu método, como hoje se diria, de observação direta, que concedia amplo espaço às entrevistas, ainda que sem questionários e sem fichas perfuradas:

> tudo o que acontecia em torno de mim servia para meus estudos; se bem que geralmente esta grande verdade não seja conhecida, é certíssimo que um homem, o qual, mesmo distraído por outras preocupações, mantenha a constância de examinar sempre atentamente um lado de todas as coisas que lhe acontecem, recolhe sobre este lado uma série de observações interessantíssimas e termina por vê-lo melhor do que os outros. Foi o que fiz, e, estudante entre meus companheiros e meus professores, soldado na caserna, conversando com todo tipo de gente, homens da chamada boa sociedade, funcionários, magistrados, oficiais, deputados, operários,

---

[53] Pensieri postumi, p.736.

camponeses, viajando, divertindo-me, fazendo minhas coisas, sempre tive em mira constantemente um ponto. Sempre examinei, no caso de toda pessoa a quem escutei, que importância, que papel tinha na vida pública; e com igual cuidado recolhi e anotei toda opinião que ouvi sobre temas políticos, fosse a de meu sapateiro, fosse a de sua excelência, o ministro.[54]

Lendo seus livros, compreende-se que os retratos do ministro ambicioso, do deputado negocista, do burocrata intrometido foram pintados a partir de observação real. As críticas ao sistema parlamentar, que lhe deram fama, são mais o fruto de um olhar sem véus sobre os atores do drama ou da farsa do que de elucubrações jurídicas. Nunca se esquecia de ver por trás das instituições os homens que as movimentavam. O sistema parlamentar ia bem na Inglaterra. Por que não funcionava na Itália? A culpa não era das instituições, mas dos homens. A polêmica contra o socialismo está animada pela aversão aos demagogos; contra as seitas religiosas e as igrejas, pelo ódio aos fanáticos. Nos "Pensamentos póstumos", um dos temas dominantes é a análise da mentira, que impede a compreensão e a confiança entre os homens.[55] O personagem negativo de sua história é o embusteiro, o hipócrita, aquele que promete o que não pode manter. Gostaria de que alguém escrevesse um tratado sobre a arte de enganar,[56] para desmascarar os velhacos. Num fragmento dita até uma regra do bom conhecedor de homens:

> Se quisermos estudar o caráter de um homem, deve-se observar atentamente o olhar e o sorriso, sobretudo o sorriso, que, quando é áspero e mordaz, revela quase sempre um caráter baixo

---

54 *Teorica*, p.7.
55 Pensieri postumi, sobretudo p.725-30.
56 Pensieri postumi, p.729.

ou, no mínimo, o predomínio de sentimentos pouco elevados, como o ódio e a inveja.[57]

Como acontece em geral ao severo esquadrinhador da alma humana, no juízo que dava sobre os homens havia mais sombra do que luz, mas não havia uma concepção desolada ou impiedosa do homem, como, por exemplo, a de Pareto. Via no homem uma mistura de bem e mal,[58] com uma tendência, para quem contemplava a história em seu conjunto, de predominância do mal sobre o bem. O homem também manifestava, certamente, instintos generosos e altruístas, mas o historiador de profissão faria melhor buscando, por trás dos motivos altruístas proclamados, os egoístas menos declarados, mas talvez mais reais. No fundo, os personagens principais na cena da história eram, na classe dirigente, os exaltados e os charlatães; na massa, os fanáticos e os sequazes. "Se todos os homens fossem normais e equilibrados, a história do mundo seria muito diferente e, convém até confessar, muito monótona".[59] O homem moderado e razoável, que não tem exagerado conceito de si, não está destinado a realizar grandes coisas. A mais amarga e desolada mensagem está contida no trecho que conclui o capítulo sobre as igrejas:

> Na verdade, o sentimento, que nasce espontâneo de uma rápida e despreconceituosa síntese da história dos povos, é a compaixão pelas qualidades contraditórias da pobre raça humana: tão rica de abnegação, tão pronta, às vezes, ao sacrifício individual, e na qual, ao mesmo tempo, toda tentativa mais ou menos bem-sucedida e, às vezes, inteiramente malsucedida de alcançar um melhoramento moral e, portanto, material está associada ao desencadeamento dos ódios, dos rancores e das piores paixões.[60]

---

57 Ibid.
58 *Elementi*, I, p.261.
59 Ibid., p.246.
60 Ibid., p.289-90.

Observe-se: não era desconhecida do homem a ânsia real do bem. Mas o bem, o limitado bem que emergia de um mar de horrores, estava sempre misturado ao mal. Até quando? Mosca tinha alguns traços característicos do conservador: além do realismo político, do sentido da história como mestra de vida, do pessimismo antropológico, de que falamos, havia nele uma desconfiança quase radical no progresso moral da humanidade e na fatalidade do progresso civil. Um de seus bordões preferidos era: "Desde que o mundo é mundo [...]". Precisamente: desde que o mundo é mundo, as coisas foram por um lado ruim. Existiam sinais de mudança? Até havia pouco, os homens se degolaram

> por causa da interpretação de um dogma ou um trecho da Bíblia; continuam a se degolar hoje para inaugurar o reino da liberdade, igualdade e fraternidade; e provavelmente se degolarão, perseguirão, martirizarão atrozmente amanhã, quando, em nome da democracia social, se quiser fazer desaparecer do mundo todo traço de violência e injustiça.[61]

Uma das conclusões que considerava extremamente pródiga de aplicações, entre as muitas que acreditava ter demonstrado, era a incapacidade de qualquer doutrina filosófica ou religiosa para mudar radical e duravelmente a natureza humana.[62] Rechaçava como ingênua e insensata a doutrina de que a violência não podia nada contra a verdade e a liberdade, que a verdade terminava sempre por triunfar contra a perseguição e que a liberdade fosse remédio por si mesma. Dessa doutrina dizia que faria rir de nós os pósteros.[63] Embora não tenha passado longo período de história, já somos bastante pósteros para não poder rir de sua previsão.

---

61 Ibid., p.290.
62 Ibid., p.356.
63 Ibid., p.279; p.381, n.2.

Era uma visão dramática da história, não tenebrosa. Mesmo nos períodos mais obscuros, havia uma luz, mais ou menos bruxuleante, até mesmo um brilho, uma cintilação, que atravessava as trevas: a "pequena aristocracia moral e intelectual", que, como disse com espírito comovido em 1923, no fim de sua obra maior, "impede a humanidade de apodrecer no lodo de egoísmos e apetites materiais", e à qual se deve o fato de que "muitas nações saíram da barbárie e nela não reincidiram de todo".[64] Para esse "nobre castelo", um pouco afastado da história excessivamente tumultuosa, em que as paixões humanas se extinguem e resta o amor do discurso grave e justo, ele olhou, durante todo o curso de seus estudos, como à morada em que se espera encontrar refúgio e repouso. E nele entrou dignamente no dia em que, no Senado, recusando-se a aprovar o projeto de lei fascista sobre as prerrogativas do chefe de Governo (19 de dezembro de 1925), foi o único, como ele disse, a fazer o elogio fúnebre do governo parlamentar, que nos anos de juventude combatera duramente.[65] E se refletirmos no que aconteceu nos vinte anos que se seguiram, deveremos reconhecer que a confiança nas aristocracias morais e intelectuais, que impedem as nações de reincidir na barbárie, não foi o sonho de um visionário, mas a sábia previsão do estudioso, como ele queria ser, de uma ciência baseada nos fatos.

---

64 *Elementi*, II, p.241.
65 Publicado em *Partiti e sindacati*, p.277-85.

8.
Mosca e a teoria da classe política

1. A fama de Gaetano Mosca se deve à teoria da classe política. Fama muito longe do ocaso, a julgar pela atenção que, depois de nosso Delle Piane (1952), dedicou-lhe um estudioso americano, James H. Meisel, em obra já recordada no ensaio precedente (1958), e recentemente um estudioso francês, Francis Vecchini, em livro sobre o pensamento político de Mosca e sua fortuna na Itália;[1] pela recorrente e persistente referência a esse aspecto particular da teoria de Mosca em obras gerais sobre a história do pensamento contemporâneo, como *Consciousness and Society* (1958), de H. Stuart Hughes; pela recuperação que da "descoberta" mosquiana se fez em obras de ciência política que tiveram amplo sucesso até na Itália, como *A elite do poder* (1956), de C. Wright Mills, e *Classes e conflito de classes na sociedade industrial* (1959), de R. Dahrendorf; finalmente, pelo renovado

---

[1] *La pensée politique de Gaetano Mosca et ses différentes adaptations au cours du XXe. siècle en Italie.*

interesse, nestes últimos anos, de estudiosos italianos da jovem geração por esse tipo de problema.[2]

À teoria da classe política Mosca permaneceu fiel por toda a vida: enunciou-a na primeira obra de fôlego escrita aos 26 anos, *Sobre a teoria dos governos e sobre o governo parlamentar* (1884),[3] deu--lhe elaboração mais completa na obra da maturidade, *Elementos de ciência política* (1896); corrigiu-a e complementou-a na "Parte Segunda", acrescentada a *Elementos* na segunda edição (1923);[4] dela expôs rápida e eficaz síntese na última obra conclusiva, a *História das doutrinas políticas* (1937).[5] Em face de Pareto, que enunciara a teoria das elites, em primeiro lugar, num artigo de 1900 e, depois, em *Systèmes socialistes*, Mosca defendeu com ressentida obstinação a prioridade da própria descoberta.[6] Mas,

---

[2] Destaco de modo particular C. Marletti, Classi ed élites politiche, p.143-96; e E. A. Albertoni, *La teoria della classe politica nella crisi del parlamentarismo*. Cf., também, C. Mongardini, Mosca, Pareto e Taine, p.175-86; e M. Fotia, Classe politica, liberalismo e democrazia in G. Mosca, p.5-68.

[3] Cito a segunda edição dessa obra, *Teorica dei governi e governo parlamentare* (daqui por diante, *Teorica* [*Teoria*]).

[4] Cito a quinta edição em dois volumes (daqui por diante, *Elementi* [Elementos]). Sobre a classe política, sobretudo I, p.78-155; II, p.1-15, 95-146.

[5] Essa obra é a reedição revista e corrigida de *Lezioni di storia delle istituzioni e delle dottrine politiche* (daqui por diante citada como *Storia* [História]). Cf. M. Delle Piane, *Bibliografia di Gaetano Mosca*, Siena, Circolo giuridico dell'Università, n.72 e 77. Sobre a classe política, p.339-53.

[6] Não retomaremos mais uma vez a famosa controvérsia entre Mosca e Pareto sobre a primazia contestada pelo segundo e a acusação de plágio lançada pelo primeiro. Remeto à exaustiva exposição e ao equilibrado juízo contido na obra de Meisel, p.170-83; e às observações de T. Giacalone-Monaco, *Pareto e Sorel*, I, p.24-7. Quando muito, pode-se acrescentar que desde a publicação de *Lettere a Maffeo Pantaleoni* ficou evidente que Pareto não suportava Mosca nem o tinha em grande conta, antes ainda que este desse início à "pequena polêmica" e lamentasse publicamente, na prolusão de 1902, "Il principio aristocratico e il democratico", "o estranho esquecimento" do "ilustríssimo professor da Universidade de Lausanne" (agora em *Partiti e sindacati nella crisi del regime parlamentare*, p.11). Em carta de 23 de julho de 1900, Pareto escreve a Pantaleoni: "Como você é ingênuo acreditando que um artigo possa ser benéfico! Mosca terá suas razões para falar mal da

apesar da longa meditação sobre o mesmo tema e as sucessivas revisões, Mosca jamais deu exposição sistemática dessa sua doutrina, articulada nas diferentes partes, ordenada segundo os vários elementos, apresentada de todos os pontos de vista. Tratou dela várias vezes e em diferentes ocasiões; não distinguiu, a não ser de modo fugaz e incompleto, os vários problemas em que o tema podia ser ordenadamente investigado, contentando-se com algumas classificações mais elementares. Só da última vez que falou do assunto, distinguiu claramente duas classes de problemas, os relativos à *formação* e os relativos à *organização* da classe política.[7] Mas não sentiu a necessidade de reunir os membros dispersos de suas observações numa teoria orgânica.

Por essa razão, uma explosão da teoria mosquiana deve começar por uma sistematização do material. Até para evitar interpretações muito simplistas ou muito maliciosas, considerei útil ordenar este material segundo uma sucessão de temas que pode servir para dar ao leitor uma ideia imediata e bastante precisa tanto da complexidade da investigação, ou seja, dos diferentes planos em que se move, quanto das lacunas, ou seja, do estado de esboço em que nos foi deixada pelo autor. Os aspectos da classe política que me proponho explanar, utilizando trechos extraídos livremente das diversas obras, são os seguintes: 1) composição e formação; 2) extensão; 3) renovação e substituição; 4) organização e modos de exercício do poder. Não preciso advertir que a separação entre um tema e outro nem sempre é clara, mas o leitor não deixará de observá-lo por si mesmo.

2. Proponho inicialmente algumas observações sobre terminologia. Desde a primeira obra, Mosca escolheu, para designar o fenômeno que lhe interessava, o termo "classe política". Na *Teoria*, depois de descrever o fenômeno da minoria governante,

---

matemática, provavelmente porque não a conhece. Se escreve sobre *política*, é uma bolha cheia de ar" (*Lettere a Maffeo Pantaleoni*, p.324).

7 Cf., sobretudo, o capítulo conclusivo de *Storia*, p.339 et seq.

conclui: "Daqui por diante chamaremos esta classe especial de classe política".[8] Por mais que o termo "elite", usado por Pareto, tenha terminado por prevalecer, com a consequência de que a expressão "teoria das elites" ("teoria elitista" ou, diretamente, "elitismo") é empregada em sentido tão amplo que também compreende a teoria mosquiana da classe política, o termo "classe política", como observou corretamente o próprio Mosca na "Parte segunda" dos *Elementos*, oferece a vantagem, em relação ao termo "elite", de não implicar juízo positivo sobre a qualidade dos que pertencem a essa classe.[9] Na linguagem comum, elite é um termo valorativo; como tal, pouco adaptado à linguagem científica, em que se deve preferir termos neutros, como, exatamente, "classe política". A expressão "classe política" é hoje usada na linguagem comum e historiográfica (de linguagem da ciência política, na Itália, ainda não se pode falar, não existindo tradição de estudos nesse campo), não tanto no sentido de grupo minoritário organizado quanto no de conjunto dos que exercem habitualmente a atividade política e, portanto, relativo menos ao fenômeno, particularmente destacado pela teoria das elites, das minorias governantes, do que àquele, não menos importante e digno de estudo, do caráter profissional ou quase profissional da atividade política nos modernos Estados representativos.

Pode ser considerado primeiro sinal do estado um tanto bruto em que Mosca deixou sua teoria, apesar de tê-la retomado

---

8 *Teorica*, p.19.
9 Tendo dito que a classe política contém os elementos mais capazes de governar, "o que não significa que são os elementos mais elevados intelectualmente e, sobretudo, moralmente", Mosca comentava em nota: "É por esta razão que nos parece inexata a expressão 'elite' empregada por Pareto para indicar o que nós, há muitos anos, denominamos *classe política*" (*Elementi*, II, p.177). O problema do significado valorativo do termo "elite" foi retomado várias vezes na discussão ocorrida no IV Congresso Mundial de Sociologia (setembro de 1959), recolhida no volume *Le élites politiche*, sobretudo nas intervenções de Catlin, Lavau, Sartori.

muitas vezes, o fato de que, mesmo tendo adotado, desde o início, a expressão "classe política", usou muitas vezes e de bom grado expressões sinônimas sem se preocupar muito em precisar seus contornos. Em *Teoria*, encontra-se: "classe dominadora ou classe política" (p.36); em *Elementos*, "classe dirigente ou classe política" (I, p.79, 84). Frequentemente, o uso sem alternativa de "classe dirigente" (*Teoria*, p.42; *Elementos*, I, p.80, 94). Em outros pontos, encontra-se "classes superiores" (*Elementos*, I, p.49, 153); "classe governante" (*Elementos*, I, p.94, 153); "classe dos governantes" (*Elementos*, I, p.78); "minoria organizada" (*Teoria*, p.34; *Elementos*, I, p.80); "minoria governante" (*Elementos*, I, p.83). Logo nos ocorre pensar que um conceito ao qual se adaptam indiferentemente tantos e variados nomes ainda não alcançou alto grau de rigor. Mas o uso de outras expressões além de "classe política" explica-se o mais das vezes com a necessidade em que se via Mosca de usar duas expressões contrárias para designar a distinção fundamental de toda sociedade entre governantes e governados: enquanto, partindo de "classe política", não se saberia como designar a classe diferente da política, as outras expressões elencadas permitiam designar a outra classe como "classe dominada, dirigida, inferior, governada, dos governados" ou, então, "maioria desorganizada, governada".

3. O primeiro tema que chamei de composição da classe política compreende o estudo das qualidades que possuem ou devem possuir os membros de dado grupo social para fazer parte (ou aspirar a fazer parte) da classe política. Estudando esse tema, responde-se às perguntas: existem qualidades que caracterizam os componentes da classe política? e quais são?

Mosca responde afirmativamente à primeira pergunta:

> As minorias governantes ordinariamente são constituídas de maneira que os indivíduos que as compõem se distinguem da massa dos governados por certas qualidades, que lhes dão certa superioridade material e intelectual ou até moral [...]; em outras

palavras, eles devem ter alguns requisitos, verdadeiros ou aparentes, que são fortemente apreciados e muito se fazem valer na sociedade em que vivem.[10]

Essas qualidades não são sempre as mesmas; podem mudar segundo as épocas históricas. Por conseguinte, pode-se distinguir diversos tipos de classes políticas com base nas diversas qualidades que caracterizam seus componentes. Respondendo à segunda pergunta, Mosca distingue, seja em *Teoria*, seja em *Elementos*,[11] três qualidades que permitem, em diversa medida, nas diversas sociedades, o acesso à classe política: o valor guerreiro, a riqueza, o sacerdócio, e daí derivam três formas de aristocracia – aristocracia militar, aristocracia do dinheiro e aristocracia sacerdotal. Em posição menos proeminente, entre as qualidades características de uma classe política, ele coloca a posse de cultura; ou melhor, admite-a com duas reservas: 1) pode se tornar força política importante "só em estágio muito avançado de civilização"; 2) o que tem valor político "não é tanto a ciência em si mesma quanto as aplicações práticas que dela podem ser extraídas em benefício do público".[12] O que, por outro lado, não impede Mosca, quando se despia da roupa de cientista para vestir as de político ou moralista, de imaginar uma sociedade em que a cultura predominaria sobre as demais qualidades na composição da classe política, até o limite ideal de uma política científica, que não podia evidentemente ser elaborada a não

---

10 *Elementi*, I, p.83. Em *Teorica*: "Qualquer indivíduo que faz parte da classe política deve ter, ou, em alguns casos, presume-se que tenha, um mérito ou uma qualidade a que, na sociedade em que vive, a generalidade dos homens associa grande importância e que nem todos possuem" (p.26).
11 *Teorica*, p.26-30; *Elementi*, I, p.83-94.
12 *Elementi*, I, p.92-3. Em *Teorica*, talvez mais ingenuamente, considerou também entre "os elementos de recrutamento" da classe política o mérito pessoal, para cuja constituição intervinham "os variados conhecimentos especiais" que tornam um indivíduo "mais ou menos adaptado aos vários ofícios da vida pública de um país" (p.32).

ser por uma classe de políticos cientistas em estreita ligação com os cientistas da política.[13]

Pode-se pertencer a uma classe política não só pelas qualidades possuídas, mas também por nascimento ou por herança, pelo fato de nascer em família na qual tais qualidades foram possuídas por um antepassado. Aliás, onde se formaram castas hereditárias, observa Mosca, o nascimento é o único critério que determina a entrada na classe e a exclusão desta.[14] Aqui o problema da composição se associa ao da formação e transformação da classe política. Por ora, basta colocar a pergunta sobre qual é a relação entre o pertencimento a uma classe política por nascimento e a posse das qualidades ditas superiores. Mosca exclui a teoria mais extrema que vê aí uma conexão tão estreita a ponto de considerar que quem nasce na classe dominante possui, só por isso, qualidades superiores (cita a esse propósito, para recusá-las, as teorias de Gobineau e Gumplowicz), mas admite que os membros de uma aristocracia possuem em maior medida certas qualidades especiais próprias das classes dominantes, ainda que estas lhes tenham chegado não através do sangue, mas por obra da educação voltada para desenvolver certos dotes intelectuais e morais de preferência a outros.

4. Parece que Mosca jamais deu grande importância ao problema da extensão da classe política. Limitou-se a repetir que a classe política formava uma minoria em relação a uma maioria, mas sobre a extensão dessa minoria não foi nem podia ir além de frases genéricas, como quando falou "das poucas dúzias de pessoas que têm nas mãos os mecanismos da máquina estatal".[15] Não considerou que existe minoria e minoria: mesmo num

---

13 Sobre esse ideal de Mosca, cf. o ensaio precedente, "Mosca e a ciência política".
14 O problema é tratado em *Teorica*, p.30-2; em *Elementi*, I, p.94-100.
15 *Elementi*, II, p.111. Em outro ponto: "De resto, a formação de um grupo de pessoas que, segundo os casos, pode compreender duas ou três dezenas ou mesmo uma centena de indivíduos [...] é fato que ocorre em todas as

Estado democrático a classe política é minoria, mas é minoria mais numerosa do que a própria de um Estado autoritário. E deve-se perguntar se não nos encontramos diante de um caso em que diferença de quantidade implica também diferença de qualidade. A extensão da minoria nos regimes democráticos decorre de vários fatores: 1) a existência de várias classes políticas em concorrência entre si, com a consequência de que, junto a uma elite atual, há sempre uma elite potencial ou de reserva; 2) a multiplicação dos órgãos do poder central (além do conselho da Coroa, o parlamento, duas Câmaras em vez de uma etc.); 3) a criação de órgãos colegiados do governo local junto aos do governo central.

O que atraiu a atenção de Mosca na fase mais madura de pensamento foi outro fenômeno: à medida que a formação estatal se ampliou territorialmente na passagem do pequeno Estado-cidade da Antiguidade para o grande Estado romano, ou fortaleceu sua estrutura organizativa na passagem do Estado feudal para o Estado burocrático moderno, "as poucas dúzias de pessoas" já não bastavam para conquistar e conservar a dominação. Mosca foi levado por essa observação a ampliar o próprio olhar para a classe auxiliar da classe política, para o que chamou de segundo mais numeroso estrato da classe dirigente, ou classe média,[16] e definiu com uma metáfora como "a espinha dorsal de todas as grandes organizações políticas".[17] Nos regimes autocráticos primitivos, esse segundo estrato é quase sempre formado por sacerdotes e guerreiros; nos regimes autocráticos organizados, é constituído pela burocracia (daí a identificação entre autocracia aperfeiçoada e autocracia burocratizada); nos regimes representativos, identifica-se, ou melhor, deveria se identificar

---

autocracias, ou melhor, em todas as formas de regime político" (*Elementi*, II, p.108).
16 *Elementi*, II, p.110 et seq.
17 *Elementi*, II, p.122.

(nesse ponto Mosca passa da observação científica à proposta política) com o corpo eleitoral.

Esse reconhecimento da existência de um segundo estrato da classe dirigente deveria levar Mosca a fazer uma reformulação mais precisa do conceito de classe política em sentido estrito e a fornecer alguns esclarecimentos em torno das relações entre o primeiro e o segundo estrato. Surge a pergunta: a descoberta do segundo estrato, compreendendo em sua mais ampla acepção toda a classe média, não termina por alterar o sentido genuíno da teoria das minorias governantes? Não me parece que Mosca tenha se preocupado com essa dificuldade. Ao contrário, na única parte em que se detém na natureza das relações entre o primeiro e o segundo estrato,[18] dá-nos a impressão, com base nos exemplos aduzidos, de que a classe política em sentido estrito, para ceder lugar ao segundo estrato, tenha se reduzido a ponto de coincidir com o chefe único supremo (imperadores romanos, Jorge III da Inglaterra, Augusto, Luís XV etc.), e que, por consequência, o segundo estrato também compreenda o primeiro ou, pelo menos, mal se distinga dele.

5. Toda classe política vive no tempo, com duração mais ou menos longa. Os procedimentos normais através dos quais se perpetua e se renova (pode-se perpetuar sem se renovar, perpetuar-se renovando, renovar-se pura e simplesmente) são a herança, a eleição e a cooptação.

Mosca detém-se com particular atenção no primeiro. Observa duas tendências: por um lado, todas as classes políticas têm a tendência a se tornar de fato, se não de direito, hereditárias, tanto que, quando se afirma certo Estado de direito, este foi certamente precedido por um Estado de fato;[19] por outro, existem sempre forças novas que tendem a substituir

---

18 *Elementi*, II, p.147-52.
19 *Elementi*, I, p.96. Em particular, o artigo "Il principio aristocratico e il democratico" (1902), agora em *Partiti e sindacati*, cit., p.21.

as velhas. Segundo prevaleça a primeira ou a segunda tendência, tem-se o fechamento e a cristalização da classe política ou sua mais ou menos rápida renovação.[20] No segundo volume dos *Elementos*, chama a primeira tendência aristocrática, a segunda democrática,[21] e se demora em examinar méritos e vantagens de ambas. Contrário tanto à tendência aristocrática pura (perpetuação sem renovação) e à democrático-revolucionária (renovação sem perpetuação), que de resto são casos-limite, Mosca expressou repetidamente sua simpatia por aquele tipo de sociedade em que se forma certo equilíbrio entre as duas tendências, reconhecendo, por um lado, a necessidade de que a classe dirigente tivesse certa estabilidade e não fosse "a cada geração sensivelmente renovada",[22] e, por outro, a utilidade da penetração de elementos provenientes das classes inferiores, desde que não acontecesse de forma muito rápida e em medida muito ampla.[23] Das duas tendências fundamentais, Mosca mostrou claramente considerar que a mais importante, pelo menos para explicar o curso histórico, era a primeira, sendo a segunda seu útil corretivo.

Em nenhum lugar ele fala expressa e difusamente de cooptação;[24] mas depreende-se do conjunto de suas ideias que a considerava o método normal (e socialmente mais útil) para a renovação das classes dirigentes. Várias vezes volta ao tema da continuidade e da decadência das classes dirigentes;[25] uma das causas da decadência da aristocracia é o gradual isolamento das outras classes e sua transformação gradativa em casta fechada; daí um

---

20 *Elementi*, I, p.102.
21 *Elementi*, II, p.97.
22 *Elementi*, II, p.139.
23 *Elementi*, II, p.140.
24 Mas se encontram em suas obras expressões desse tipo: "[...] a primeira formação do núcleo dirigente de uma nova doutrina política ou religiosa ocorre por cooptação espontânea" (*Elementi*, I, p.270).
25 *Elementi*, I, p.101 et seq.; p.144 et seq.

juízo positivo sobre as aristocracias que souberam se renovar, tirando novas energias das classes inferiores. Nas passagens em que apresenta algumas ideias de reforma com o fito de corrigir o principal defeito do parlamentarismo, consistente na ingerência dos deputados na administração, propõe a chamada, por cooptação, de novos homens, não pertencentes à camada dos funcionários; os quais não deverão "esperar a confirmação de seu cargo da pressão dos votos, do beneplácito de um comitê ou de um intermediador eleitoral".[26]

Sobre o método eleitoral, ao contrário, Mosca discorre em vários lugares, não só nas obras de ciência política mas também nos escritos de direito constitucional e de política militante. Mas discorre sobre isso em relação não tanto ao problema da substituição quanto ao da organização da classe política: portanto, voltaremos ao assunto na próxima seção.

6. Entre todos os problemas relativos à classe política, Mosca estuda com maior atenção o da organização da classe política. Desde a primeira caracterização, como já se disse, considerou a classe política como "minoria organizada". Julgava que a classe política, mesmo sendo minoria, era capaz de manter o próprio poder só porque organizada:

> Cem, que ajam sempre de modo concertado e combinado uns com os outros, triunfarão sobre mil tomados um a um, sem ter nenhum acordo entre si; e, ao mesmo tempo, será aos primeiros muito mais fácil agir de modo concertado e ter uma combinação, porque são cem e não mil.[27]

Por "organização" entendia a soma dos procedimentos empregados pelos pertencentes à classe superior para manter a própria coesão e exercer o próprio poder. Isso lhe permitia

---

26 *Elementi*, I, p.388.
27 *Elementi*, I, p.83.

distinguir as várias formas de Estado com base nos diversos modos pelos quais as diversas classes políticas, em diferentes tempos e lugares, procederam à organização e, portanto, ao exercício de seu poder. Abandonada a velha tripartição dos governos em monarquia, aristocracia, democracia, considerou como particularmente características, da Antiguidade até nossos dias, quatro formas de organização política: o Estado-cidade da Grécia e da mais antiga história de Roma; o Estado burocrático, cujos maiores exemplos históricos eram o império romano e as monarquias absolutas dos séculos XVII-XVIII; o Estado feudal próprio dos Estados bárbaros do medievo; e o Estado representativo moderno, nascido na Inglaterra do século XVII e depois transplantado, com maior ou menor fortuna, para o continente.[28]

Em síntese adicional, Mosca acreditou poder identificar na diversidade das formas históricas de governo dois princípios fundamentais, que chamou de autocrático ou liberal, segundo a autoridade fosse transmitida de cima para baixo da escala política aos funcionários inferiores, ou então, inversamente, fosse delegada de baixo para cima aos que estavam em plano mais alto. No Estado representativo moderno, que deriva de enxerto do princípio liberal no tronco do Estado burocrático das monarquias absolutas, ambos os princípios estão presentes em amálgama nem sempre perfeito. Observe-se que essa distinção entre as duas formas típicas de organização política, ou seja, de transmissão e exercício do poder por parte da classe política, não deve ser confundida com a distinção, exposta na seção anterior, entre dois modos de substituição da classe política. Assim,

---

28 Sobre a distinção entre as várias formas de organização política, cf., sobretudo, *Elementi*, I, p.123-32; II, cap. 2 e 3; a conferência "Lo stato-città antico e lo stato rappresentativo moderno" (1924), agora em *Partiti e sindacati*, p.37-60. Em *Storia*, só distingue três tipos, o Estado feudal, o Estado burocrático e o Estado-cidade: o Estado representativo moderno podia ser considerado como enxerto dos elementos característicos do Estado-cidade no Estado burocrático moderno.

a combinação das duas distinções pode gerar quatro tipos ideais de Estado: 1) aristocrático-autocrático; 2) aristocrático-liberal; 3) democrático-autocrático; 4) democrático-liberal.

O princípio liberal é caracterizado pela organização mais ou menos perfeita de um sistema eleitoral. Mas deve-se distinguir o caso em que o corpo eleitoral coincide aproximadamente com a classe política (como na república de Veneza e na polonesa) e o caso em que é mais amplo. No primeiro, o método eletivo serve não para a substituição da classe política, mas para o revezamento interno (e, portanto, favorece não a tendência democrática, mas a aristocrática). No segundo, poderia ser útil para renovar a classe dirigente, se esta, detendo o poder diretivo e coercitivo, não tivesse à disposição todos os meios para constranger a vontade dos eleitores. Em outras palavras, onde pode ser útil, o método eleitoral não contribui para a substituição; onde deveria servir para a substituição, em geral é fingimento. Nas observações que Mosca faz sobre o princípio eleitoral, juízo científico e avaliação política não podem ser nunca distinguidos claramente. Costumava repetir que não são os eleitores que escolhem os deputados, mas os deputados é que se fazem escolher. É difícil dizer se essa constatação, que ele considerava rigorosamente científica, estimulou sua atitude antidemocrática ou se seu bem enraizado instinto de conservador o induziu a forçar a mão nos aspectos negativos do sistema eleitoral.

7. Certamente, muitas vezes se dirigiu à teoria de Mosca a objeção de ser ideologia, mais precisamente ideologia mascarada de teoria científica. Que Mosca tinha suas ideias políticas e que essas ideias fossem as de um conservador incorrigível é sabido; e ele mesmo jamais fez mistério disso. Do historiador conservador, tinha o sentido amargo de vícios e misérias humanas. Era, ou pretendia ser, um realista, alguém que não crê na força dos ideais na história e nela só percebe um choque incessante de ambições, interesses e paixões. E, no entanto, observando-se bem, a teoria da classe política representa o início ou, se se

quiser, o primeiro núcleo da moderna ciência política, entendida como pesquisa objetiva e generalizadora dos fenômenos políticos. A ciência política só podia nascer de uma atitude realista (e que, afinal, a atitude realista esteja habitualmente ligada a uma ideologia conservadora é problema de que aqui podemos prescindir): e por "real" se compreende, conforme a circunstância, o oposto de "ideal" e de "aparente". Na antítese real-ideal, realismo histórico significa desvalorização dos ideais como motores da história e exclusiva atenção voltada para o que os homens são em lugar do que acreditam ser; na antítese real-aparente, realismo histórico significa desvalorização dos grandes personagens ou das formas institucionais como fatos historicamente relevantes e busca das forças coletivas que se movem sob a superfície imediatamente visível.

Para se afirmar, a ciência política necessitava descobrir alguns fatos constantes na evolução das sociedades políticas, que valessem como primeira e ampla (não importa se provisória) generalização. A existência de uma classe política, composta de uma minoria organizada que tem nas mãos o poder contra a maioria desorganizada, parecia satisfazer, melhor do que qualquer outro fato até então assentado, essa exigência. São frequentes as passagens em que Mosca chama a atenção sobre o valor e o interesse científico da descoberta, dando a entender que, só partindo do estudo da classe política, a investigação limparia o terreno de preconceitos enraizados que tinham até então impedido o desenvolvimento da política como ciência. Desde as primeiras páginas de *Teoria*, ele apresenta a nova teoria como correção de um "erro científico" (o erro científico era a tradicional distinção das formas de governo).[29] No volume I de *Elementos*, reconhece explicitamente a superioridade da classe política como "base de pesquisas científicas".[30] No volume II, fala de "nova doutrina",

---

29 *Teorica*, p.17.
30 *Elementi*, I, p.80.

cuja novidade consistia "em concentrar os esforços dos estudiosos na investigação relativa à formação e organização das várias classes políticas".[31] Para Mosca, a classe política era ponto de partida seguro para o desenvolvimento da ciência política, porque, à diferença de outras teorias irremediavelmente desmentidas pelo progresso dos estudos históricos, não era deduzida de princípios aprioristas, mas retirada exclusivamente da observação dos fatos sem preconceitos e disfarces. Criticando a distinção de Spencer entre Estados militares e Estados industriais, observou que repousava "em pressupostos eminentemente aprioristas e que não suportavam a prova dos fatos".[32] A teoria da classe política, tendo resistido a tal prova, podia bem ser tomada como primeiro capítulo de um estudo científico da política.

8. Que o conceito de classe política não fosse só a expressão de uma ideologia, mas o núcleo de uma teoria científica da política, pode ser confirmado pelo fato de que, como várias vezes se observou, ele foi adotado como útil instrumento de análise histórica e reconstrução doutrinária mesmo por escritores democráticos e socialistas. A diferença entre atitude conservadora e atitude progressista não está na aceitação ou na recusa do conceito de classe política, mas no diferente modo de resolver os problemas relativos aos quatro pontos em torno dos quais conduzimos a análise do pensamento de Mosca, vale dizer, os problemas de composição, extensão, substituição e organização da classe política.

Com referência ao primeiro ponto, o que distingue uma ideologia democrática de outra conservadora é a rejeição de toda forma de transmissão hereditária do poder. O ideal democrático é, no limite, o da exclusão total do privilégio de nascimento em todo setor da vida social e não só no da formação da classe política; em outras palavras, a substituição do valor da estratificação

---

31 *Elementi*, II, p.159.
32 *Elementi*, I, p.230.

pelo do mérito. Para ser democrata, não é necessário renegar a teoria da classe política, basta admitir e pretender que uma classe política possa se formar através de canais diversos daqueles da transmissão hereditária. Com referência ao segundo ponto, já se observou no § 4 que uma sociedade democrática se distingue de um Estado aristocrático pelo maior número de componentes da classe política, ainda que a ampliação jamais chegue ao ponto de transformar a minoria em maioria e tornar plausível a definição da democracia como governo do povo, de todos, da maior parte. Com referência ao terceiro ponto, isto é, à substituição, o próprio Mosca observou as duas tendências principais das classes políticas: ao fechamento, com consequente cristalização, e à abertura, com consequente renovação; e chamou a primeira aristocrática, a segunda democrática. Aqui a atitude democrática se manifesta em desejar uma sociedade em que a abolição do privilégio de nascimento, acompanhada por uma política econômica que visa ao limite ideal da igualdade de oportunidades, facilite o rápido e contínuo acesso à classe política de homens novos. Do ponto de vista institucional, um regime democrático, como se costuma dizer, é aquele em que pode ocorrer a substituição quase total da classe política no governo sem derramamento de sangue, ou, para dizer a mesma coisa de forma menos dramática, sem abalos revolucionários, isto é, através do método da oposição legalizada e da substituição da ruptura revolucionária, fora da constituição, pela crise de governo, que está dentro da constituição. Por fim, com referência ao quarto ponto (a organização do poder), o próprio Mosca reconheceu, mesmo nesse caso, as duas alternativas, as quais, sem prejuízo do reconhecimento de uma classe política como minoria organizada, podem servir para estabelecer outra diferença entre ideologia conservadora e ideologia progressista: essa minoria, que em todos os regimes é sempre minoria, pode justificar o próprio poder, apresentando--o como proveniente de cima (teoria do direito divino dos soberanos, teoria do poder tradicional ou da prescrição histórica) ou como proveniente de baixo (teorias contratualistas). Uma das fórmulas mais recorrentes da ideologia democrática é a do poder baseado no consenso, fórmula segundo a qual se afirma explicitamente que a tarefa da maioria não consiste em exercer o poder, mas em consentir que outros o exerçam. No máximo, deve-se acrescentar que para caracterizar um regime democrático não basta o consenso dado *una tantum*, mas é preciso verificá-lo periodicamente.

9. Quis esclarecer que o que distingue uma ideologia conservadora de outra progressista não é a aceitação ou a rejeição do conceito de classe política, mas a diferente atitude diante dos problemas de composição, extensão, substituição e organização da classe política, porque tal esclarecimento nos ajuda a compreender o conservadorismo político de Mosca. Este não foi conservador como teórico da classe política, mas como defensor e adepto de ideais típicos de conservador em todas as situações em que se torna lícito e útil, como vimos na seção precedente, traçar uma linha de divisão entre comportamento conservador e comportamento progressista.

Comecemos do primeiro ponto. O ideal político de Mosca não foi certamente o de uma aristocracia hereditária. Contrapôs, já em sua primeira obra, o privilégio de nascimento ao do mérito e imaginou uma sociedade em que a inteligência e a cultura seriam as virtudes primárias da classe política. Mas jamais chegou ao ponto de desejar ou propor que o privilégio de nascimento deveria ser inteiramente abolido. Diante do fato de que tal privilégio tende a se reconstituir em toda sociedade assim que a ordem se torna estável e uma classe política detém firmemente o poder, e às vezes o próprio sistema eletivo não consegue suprimi-la,[33] ele se via induzido a destacar, com as desvantagens, também as vantagens disso: estas consistiam principalmente no

---

33 Em *Teorica*, refere-se aos "muitíssimos casos nos quais cargos eletivos foram constantemente enfeudados nas mesmas famílias" (p.32).

fato de que, nos rebentos das classes superiores, encontravam-se mais facilmente, quando menos por causa da educação recebida, aptidões de comando, bem como indivíduos dispostos a se dedicarem às atividades desinteressadas de que depende o progresso cultural e científico da humanidade. Nesse ponto, o conceito de classe política, por si mesmo carente de qualquer conotação valorativa, transforma-se no de aristocracia (ou de classe superior hereditária); e da teoria científica (ou que se diz tal) da classe política Mosca passa sem perceber, ou pelo menos sem o declarar, para a avaliação positiva da função das aristocracias na história, isto é, para a manifestação de um ideal político.

Com referência à extensão da classe política, Mosca deu sempre a impressão de crer, como observamos no n. 4, que ela fosse constituída por um grupo muito restrito e, mesmo quando dirigiu o olhar para a chamada classe média, especialmente visível na sociedade burguesa e no Estado representativo, considerou-a como classe subsidiária (segundo estrato), uma espécie de viveiro da classe política. Mas deve-se imediatamente acrescentar que, quando considerou o problema não mais como cientista, mas como político, percebeu perfeitamente sua importância. Entre os remédios mais seguros contra os males do parlamentarismo, propunha a descentralização, entendendo-a exatamente como o melhor modo para fazer participar da vida pública cidadãos que de outro modo dela estariam excluídos – em suma, como ampliação do âmbito da classe política.[34] Mas não deu atenção ao outro aspecto do problema, relativo à articulação da classe política numa classe no governo e noutra classe na oposição. Continuou a conceber a classe política como grupo monolítico. Caberá a Guido Dorso corrigir a doutrina do mestre nesse ponto, observando que nos regimes democráticos, pela natureza mesma da luta política, a classe política tende a cindir-se em

---

34 *Elementi*, I, p.387 et seq.

duas classes opostas, ao passo que a classe política como grupo monolítico é instituição própria dos regimes autoritários.[35]

No terceiro ponto, isto é, na questão da substituição da classe política, o conservadorismo de Mosca revela-se no medo de abalos excessivamente violentos que abatam o velho edifício sem preparar o terreno para a construção de outro melhor. Como vimos, uma avaliação decididamente positiva acerca da função das aristocracias na história caminhava *pari passu*, em seu pensamento, com a irredutível desconfiança em mudanças muito bruscas na direção política. Não refutava a substituição, e até a considerava necessária para evitar a decadência da classe política, mas a queria lenta, gradual, controlada pelo alto. Não era certamente um incorrigível apologista do tempo antigo e terminou por aceitar na segunda parte de sua vida, apesar de muitas reservas (não inteiramente injustificadas, destaque-se), o sistema representativo; mas esteve e permaneceu por toda a vida na posição de quem se recusa a capitular diante do advento do regime de massas, que renovaria profundamente (como de fato renovou, com efeitos nem sempre saudáveis) a classe política italiana. Foi um dos mais rígidos representantes daqueles profetas de desgraças que não deixaram nunca de ver a extensão de direitos à "plebe" como um dos fatores da grande catástrofe.

Talvez o ponto em que manifestou com maior transparência seus ideais e, digamos também, seus temores de conservador foi o relativo à organização do Estado e ao modo pelo qual uma classe política exerce o próprio poder. Esta também foi a esfera de algumas de suas mais memoráveis batalhas políticas. O motivo de suas preocupações está dito logo de início: não tinha nenhuma confiança nas eleições, sobretudo nas populares. Aceitou-as contra a vontade; acolheu-as, mas com muitas reservas sobre a veracidade dos resultados; rechaçou energicamente em todas as fases de seu pensamento, mesmo naquela menos

---

35 *Dittatura, classe politica e classe dirigente*, p.162.

acaloradamente polêmica, em que pareceu moderar o furor antiparlamentar, o sufrágio universal. O grande espantalho de sua vida foi a elevação da plebe, que tachava de ignorante, simplória, corruptível, à condição de povo com direito a voto.[36] Combatendo o sufrágio universal, ele combatia a forma mental, assim o dizia, que o tornara inelutável: exatamente a mentalidade democrática que, uma vez aceito o dogma da soberania popular, dele devia tirar todas as consequências. A ampliação do sufrágio teria como consequência a decadência da classe política, um período de crise (seu diagnóstico de crise, na conclusão da segunda edição de *Elementos*, refere-se ao período do pós-guerra) e prolongado ajuste (o fascismo?) que daria origem a um regime pior do que o precedente.

10. Gaetano Mosca foi um conservador obstinado e incorrigível.[37] Pertence às fileiras dos que se retraíram, horrorizados, diante do "grande medo" da revolução social que traria novas classes ao poder e depositaram toda a confiança no prosseguimento indefinido do sistema que tornara próspero e feliz o século XIX. Mas não esteve cego pelo terror a ponto de invocar a restauração através da violência. Como Croce, com o qual teve muitos traços em comum, foi ao mesmo tempo conservador e liberal: ele também, como Croce, acreditava que a liberdade havia alcançado o apogeu naquela sociedade europeia cujo trágico epílogo fora a primeira guerra mundial; e que, a partir de então, havia começado um período de decadência da vida civil para o qual não existia outro remédio a não ser humilde e paciente retorno às origens. Não se deixou seduzir pelas previsões catastróficas sobre o declínio da civilização a que se submeteram,

---

36 *Elementi*, II, p.91 et seq. Cf., também, *Teorica*, p.272-3, e o discurso parlamentar "Sulla riforma elettorale politica", in *Ciò che la storia*, p.353-67.

37 Na "Apresentação", citada, à nova edição da *Teoria dos governos*, De Mattei não parece concordar com essa minha ênfase no conservadorismo de Mosca. Mas me parece que ele atribui a "conservador" um significado negativo que não estava em minhas intenções. Mosca foi conservador, não reacionário.

entre os anos 1920 e 1930, os profetas da crise, só porque se sentia tão enraizado no mundo do passado que tinha a ilusão de que este poderia se prolongar, amainada a tempestade, no mundo de amanhã.

Por mais que haja repetido muitas vezes, especialmente nas premissas de seus vários livros, ter tentado dominar a paixão política para averiguar as coisas em sua nua e crua realidade, suas obras estão impregnadas por uma concepção pessoal da história e, em geral, do destino humano. Por si só, como dissemos, a teoria da classe política não é uma teoria conservadora: que as minorias dirijam e as maiorias sejam dirigidas, manobradas, manipuladas, mesmo nos sistemas democráticos (falo dos reais, não dos só imaginados) é fato: e os fatos não são nem conservadores nem progressistas. Mosca foi conservador não por causa da descoberta que fez ou acreditou ter feito, mas do modo pelo qual se valeu dessa sua descoberta ao julgar os eventos históricos do passado e ao tomar partido diante das coisas de seu tempo.

Do conservador, Mosca teve alguns traços característicos: antes de mais nada, um não dissimulado, e até abertamente professado, pessimismo antropológico que lhe fazia ver o homem como mescla de bem e mal, com prevalência do mal sobre o bem, e o punha em Estado de mal reprimida irritação contra as teorias iluministas (mais uma vez o grande antagonista era Rousseau) que se entretinham na ilusão da bondade natural do homem; uma concepção estática da história, que acentuava mais o permanente do que o mutável e que o tornava incrédulo quanto às esperadas mudanças, desconfiado dos reformadores, hobbesianamente hostil às "crises violentas" que lançariam a sociedade nas garras da anarquia; um sentido solene da validade da tradição, da prescrição histórica, do costume entendido pascalianamente como segunda natureza, de modo que o passado é bom só pelo fato de ser passado, já consolidado, certificado, imodificável e, portanto, certo diante do futuro incerto e tempestuoso; por fim, um sentido profundo da complexidade da história, desse emaranhado às vezes inextricável de paixões e interesses que é a luta política, que torna não só condenável mas criminosa toda e qualquer teoria que, propondo explicações unitárias, unilaterais e, definitivamente, muito simplistas, favorece o espírito de revolta caprichosa e o utopismo superficial, provoca desastres irreparáveis, destrói sem lançar as bases para reconstruir.

Conservadorismo e realismo político frequentemente se dão as mãos: não nos surpreende que Mosca tenha sido ao mesmo tempo conservador e realista. Embora nos interesse hoje mais o segundo do que o primeiro, o cientista e não o político, não é fora de lugar recordar que os estudos políticos se nutriram mais das observações, às vezes impiedosas, dos conservadores do que das construções, tão rigorosas quanto frágeis, dos reformadores, os quais, tendo os olhos grudados no futuro, muitas vezes não percebem onde metem os pés. Os reformadores assumem a tarefa de denunciar os crimes da história presente e passada, mas o grande tribunal que, afinal, é a história futura se encarrega quase sempre de lhes tirar a razão: a história mais frequentemente tem sido cemitério de ilusões do que seara de bons propósitos. Mosca sabia-o, pensou e agiu em conformidade. Interessa-nos mais Mosca realista político do que Mosca conservador, até porque sua paixão dominante foi, como se disse no ensaio precedente, o estudo científico da política.

A esse estudo ele deu, se se fizer um balanço de ativo e passivo, uma contribuição que constitui ainda hoje patrimônio não consumido: não é exagero dizer que o novo curso da ciência política contemporânea começou com a teoria da classe política. O que não quer dizer que a teoria de Mosca pode ser aceita ainda hoje tal como a formulou: foi um embrião, não um corpo todo formado com esqueleto, músculos, sangue. Como já se observou, a teoria, tal como formulada e defendida por Mosca, reflete a situação de poder de uma sociedade pré-industrial, de uma sociedade em que o poder político e o poder econômico estão concentrados nas mesmas mãos e é lícito falar da classe dos políticos como classe detentora do poder. A distinção a que Mosca é sensível não é tanto aquela entre o controle social através da coação (que é característico do poder político propriamente dito) e o controle social através dos incentivos (que é característico do poder econômico), quanto aquela entre o controle através da coação e o controle através da influência sobre as ideias, isto é, entre poder político e poder religioso. Mas, mesmo em sua forma rudimentar, essa teoria representou ruptura com o passado, ajudou os estudos políticos a fazer a passagem do doutrinarismo abstrato para a análise das forças reais, expressou um núcleo de verdade, que não deixou de dar novos frutos. No renovado interesse pela ciência política na Itália – interesse tardio e contrariado por *idola theatri* duros de morrer –, a obra de Mosca merece ser novamente divulgada e relida.

9.
Mosca e o governo misto

1. A teoria das formas de governo é um tema clássico da filosofia política. Pode-se facilmente demonstrar a importância que lhe atribuía Mosca, a ponto de considerá-lo precisamente teste decisivo do avanço da ciência política e da validade do método histórico que, só ele, poderia fundar a política como ciência, observando que o aborda nas páginas iniciais de sua primeira obra com esta afirmação peremptória: "Pode-se ver muito bem que uma ciência social ainda não nasceu, a partir do exame dos critérios em que se baseia a classificação das formas de governo, hoje ainda universalmente aceita".[1] A crítica que dirige à classificação tradicional deriva da consideração pela qual, baseada como está no número de governantes, um, poucos, muitos, resta estabelecida não "nas características mais importantes e mais essenciais dos governos", mas "em critérios superficiais".[2] Observação

---

[1] G. Mosca, *Teorica dei governi e governo parlamentare*, que cito em sua segunda edição, p.15. Sobre esse tema específico, veja-se P. P. Portinaro, Tipologie politiche e sociologia dello Stato. Gaetano Mosca e Max Weber, p.405-38.
[2] G. Mosca, *Teorica*, p.16.

semelhante, aproximadamente com as mesmas palavras, já tinha sido feita por Hegel, o qual, no adendo ao § 273 de *Princípios da filosofia do direito*, apresentando a monarquia constitucional como a forma moderna do governo misto, critica a tripartição clássica em que as diferenças "simplesmente quantitativas" são "só superficiais (*nur oberflächlich*) e não captam o conceito da coisa".[3]

Por ser bem conhecida a classificação das formas de governo proposta na obra de Mosca, não é o caso de nela nos determos. No máximo, pode ser útil fazer duas advertências. A primeira: também na obra de Mosca, não se deve confundir as formas de governo com as formas de Estado, se bem que aí se fale não de "formas de Estado", mas de "organismos políticos" ou "organizações políticas".[4] Ao tema da classificação das formas de Estado pertence a distinção entre Estado feudal e Estado burocrático, a que está dedicado conhecido capítulo do primeiro volume de *Elementos de ciência política*, apresentada como distinção entre "dois tipos segundo os quais nos parece que se possam classificar todos os organismos políticos".[5] É um capítulo destinado a se enriquecer seja com o exame da cidade-Estado grega e do Estado representativo moderno, na conferência romana de fevereiro de 1924, considerados como "as duas formas de organização política mais aperfeiçoadas que até agora houve no mundo",[6] seja com o exame dos grandes impérios orientais, a que está dedicado capítulo do segundo volume de *Elementos*. A segunda: a análise dos organismos políticos insere-se por sua vez na análise

---

3 Detive-me mais amplamente no tema no artigo "Hegel e le forme di governo", p.115-56.
4 Sobre o termo "organização" e seus diferentes usos na obra de Mosca, veja-se G. Sola, Per un'analisi della teoria della classe politica nelle opere di Gaetano Mosca, p.732 et seq.
5 Todas as citações de *Elementi di scienza politica* (daqui por diante, *Elementi* [*Elementos*]) são extraídas da quinta edição, Bari, Laterza, 1953, em dois volumes. A citação relativa a esta nota está no v. I, p.123.
6 G. Mosca, Lo stato-città antico e lo stato rappresentativo moderno, p.58.

mais ampla dos "tipos sociais". A expressão "tipo social" vem de Spencer, uma das fontes de Mosca (ainda que jamais passivamente seguida), o qual chama de "tipos sociais" as duas formas de sociedade que têm importância decisiva em sua filosofia da história, as sociedades militares e as sociedades industriais. Organismos políticos e tipos sociais, segundo Mosca, não coincidem: o mesmo tipo social pode se dividir, malgrado sua tendência à unidade, "em diferentes organismos políticos".[7]

Uma tipologia das formas de governo jamais é só descritiva, porque habitualmente serve ao escritor político que a formula para também responder à pergunta: "Das formas descritas, qual é a melhor?". Nem Mosca foge a essa pergunta, mesmo pretendendo fazer exclusivamente obra de ciência em contexto geral, como o do positivismo, no qual a ciência é avalorativa ou não é ciência. Mas ele não é só um estudioso; é também um escritor que participa ativamente dos grandes debates de seu tempo. À dimensão prescritiva do tema pertence a análise que dedica repetidamente à doutrina do governo misto: trata-se, de fato, de doutrina que, seja por parte dos defensores, seja por parte dos detratores, sempre foi considerada no debate sobre a melhor forma de governo.

Na obra de Mosca, a doutrina do governo misto faz sua primeira aparição no capítulo do primeiro volume de *Elementos* dedicado à "defesa jurídica", na parte da obra em que apresenta expressamente o problema da "melhor organização da sociedade" e se propõe destacar o que caracteriza as sociedades "cuja organização política é muito avançada".[8] Com a noção de defesa jurídica entra na obra de Mosca um critério para distinguir entre formas de governo boas e más e, portanto, para dar uma resposta à pergunta sobre a melhor forma de governo, entendida a defesa jurídica como "o conjunto dos mecanismos sociais que

---

[7] *Elementi*, I, p.119.
[8] Ibid., p.161 e 164.

regulam a disciplina do senso moral",[9] e definido o senso moral como o freio, que pode ser espontâneo, mas em geral é provocado, às inclinações egoístas, sem o qual nenhuma sociedade é capaz de sobreviver. Segundo Mosca, o melhor sistema de defesa jurídica é o baseado na presença efetiva de várias forças sociais contrapostas, porque, onde predomina uma só força, as inclinações egoístas da classe política terminam por predominar e dar origem a uma das variadas formas de despotismo. Mas precisamente nessa representação do bom governo como lugar de encontro institucionalmente disciplinado das várias forças sociais é que consiste a doutrina clássica do governo misto. Mosca evoca-a com estas palavras: "Na Antiguidade, Políbio e alguns outros escritores, dando preferência aos governos mistos de monarquia, aristocracia e democracia, intuíram claramente a lei que enunciamos".[10]

2. Não é o caso de reescrever a história dessa doutrina, que foi feita várias vezes.[11] Basta dizer que, nascida na Antiguidade clássica, formulada com simplicidade e clareza por Políbio ao descrever a constituição da república romana, enunciada em eficaz síntese por Cícero, volta em grande estilo no medievo tardio com São Tomás de Aquino; depois, retomada por John Fortescue, que dela se serve para interpretar a monarquia inglesa como governo misto; acolhida, no rastro de Políbio, por Maquiavel e elevada por Guicciardini e por Giannotti a modelo para a reforma do Estado florentino; utilizada pelo Cardeal Contarini e por Paruta como prova da excelência da república de Veneza; adotada como critério irrenunciável de interpretação e avaliação da realidade do governo inglês por parte dos adeptos tanto do rei quanto do parlamento; criticada fortemente pelos dois maiores teóricos do Estado absoluto, Bodin e Hobbes (na Itália, por Vico, que evoca

---

9 Ibid., p.130.
10 Ibid., p.179.
11 Tracei uma síntese da doutrina no verbete "Governo misto" do *Dizionario di politica*, 1983.

passagem de Tasso); por fim, renovada, já com Hegel e até a era contemporânea, como esquema de interpretação da monarquia constitucional.

Aqui nos interessa saber os autores que Mosca teve em mente. Além de Políbio, já citado, que é certamente a fonte principal, ele, voltando ao tema no segundo volume de *Elementos*, cita conhecido trecho de *As leis*, de Platão, em geral tido como o começo da história da doutrina. Nesse trecho, Platão, depois de dizer que as duas formas matrizes de todos os governos são a monarquia e a democracia, cujas mais altas expressões se encontram respectivamente na Pérsia e na Grécia, precisa que, "para que num Estado haja liberdade e concórdia [...], é necessário que o governo participe de uma e de outra destas duas formas" (693*d*). Em seguida, Mosca cita Aristóteles, ainda que só no tocante à preferência dada pelo autor de *Política* à democracia mitigada (mas a citação é genérica), sem referência a outras passagens mais apropriadas e adaptadas ao caso, tal como aquela em que Aristóteles, criticando a tese platônica, comenta: "Melhor é o partido dos que pretendem misturar os vários tipos de constituição, porque melhor é a forma de constituição derivada da fusão de muitos tipos diversos" (1266*a*); ou aquele em que, com evidente alusão mais uma vez a Platão, que mencionara o Estado de Esparta como exemplo de governo misto, comenta: "Alguns sustentam que a constituição melhor deve ser constituída pela mistura de todos os tipos de constituição e, por isso, exaltam a de Esparta: de fato, sustentam que esta deriva da monarquia, da oligarquia e da democracia" (1265*b*). Mosca cita ainda Cícero, sem, de resto, referir seu trecho conhecido,[12] e São Tomás, um de cujos textos refere em nota.[13]

---

[12] Cícero, *De republica*, I, 45.
[13] Precisamente o trecho da *Suma Teológica*, I, II, XCV, a. 4. De São Tomás, no entanto, o trecho mais conhecido sobre governo misto se encontra em I, II, CV, a. 1.

Tanto no primeiro quanto no segundo volume, depois de citar os antigos, salta completamente os escritores do Renascimento, que, no entanto, representam a época mais florescente da doutrina, e se detém em Montesquieu e na célebre teoria da separação dos três poderes exposta no capítulo décimo primeiro de *O espírito das leis*. Mosca, arrolando Montesquieu entre os defensores do governo misto, ou, pelo menos, passando imediatamente, sem comentário, dos antigos escritores a quem comumente se atribui a doutrina do governo misto para Montesquieu, também contribui para propagar a confusão entre a doutrina do governo misto e a doutrina da separação dos poderes, habitual entre os comentaristas de uma e de outra.

Em seu significado original, o governo misto resulta da distribuição do poder máximo, que em toda sociedade é o poder político, entre as diversas forças sociais, cuja colaboração, mesmo através do conflito, desde que se trate de conflito regulado, deve permitir a estabilidade e o regular funcionamento das ações de governo. Em vez disso, a separação de poderes resulta da distribuição das três principais funções do Estado, a legislativa, a executiva e a judiciária, em órgãos distintos, de modo que não haja nenhum órgão que, com exclusão dos demais, possa exercer todas as três. Haveria correspondência entre as duas doutrinas se cada uma das forças sociais fosse a titular exclusiva de uma função específica, se se pudesse estabelecer uma equação deste tipo: ao princípio monárquico cabe o poder executivo, ao princípio democrático o legislativo, ao princípio aristocrático o judiciário. Isso, historicamente, jamais ocorreu e, de resto, uma correspondência desse tipo não é de modo algum o objeto da doutrina do governo misto, a qual aspira não tanto a evitar a concentração das diversas funções de Estado num só órgão, quanto a permitir a participação das diversas forças sociais no exercício do poder político, em particular no mais alto dos poderes políticos, que é o poder legislativo. Se o governo inglês continua a ser, pelo menos na era moderna, o modelo de governo misto, não é porque nele se realizou a separação dos três poderes, mas porque o rei e os diversos *states* participam, através da prerrogativa da Coroa e das Câmaras dos Lordes e dos Comuns, da formação da vontade política geral que se expressa em comandos obrigatórios para toda a coletividade.

3. Não é difícil compreender por que a confusão nasceu e se arrastou até comentadores modernos, como Mosca. Todas as duas doutrinas têm o mesmo escopo, que é o equilíbrio do sistema político em seu conjunto e, através do equilíbrio, a estabilidade. Ambas as doutrinas respondem à mesma exigência, recorrente em toda a história do pensamento político, sobretudo quando se considera o problema do Estado não do ponto de vista do governo, mas do ponto de vista dos governados, de encontrar remédio para o abuso de poder. Mas uma coisa é o equilíbrio das forças sociais que a doutrina do governo misto tem em mira, outra o equilíbrio dos poderes que a doutrina da separação dos poderes tem em mira. A melhor prova de sua diversidade pode ser extraída da diferença entre as doutrinas que se opõem respectivamente a uma e à outra: a negação do governo misto são as diferentes formas de governo simples; a negação do governo moderado ou temperado resultante da separação dos poderes, no sentido de Montesquieu, é o despotismo. Pode-se dizer que toda forma de despotismo é sempre uma forma de governo simples, não se pode dizer igualmente que as formas de governo simples são sempre despóticas: o defeito das formas simples, a que deve servir de remédio a mistura das três formas, não é tanto a falta de liberdade quanto a de estabilidade.

A bem da verdade, Mosca percebe perfeitamente a diferença entre as duas doutrinas. No entanto, interpreta a doutrina da separação dos poderes à luz da doutrina do equilíbrio das forças sociais, que é a característica da doutrina do governo misto, ao observar que o defeito da teoria de Montesquieu, e mais ainda de seus intérpretes, é ter esquecido que um organismo político, para ser eficaz, deve representar uma força política e frear a ação de outra, deve ser a organização de uma autoridade e de uma influência social, que no seio da sociedade, diante de outra, valha alguma coisa, que se encarna no órgão político, o qual deve ser controlado.[14]

Como várias vezes se observou, Mosca não é um jurista formalista que se contente em considerar a estrutura jurídica. Também é um escritor político que se preocupa em ver o que está por trás ou por baixo das formas, e quais forças sociais nelas estão representadas, porque são as forças sociais que determinam o movimento histórico e permitem explicar a grandeza e a decadência das nações. Esse seu modo de observar a realidade por trás das formas o leva a dizer que os seguidores de Montesquieu, "com os olhos postos na teoria do mestre, deram importância antes a seu lado formal e, quase diríamos, solene do que ao substancial e político".

Com essa menção polêmica aos intérpretes formalistas de Montesquieu, Mosca aparentemente quer dar a entender que a doutrina expressa pelo autor de *O espírito das leis* a propósito da Inglaterra é mais complexa e não pode ser reduzida, de modo simplista, à pura teoria jurídica da separação dos poderes.[15] Na realidade, a teoria da separação dos poderes de Montesquieu não é de modo algum formalista, assim como não é formalista a interpretação do governo inglês como o único governo que, entre todos os da época, tem por fim a liberdade. No pensamento de Montesquieu, o tema da separação dos poderes está estreitamente ligado ao do equilíbrio das forças sociais em campo.

---

14 *Elementi*, I, p.181.
15 Sobre o pensamento de Montesquieu acerca do governo misto e as interpretações da doutrina da separação dos poderes como doutrina do governo misto, vejam-se bibliografia e preciosas indicações em L. Landi, *L'Inghilterra e il pensiero politico di Montesquieu*, p.186 et seq. e p.384 et seq.

> O poder executivo – escreve a este propósito – deve estar nas mãos de um monarca, porque esta parte do governo, que precisa quase sempre de uma ação instantânea, é mais bem administrada por um só do que por vários; ao passo que o que depende do poder legislativo é com frequência mais bem ordenado por muitos do que por um só.[16]

O governo moderado que ele tem em mente é um governo em que o poder supremo, como ocorre no governo misto, não está nas mãos de uma só força social e, ao mesmo tempo, está dividido entre órgãos diversos segundo o princípio da separação dos poderes.

Desse ponto de vista, Mosca apreendeu perfeitamente o significado real e profundo da doutrina do governo misto, como doutrina que exalta o Estado ordenado de sorte que as diferentes forças sociais possam fazer valer os próprios interesses e seus direitos sem se oprimirem. Por que Roma foi o Estado "juridicamente mais perfeito de toda a humanidade"? Porque – responde – nele "encontramos moderadas as influências da grande propriedade patrícia e da pequena propriedade plebeia com as da propriedade nobiliária dos cavaleiros; vemos a tradição das grandes famílias de nobres, descendentes dos Númens, manter seu poderio diante das paixões populares e dos serviços e riquezas recentes das grandes famílias plebeias, e encontramos essas diferentes forças políticas externando-se nos vários órgãos soberanos, aliando-se e moderando-se" reciprocamente.[17]

4. No segundo volume de *Elementos*, retoma e desenvolve o tema, em capítulo que começa com a citação da passagem de Platão na qual monarquia e democracia são consideradas as duas formas de governo fundamentais, de cuja combinação derivam todas as outras. A doutrina do governo misto, que aqui Mosca

---

16 Montesquieu, *De l'Esprit des lois*, p.175.
17 *Elementi*, I, p.180.

propõe, ou melhor, esboça, é mais complexa e articulada do que a tradicional, em consequência da diferente tipologia das formas de governo que neste segundo volume é apresentada e explicada. A doutrina tradicional limita-se a sustentar (e repetiu-o por séculos sem possíveis variações e aprofundamentos) que se deve entender por governo misto a forma de governo que deriva da combinação das três formas simples. Na Antiguidade, os dois exemplos clássicos de governo misto são Esparta e Roma (os dois exemplos propostos por Políbio); na época moderna, apresentam-se ao observador os dois exemplos, a que uma imensa publicística se refere com argumentos contrários e favoráveis, da monarquia inglesa e da república de Veneza. Um crítico do governo misto, como Bodin, dedica muitas páginas densas de observações históricas e argumentos doutrinários à refutação dos autores que consideraram Esparta, Roma e Veneza como exemplos de governo misto.

Para um autor, como Mosca, que refutou a tipologia tradicional das três formas simples como "superficial", em que pode consistir um governo misto que, segundo a *communis opinio*, deve derivar da composição de todas as três? Numa teoria em que, com base no princípio do domínio das minorias organizadas, todos os governos são oligárquicos, pode-se ainda conceber um governo "composto" de formas diversas? Na longa tradição histórica que precede a obra do autor de *Elementos*, a doutrina do governo misto baseia-se, primeiro, na análise e, depois, no juízo das três formas simples. Uma vez refutada essa classificação, como fica a forma de governo compósita que pressupõe essa classificação?

Se é verdade que, para Mosca, todos os governos são oligárquicos, não é verdade que os governos são todos iguais. Como bem se sabe, Mosca rejeita o critério da classificação em função do número de governantes, mas não renuncia a propor o próprio critério. De fato, propõe dois critérios, tanto que a tipologia por ele apresentada termina por ser mais complexa do que a precedente. Constatada a presença de uma classe política em toda sociedade governada, os diversos governos se distinguem com base na diferente organização e na diferente formação da classe política: com base na primeira, existem classes políticas autocráticas ou liberais; com base na segunda, aristocráticas ou democráticas. Combinando as duas dicotomias, as combinações possíveis (sem que a elas correspondam governos reais) são precisamente quatro (em lugar das três tradicionais). Não diferentemente dos teóricos do governo misto, que veem sua excelência no equilíbrio das forças simples, Mosca considera que o melhor governo não é aquele em que predomina um só princípio de organização ou uma só tendência de formação, mas aquele em que os dois princípios (autocrático e liberal) e as duas tendências (aristocrática e democrática) estão, ainda que em medida diferente, presentes e interagem entre si.

Como se vê, as partes a serem combinadas são diferentes daquelas da teoria tradicional, mas o princípio da combinação como critério para a distinção entre bom governo e mau governo é idêntico. Em outras palavras, o teórico da classe política, mesmo não aceitando a tipologia clássica, mostra ter aprendido bem a lição dos escritores que sempre partiram da crítica às formas simples (Maquiavel chama-as "pestíferas"!) para tecer o elogio das formas compostas. Na conclusão do capítulo, acolhendo "a intuição comum dos grandes pensadores", afirma que "a solidez das instituições políticas depende de oportuna fusão e equilíbrio de princípios e tendências diversas" e que "só a oposição e, quase diríamos, a emulação do princípio e da tendência contrária podem impedir a acentuação dos vícios congênitos a cada um deles ou a cada uma delas".[18]

A importância atribuída por Mosca a essa doutrina do equilíbrio pode ser demonstrada pela constatação de que a última página de sua última obra, *História das doutrinas políticas*, que

---

18 *Elementi*, II, p.144-5.

gozou por anos de fama talvez superior ao mérito, contém sintética declaração em favor do governo misto, quase como coroação de longa meditação sustentada por não menos longa experiência:

> Do estudo objetivo da história talvez se possa extrair a consequência de que os regimes melhores, ou seja, os que tiveram maior duração e por longo tempo souberam evitar as crises violentas que, de tempos em tempos, como ocorreu na queda do império romano, fizeram retroagir a humanidade à barbárie, são os mistos. Ou seja, aqueles nos quais não prevalece de modo absoluto nem o princípio autocrático nem o liberal, e a tendência aristocrática é temperada por uma renovação lenta, mas contínua, da classe dirigente, que consegue assim absorver os elementos de saudável dominação, que gradativamente se afirmam nas classes dirigidas.[19]

5. Não obstante essa diferente interpretação do governo misto, que parte de nova tipologia das formas de governo, pode-se corretamente sustentar que, na história do Estado moderno, o modelo de governo misto continuou a ser, até Mosca e inclusive em Mosca, a monarquia constitucional.

No período da Restauração, que também é o período em que a monarquia constitucional se espalha pouco a pouco pelos Estados europeus, depois de ter predominado na Inglaterra, a interpretação mais respeitada da monarquia constitucional como governo misto (ainda que essa expressão não apareça) encontra-se na filosofia do direito de Hegel. No mesmo trecho, já citado, em que critica a tripartição clássica das formas de governo como superficial, Hegel explica que na monarquia constitucional, forma de governo que considera como a mais conforme ao "espírito do tempo", as três formas clássicas são "rebaixadas" a seus momentos, de sorte que "o monarca é *uno*; no poder governamental intervêm *alguns* e, no poder legislativo, a *pluralidade* em

---
[19] G. Mosca, *Storia delle dottrine politiche*, p.352-3.

geral".[20] Embora a expressão "governo misto" não seja aqui usada, a fórmula que Hegel emprega para descrever a monarquia constitucional como mistura de governo de um, de poucos e de muitos é exatamente a do governo misto. Deve-se notar, se se quiser, que em Hegel ocorre a perfeita correspondência entre a fórmula do governo misto e a tripartição dos poderes de Estado, porque os três poderes de que fala na exposição do direito público interno não são os três poderes de que fala Locke nem aqueles de que fala Montesquieu. Tendo desdobrado o poder executivo em poder do monarca e poder de governo propriamente dito, e tendo cancelado o poder judiciário, devolvido, como poder não soberano, à instância da sociedade civil, isto é, do Estado de justiça e administrativo, os três poderes que daí derivam correspondem melhor à tripartição segundo o número (um, poucos, muitos).

A interpretação da monarquia constitucional como governo misto chega até Carl Schmitt, o qual, em *Verfassungslehre*, que é de 1928, e portanto posterior só em alguns anos à segunda edição de *Elementos*, ao colocar o problema das formas de governo, retomando a tese mais antiga, a platônica (também citada por Mosca), segundo a qual são só duas as formas de governo simples e fundamentais, a monárquica e a democrática, de que a primeira representaria o princípio da identidade, a segunda o da representação, através de análise da formação histórica do Estado moderno (em sua forma degenerativa de Estado burguês) chega à conclusão de que "a constituição do Estado moderno de direito burguês é sempre uma constituição mista",[21] porque nela estão unidos e misturados um ao outro diversos princípios e elementos políticos formais (monarquia, democracia, aristocracia).

---

20 *Grundlinien der Philosophie des Rechts*, § 273 (trad. it. de G. Marini, p.219).
21 C. Schmitt, *Verfassungslehre*, p.200 (trad. it. de A. Caracciolo). Sobre o tema, P. P. Portinaro, *La dottrina del governo misto e il pluralismo liberale nella critica di Carl Schmitt*, p.25-49. Do mesmo autor, *La crisi dell jus publicum europaeum. Saggio su Carl Schmitt*, p.127 et seq.

Com isso, essa parte política das atuais constituições corresponde a uma antiga tradição segundo a qual o ordenamento estatal ideal repousa "em união e mistura (*Verbindung und Mischung*) de diversos princípios formais".[22]

Não há dúvida de que, quando insiste no modelo do governo misto como modelo ideal, também Mosca tem em mente a monarquia constitucional ou parlamentar (nesse contexto, a diferença entre uma e outra é irrelevante): a forma de governo que então se afirmara nas nações europeias mais avançadas, e também na Itália, mesmo com todos os graves defeitos já destacados pelo próprio Mosca especialmente em comparação com a monarquia inglesa. Mesmo num sistema político como o italiano, cujo funcionamento estava longe de ser exemplar, o equilíbrio típico dos governos mistos entre os dois diversos princípios e as duas diversas tendências não podia ser desconhecido. A tendência aristocrática, segundo a qual a transmissão do poder ocorre por via hereditária, estava bem representada pela monarquia; a democrática, segundo a qual a classe dirigente se renova continuamente, ainda que de forma mais ou menos rápida, sobretudo através da "lenta infiltração" de elementos provenientes dos estratos mais humildes nas classes mais elevadas, era favorecida pelo sistema parlamentar; o princípio autocrático, segundo o qual o poder se transmite de cima para baixo, realizava-se perfeitamente no sistema administrativo ou burocrático, cujo aparelho é indispensável ao cumprimento das tarefas que o Estado moderno assume gradualmente; o princípio liberal, pelo qual o poder se transmite de baixo para cima, encontrava sua realização institucional na escolha dos governantes por parte dos cidadãos através das eleições (ainda que com sufrágio restrito). Exatamente esse equilíbrio de diferentes princípios e diferentes tendências é que faz Mosca dizer que o Estado representativo moderno é, "entre todos os ordenamentos políticos, o que mais

---

22 Ibid., p.202.

teve êxito em coordenar uma soma maior de energias e atividades individuais para fins de interesse coletivo".[23]

6. Dada a contiguidade historicamente reconhecida entre doutrina do governo misto e doutrina da separação dos poderes, é preciso, nessa análise do pensamento de Mosca sobre o governo misto, dar um passo à frente e observar que, na exposição da teoria da "defesa jurídica", ele passa inadvertidamente, sem nenhuma solução de continuidade, da exposição da doutrina do governo misto e de seus precedentes para a exposição da doutrina da separação dos poderes ou, melhor dizendo, para a própria interpretação dessa doutrina. Trata-se, de resto, de interpretação tão pessoal que torna a conhecida doutrina quase irreconhecível.

Para pôr um pouco de ordem nessa sobreposição e confusão de doutrinas semelhantes, mas diversas, e muitas vezes designadas com a mesma expressão, distinguiu-se oportunamente entre separação funcional e separação estrutural dos poderes,[24] entendendo com a primeira expressão a doutrina estritamente jurídica, segundo a qual por separação de poderes se entende a atribuição das três principais funções do Estado a órgãos diversos; com a segunda, uma doutrina muito mais ampla, que se refere não aos poderes do Estado estritamente entendidos, isto é, aos poderes que caracterizam a ação do Estado, mas a todos os tipos de poder operantes numa sociedade organizada, como o poder religioso, o poder econômico e o poder político. Quando Mosca, depois de expor a doutrina do governo misto, enfrenta o problema da separação dos poderes, como garantia da defesa jurídica, e como tal inscreve-a na análise da melhor forma de governo possível, não fala da separação funcional, mas se detém demoradamente na estrutural, sustentando três teses que constituem os traços salientes de sua ideia de bom governo.

---

23 *Elementi*, II, p.127.
24 P. P. Portinaro, Tipologie politiche e sociologia dello Stato, p.419.

A primeira refere-se à separação entre poder laico e eclesiástico, daí ser necessário que "o princípio em nome do qual se exerce a autoridade temporal não tenha nada de sagrado e imutável".[25] Com essa afirmação, Mosca se coloca como defensor do Estado laico contra o Estado confessional e, com maior vigor, contra toda forma de teocracia. Recorde-se que, intransigente adepto da unidade do poder e, como tal, firme opositor de toda doutrina que visasse a negar a indivisibilidade do poder político, Hobbes condenara como teoria sediciosa não só a que divide o poder legislativo entre rei e parlamento, mas também a que divide o poder político do poder religioso, o Estado da Igreja. A separação entre Estado e Igreja seria legado da tradição cristã que Mosca não hesita em destacar particularmente, sobretudo comparando-o com a tradição islâmica.

A segunda tese refere-se à separação entre poder político e poder econômico: uma tese, esta, baseada na observação histórica considerada infalível por Mosca, segundo a qual, onde os detentores do poder político se identificam com os detentores do poder econômico, os meios de domínio e, portanto, de coerção em mãos dos governantes são imensamente superiores. Em nota polêmica, que não perdeu nada de sua atualidade, Mosca comenta:

> Na verdade, não há quem não saiba que uma das causas mais importantes da decadência do Parlamentarismo é a grande quantidade de empregos, de contratos de obras públicas e outros favores de natureza econômica, que os governantes podem distribuir a indivíduos ou a coletividades de pessoas.[26]

A terceira tese remete ao problema da relação entre poder político e poder militar: na realidade, trata-se nesse caso de

---
25 *Elementi*, I, p.182.
26 Ibid., p.188.

considerar benéfica e, portanto, preconizar não tanto a separação entre os dois poderes quanto a subordinação do segundo ao primeiro. Ao tema do poder militar Mosca dedica todo um capítulo de *Elementos*, geralmente ignorado. Para os fins do problema que aqui nos interessa, basta ressaltar a importância que, para dar um juízo positivo do Estado nos países mais avançados, ele atribui ao "notável fato" da existência de "grandes exércitos permanentes, rígidos guardiães da lei, obedientes às ordens da autoridade civil e cuja importância política é escassa e indiretamente exercida".[27] Esse notável fato, que parece normal para quem vive em países que carregam longa história de lutas pela emancipação do poder político em face do poder religioso e do poder econômico em face do poder político, na realidade é evento extraordinário, porque "tal resultado só pôde ser obtido graças a um grande e sábio desenvolvimento dos sentimentos nos quais se baseia a defesa jurídica".[28]

Convém voltar mais uma vez à última página da *História das doutrinas políticas*, em que essas três teses são de novo expostas brevemente como coroação de toda a reflexão sobre a melhor forma de governo, que coincide, como vimos no final do § 1, com a enumeração dos vários aspectos da "defesa jurídica". Para que o governo misto, entendido como o governo no qual se contrabalançam os vários modos de formação e organização da classe política, seja possível,

> é necessária a multiplicidade e o equilíbrio das forças dirigentes que só uma civilização muito avançada pode produzir: isto é, que o poder religioso seja separado do político, que a direção econômica não seja capturada inteiramente pelos administradores do Estado, que as armas não estejam exclusivamente nas mãos de uma fração da sociedade, separada e distinta de todas as outras, e que a cultura

---

27 Ibid., p.334.
28 *Elementi*, I, p.355.

e a preparação técnica sejam um dos requisitos que permitam o acesso à classe dirigente.[29]

Além das três teses expostas, o trecho termina com uma quarta tese: o caminho aberto ao mérito e à capacidade, que é também um dos princípios essenciais do Estado liberal, isto é, de um Estado em que o único monopólio admitido a quem detém o poder máximo é o do poder coativo, e a liberdade dos cidadãos está garantida pela autonomia do poder religioso e do poder econômico em face do poder político. Aquele Estado, para empregar as próprias palavras de Mosca,

> que permite a todos os elementos que têm valor político em dada sociedade ser mais bem utilizados e especializados, mais bem submetidos ao recíproco controle e ao princípio da responsabilidade individual pelos atos que realizam em suas respectivas funções.[30]

7. Resta uma última pergunta, que é, afinal, a que explica e justifica o interesse que sempre suscitou o tema do governo misto e me levou a escolhê-lo como objeto de nova reflexão sobre o teórico da "classe política". Quais são as razões pelas quais, no curso dos séculos, o governo misto foi considerado por número imponente de respeitados escritores políticos como a melhor forma de governo?

A meu ver, as razões principais são sobretudo três. *Ex parte principis*, a vantagem do governo misto sempre foi vista na capacidade que tem de assegurar maior estabilidade ou duração de um organismo político em comparação com as formas simples. Os quatro ordenamentos que foram estatuídos como exemplos de governos mistos, dignos de ser imitados, a república de Esparta e a república romana na Antiguidade, o reino da

---

29 G. Mosca, *Storia delle dottrine politiche*, cit., p.308.
30 *Elementi*, I, p.212.

Inglaterra e a república de Veneza na época moderna, são quatro exemplos de governos que tiveram duração de séculos. Todos os escritores que defenderam a excelência do governo misto o fizeram com base no argumento de que os governos de longa duração sempre foram governos mistos, e dessa constatação deduziram o argumento decisivo segundo o qual esses governos duraram muito tempo *por ser* governos mistos. Mas não se pode ignorar que a crítica ao governo misto como bom governo foi realizada com base no mesmo argumento, ainda que invertido, a começar pela famosa passagem de Tácito, segundo quem é mais fácil louvar o governo misto do que encontrar exemplos históricos de tal governo e, onde eventualmente se implantaram, não foram duradouros.[31] Tanto Bodin quanto Hobbes consideraram a distribuição dos poderes políticos para diferentes partes da sociedade uma das causas principais da ruína dos Estados e, portanto, de seu rápido fim. Nessas duas interpretações opostas das causas da estabilidade, revelam-se duas avaliações opostas acerca da vantagem que deriva para a sociedade em seu conjunto da pluralidade das forças sociais e, portanto, acerca do modo de regular suas relações até antagônicas.

Ex parte populi: o benéfico efeito do equilíbrio das forças sociais revela-se no fato de que estas se controlam umas às outras, e nesse recíproco controle reside uma das maiores garantias da liberdade dos cidadãos. Pode-se também legitimamente sustentar que estabilidade do governo e maior proteção dos cidadãos contra os abusos de poder procedem *pari passu* e se suportam uma à outra: um governo é tão mais estável quanto mais indivíduos e grupos conseguem expressar suas exigências sem recorrer

---

31 "*Num cunctas nationes et urbes populus aut primores aut singuli regunt: delecta ex his et consociata reipublicae forma laudari facilius quam evenire; vel, si evenit, haud diuturne esse potest*" (Tácito, *Annales*, IV, 33). ("O povo, os nobres ou os indivíduos dirigem todas as nações e cidades; uma forma de governo que reúna estes elementos é mais fácil louvar do que realizar, e, quando chega a existir, não é durável", trad. it. de E. Cetrangolo, p.551.)

à violência subversiva, o que ocorre onde a pluralidade das forças sociais é politicamente reconhecida e representada. Essa tese do governo misto como regime que institui o controle recíproco das diversas forças sociais já está enunciada com todas as letras por Políbio, como conclusão da análise da constituição romana:

> Quando um dos órgãos constitucionais, avultando-se, infla-se de soberba e prevalece mais do que o conveniente, está claro que, não sendo nenhuma parte autônoma e podendo todo intento ser desviado ou impedido, nenhuma das partes excede sua competência e ultrapassa a medida. Todos, portanto, permanecem nos limites prescritos, porque, por um lado, são impedidos em qualquer impulso agressivo, e porque, por outro, desde o princípio temem a vigilância dos outros.[32]

Os dois aspectos positivos do governo misto, a estabilidade do ordenamento e a liberdade dos cidadãos, estão presentes com admirável clareza em *De republica*, de Cícero, onde se lê que a constituição mista "apresenta, em primeiro lugar, certa igualdade, da qual não podem prescindir por muito tempo os cidadãos livres, e, secundariamente, tem estabilidade (*firmitudo*)"; e pouco mais adiante: "não existe motivo de mudança se cada qual está firmemente colocado no próprio lugar e não se põe em condições de precipitar e cair".[33] Talvez se possa ainda precisar que, nos escritores antigos, prevalece a consideração do benefício da estabilidade; nos modernos, a consideração da garantia da liberdade dos cidadãos. E isso acontece, para dizer a verdade, porque, como se disse, a doutrina do governo misto viria a se confundir progressivamente com a separação dos poderes, e dessa última a virtude essencial não é tanto o remédio para a instabilidade quanto para o abuso de poder.

---

32 Polibio, *Storie*, VI, 18.
33 Cícero, *De republica*, I, 45.

Por fim, pode-se considerar a doutrina do governo misto como inspirada em princípio geral de justiça. Nenhuma teoria da sociedade pode prescindir de referência à ideia de justiça, porque não se pode deixar de evocar um princípio de justiça qualquer quando se deve estabelecer uma ordem entre entes, como são os que compõem qualquer tipo de sociedade. A esfera de aplicação da justiça é a esfera das relações humanas em suas múltiplas manifestações. Não há fórmula de governo misto que não seja precedida de: "É justo que...". É justo que, se existem em determinada sociedade diversas forças sociais, cada qual tenha o próprio peso. É justo que o poder supremo seja distribuído. Todo aquele que haja enunciado uma fórmula de governo misto não pôde se esquivar de invocar o princípio de um equilíbrio qualquer: equilíbrio das forças sociais, equilíbrio dos poderes. O conceito de equilíbrio insere-se no conceito mais geral de justiça: não se dá equilíbrio sem princípio de justiça. Do ponto de vista de quem ordena, a máxima principal de justiça é *Suum cuique tribuere*; do ponto de vista de quem é ordenado, a máxima principal é *Suum agire*. Ora, ambas as máximas estão implícitas na formulação da doutrina do governo misto, ainda quando não sejam expressamente evocadas. *Ex parte principis*, a fórmula do governo misto sustenta-se na máxima segundo a qual cada uma das forças sociais deve ter sua parte no governo da sociedade; *ex parte populi*, a mesma fórmula sustenta-se na máxima segundo a qual cada uma das forças sociais deve poder desempenhar a função que lhe é atribuída. Da associação das duas máximas deriva o equilíbrio de forças que constitui o traço característico do governo misto e explica as razões de sua excelência, que implica dar vida a um regime estável e moderado.

8. Observando-se bem, todas essas três razões da superioridade do governo misto encontram-se no pensamento de Mosca.

Em relação ao valor da estabilidade, sabe-se bem que uma das preocupações constantes do conservador que foi ("cavalheiro", mas conservador), liberal mas não democrático, e até firmemente antidemocrático, esteve a de esconjurar as crises violentas que arruínam os Estados e dão origem, geralmente, a formas despóticas de governo. Uma das tarefas que atribuía a uma severa ciência política, chamada a condenar fórmulas políticas fascinantes, mas enganosas, era exatamente ensinar aos governantes a moderação e aos governados a desconfiança em promessas de demagogos; em síntese, impedir, prevenindo-as, as revoluções, esses cataclismos sociais de que geralmente não extraem benefício nem mesmo os que os provocam. Quanto ao equilíbrio das forças e ao remédio contra os abusos do poder, detive-me bastante na estreita relação que Mosca estabelece entre a doutrina do governo misto e a teoria da defesa jurídica, de sorte que não há necessidade de acrescentar mais nada. Aliás, pode-se corretamente afirmar que a razão principal pela qual introduziu o discurso sobre o governo misto foi exatamente o tema da necessidade de controle do poder com o fito de garantir a liberdade do cidadão. Por fim, Mosca reconheceu explicitamente que a doutrina do governo misto também obedece a um ideal de justiça, quando, recordando os adeptos dessa doutrina no passado, também se referiu ao *juste milieu* de Cavour e, pouco depois, acentuando o conceito de equilíbrio dos diversos princípios e das diversas tendências, típico do governo misto, escreveu:

> Esta conclusão corresponderia aproximadamente à antiga doutrina do justo meio que considera ótimos os governos mistos, doutrina que seria renovada com base no conhecimento exato e mais profundo das leis naturais que agem sobre as organizações políticas.[34]

Como bom positivista, Mosca acreditava na existência de leis naturais da sociedade. Estava convencido de que uma dessas leis fosse a que estabelece relação constante entre governo misto e governo justo.

---

34 *Elementi*, I, p.145

10.
Democracia e "elites"

1. No ensaio precedente sobre Gaetano Mosca, mencionei a peculiar fortuna da classe política na Itália, precisando que, para comentá-la, seria necessário estudo específico. Neste ensaio pretendo me deter na fortuna da teoria da classe política em três escritores liberais e democráticos, sobre quem já chamei a atenção em outra oportunidade, mas sem entrar em detalhes.[1] Esse novo estudo não tem só um objetivo informativo para leitores não especialistas, mas se propõe, primeiro, a mostrar que a teoria da classe política, formulada e elaborada por escritores conservadores com precisa intenção de polêmica antidemocrática, também foi utilizada por escritores democráticos; segundo, confirmar a tese cara a Pareto, segundo a qual uma coisa é o valor científico de uma teoria política, outra seu uso ideológico.

---

[1] No texto apresentado em 1959 durante o Congresso Internacional de Sociologia de Stresa e publicado no volume *Le élites politiche*, com o título "La teoria della classe politica negli scrittori democratici in Italia", p.54-8.

Os escritores a que me refiro são Piero Gobetti (1901-1926), Guido Dorso (1892-1947) e Filippo Burzio (1891-1948).[2] Quase coetâneos Dorso e Burzio, mais jovem dez anos, mas excepcionalmente precoce, Gobetti, começaram (e Gobetti, morto aos 25 anos, concluiu), todos os três, sua atividade de escritores políticos nos anos da crise após a Primeira Guerra Mundial. Formaram-se e temperaram-se na luta antifascista. Tanto Dorso quanto Burzio foram colaboradores de *La rivoluzione liberale*, fundada por Piero Gobetti; enquanto as ideias de Dorso eram próximas das de Gobetti, as opiniões de Burzio constituíram sempre, para os gobettianos mais fiéis, pretexto para intervenções polêmicas. Dorso, como Gobetti, combatia a política do governo liberal italiano, o transformismo tradicional da classe no poder e sua última encarnação no governo Giolitti. Burzio, ao contrário, era giolittiano convicto: em 1921 escreveu sobre Giolitti um belo ensaio,[3] elogiado pelo próprio Gobetti, em que exalta a so-

---

[2] Considerei de modo particular as seguintes obras: P. Gobetti, *Scritti politici*, de *Opere complete*, organizado por P. Spriano (citado daqui por diante como *S.P.*); G. Dorso, *Dittatura, classe politica e classe dirigente*, v. II de *Opere*, organizado por C. Muscetta (citado daqui por diante como *Classe*); F. Burzio, *Essenza e attualità del liberalismo* (citado daqui por diante como *Lib.*).

[3] Republicado no volume *Politica demiurgica* (p.41-79) e, mais recentemente, no volume *Dalla Liberazione alla Costituente* (p.165-201, do qual extraio as citações). Nele se lê, entre outras coisas: "A política não é pedagogia nem apostolado, não implica fé em tudo o que se diz nem em tudo o que se faz. Entre Rabagas e Mazzini, há lugar para outro tipo humano. O problema ético da política, e da prática em geral, é manipular a lama sem sujar as mãos, saber mentir se preciso for [...], conservando o gosto da verdade; dominar, em suma, a realidade, sem menosprezá-la. Sonnino também é sério, mas não é astuto; Nitti também é astuto, mas não parece, por ora, sério. O valor, diria, cultural de Giolitti neste campo foi sobretudo negativo: isto é, ter funcionado como reagente do espírito italiano, precipitando em oposição concreta a sua *forma mentis* muitos imponderáveis sentimentais em que se encarnam as taras nacionais" (p.187). Em *L'Ordine Nuovo* de 27 de junho de 1921, Gobetti anunciou o ensaio de Burzio com estas palavras: "Sobre Giolitti, Filippo Burzio está prestes a publicar, em *Ronda*, poderoso estudo histórico-sintético: estudo de que se pode aqui e

lidez da política e o vigor da têmpera moral do velho estadista. Gobetti e Dorso eram políticos moralistas, antes moralistas do que políticos, antes educadores do que homens de ação: acreditavam na política dos intelectuais. Burzio professava-se discípulo de Maquiavel e de Treitschke, seguidor da política realista, observador sem preconceitos das paixões humanas (como Pareto): acreditava só na política dos políticos. Quando escreveu em *La rivoluzione liberale* um artigo para condenar o antifascismo ético de Gobetti, em nome de uma concepção da política como força e corrupção, segundo a qual não se deve temer uma ditadura quando é viril, Gobetti respondeu secamente que "insistir num distanciamento de consciência e numa questão de dignidade corresponde a nosso estilo de políticos".[4] Gobetti confiava no resgate das classes populares, guiadas ou, pelo menos, apoiadas por uma elite de intelectuais sem conexões com o passado, críticos iluminados e impiedosos da tradição política italiana; da mesma forma, Dorso, quando falava de "revolução meridional", pretendia falar de revolução camponesa, guiada por intelectuais liberais e radicais, contra as velhas clientelas responsáveis pela desesperada imobilidade do *Mezzogiorno*. Burzio, ao contrário, tinha o instinto do conservador, a custo refreado por educação liberal moderna: não confiava nas massas, destinadas a ser mani-

---

acolá divergir, como divergimos, mas que tem o mérito de captar a psicologia do homem nas razões íntimas que o ligam à tradição piemontesa" (*S.P.*, p.213). A esse ensaio de Burgio se referirá muitos anos mais tarde Dorso, mas com espírito bem diverso, em artigo de *Italia libera*, de 16 de maio de 1945: "Em passado não muito remoto, houve quem chamasse a política giolittiana de demiúrgica, e Filippo Burzio, em conhecido ensaio, que traz exatamente este título, organizou uma série de argumentos que podem ser assimilados à conhecida resposta de Vespasiano: *pecunia non olet*. Para Burzio, a política *non olet*, e, quando existe o demiurgo, não se tem o direito de criticar a gênese da ação política, de censurar seus meios" ("L'occasione storica", v. IV de *Opere*, 1949, p.36).

4 O artigo de Burzio intitulado "Antifascismo etico" e a réplica de Gobetti foram publicados no mesmo número de *La rivoluzione liberale*, III, n. 8, 19 fev. 1924. A réplica de Gobetti em *S.P.*, p.503-4.

puladas pelo "demiurgo"; na cena política não conhecia outros personagens além do demiurgo e do *demos*. Em 1922, defendeu a monarquia em série de artigos que suscitaram imediata reação, na revista de Piero Gobetti, de Natalino Sapegno.[5] E, mesmo tendo aderido ao programa de revolução liberal em fevereiro de 1922, expressou algumas reservas seja sobre o pouco valor conferido por Gobetti à orientação política monárquico-piemontesa, seja sobre a crença na iminente possibilidade de ampla participação do povo na vida do Estado.[6]

Pode-se perceber o reflexo dessa variada atitude de nossos três autores diante da política no modo diverso com que se serviram da teoria das elites, como veremos na última seção. Aqui se quer ainda fazer uma tentativa de compreender a razão pela qual a teoria das elites atraiu fortemente autores novos, em parte diferentes entre si, e distantes (como Gobetti e Dorso) dos pais da própria teoria, inseridos numa luta política diversa daquela em

---

5 Esses artigos apareceram, entre maio e outubro de 1922, com o título "De Monarchia", em *La Stampa*, *La Tribuna* e *La rivoluzione liberale*; depois recolhidos em *Politica demiurgica*, p.101-44, e em *Dalla Liberazione alla Costituente*, p.215-55. Notável o último, publicado em *La rivoluzione liberale*, 12 out. 1922, em que Burzio defende o *Risorgimento* como "fato político exitoso" contra quem o julgava "revolução religiosa fracassada"; zomba das fés ingênuas do hegelianismo e do mazzinismo; reitera suas teses realistas ("a matéria humana é bruta, quem trabalha com ela deve sabê-lo", p.251) e contrapõe aos ideólogos irresponsáveis o político construtivo. "Por isso, o ideologismo é sempre derrotado: servo, e caduca máscara, das forças sociais que, se ingênuo, tem a ilusão de dominar eticamente [...]. Os acontecimentos se dão sempre fora de seu âmbito, além de sua mira, uma vez que é irresponsável e não demiúrgico. Ao contrário, a política é a atividade que tem êxito: e exatamente por isso é tão odiada por quem fracassa. Tem a sabedoria da precariedade, da continuidade, dos limites: Richelieu, Bismarck, Cavour morrem de pé; a história os continua, não os nega" (p.254). O artigo polêmico de Sapegno, também intitulado "De Monarchia", foi publicado no número 29 de *La rivoluzione liberale*, 12 out. 1922; a resposta de Burzio, sempre com o mesmo título, no n.32, em 2 nov. 1922; seguida de réplica de Sapegno.

6 Cf. "Politica e storia. Polemica sul 'Manifesto'", *La rivoluzione liberale*, 25 fev. 1922; e a resposta de Gobetti, no mesmo número, agora em *S.P.*, p.253-7.

que a teoria nasceu e teve fortuna. Antes de mais nada, em termos de juízo histórico, tanto Gobetti quanto Dorso, aceitando as teses mais radicais do *Risorgimento* como revolução fracassada e do pós-*Risorgimento* como período que refreara, mediante o paternalismo da monarquia, o transformismo dos partidos e o personalismo dos homens influentes, o avanço das forças populares, eram levados a ver o modo como andaram as coisas na Itália como confirmação da teoria mosquiana, isto é, da teoria segundo a qual em qualquer regime os que detêm o poder são sempre uma minoria bem organizada. A teoria pessimista de Mosca parecia feita sob medida para agradar a quem não estava disposto a dar um juízo benévolo sobre o desenvolvimento da democracia na Itália. Em segundo lugar, Gobetti e, em sua trilha, o movimento gobettiano (no qual se pode inserir Dorso) sempre estiveram inspirados por confiança ilimitada nas minorias heroicas, criadoras, combativas, revolucionárias; em poucas palavras, nos heréticos que, rompendo os laços de toda ortodoxia, contribuem para a criação, ainda que em longo prazo, de novos valores, lançam sementes que frutificarão, são o sal da história.[7] A ideia, cara a Mosca e a Pareto, de que a história fosse exclusivamente obra de elites oferecia, por um lado, um critério de explicação da história da Itália, tal como se desenvolvera no passado mais recente, e, por outro, uma âncora de salvação: se é verdade que a política é feita por minorias, era preciso dar vida a uma nova elite a ser contraposta à corrupta, exaurida, debilitada, que estava

---

7 Ainda em 1944, escrevendo a introdução para uma reedição de *La rivoluzione meridionale*, publicada pela primeira vez em 1925 na editora de Gobetti, Dorso declara: "É necessária [...] uma elite, mesmo pouco numerosa, mas que tenha ideias claras e seja impiedosa em sua função crítica. Acabou o tempo do apostolado individual [...]. Se o *Mezzogiorno*, em supremo esforço criativo, organizar esta minúscula elite sem medo e sem piedade, a luta poderá ser longa, mas o desfecho não será dúbio, uma vez que toda a história italiana é tão só a obra-prima de pequenos núcleos que sempre pensaram e agiram em nome das multidões ausentes" (citado do v. III de *Opere*, p.LII).

prestes a ser derrotada, depois de tê-lo evocado, pelo fascismo. Quanto a Burzio, apesar da admiração por Pareto, a política lhe parecia, nos primeiros anos, mais obra do demiurgo, isto é, do criador isolado e solitário que se coloca acima de seu tempo, do que das elites. A política não é coisa a ser deixada ao *demos*, mas muito menos, contrariamente ao que pensavam os gobettianos, às minorias intelectuais. Só mais tarde, ao escrever sua obra principal de teoria política (1945), reexaminará explicitamente a teoria das elites para reconciliá-la com as teorias democráticas, pelas quais mostra nesses primeiros anos desdenhosa desconfiança. Mas, no fundo, a concepção demiúrgica da política era parente estreitíssima da teoria das elites, em seu aspecto não só descritivo (como em Mosca), mas também valorativo (como em Pareto). Ambas eram filhas de visão aristocrática da história, de atitude defensiva contra a ameaçadora democracia a caminho.[8]

2. Quem ler a obra de Gobetti não pode deixar de se surpreender com o fato de que a ideia de "classe dirigente" ou "classe política" é uma das ideias diretrizes, seja da investigação histórica, seja do programa político.

Uma das maiores preocupações do Gobetti historiador é a busca das razões de nascimento e decadência da classe política piemontesa, principal protagonista da unidade italiana. Na decadência dessa classe ele vê uma das causas da doença mortal que conduziu a Itália, de crise em crise, até o fascismo. Como escritor político, seu programa, em longo prazo, é a formação de uma

---

8 Não é o caso de me deter nesse lugar na teoria do demiurgo, que foi apreciada, elaborada e defendida por toda a vida por Burzio. Está exposta principalmente na obra *Il demiurgo e la crisi occidentale*. Sobre a origem, veja-se *La nascita del demiurgo*, que recolhe escritos juvenis. Sobre o coroamento e a conclusão, a coletânea póstuma *Dal superuomo al demiurgo*. Em 1965, pela editora turinense Teca, apareceu com introdução minha (p.5-16) uma coletânea dos principais escritos burzianos sobre o demiurgo, intitulada exatamente *Il demiurgo*, compreendendo, além de *La nascita del demiurgo* e *Il demiurgo e la crisi occidentale*, o ensaio sobre Giolitti e *Essenza e attualità del liberalismo*.

nova classe política, antifascista liberal, ao mesmo tempo expressão e esteio do movimento operário nascente. No "Manifesto" da revista *La rivoluzione liberale*, expõe um plano de pesquisa histórica que deverá explicar, antes de mais nada, "a falta de uma classe dirigente como classe política"; e, concluindo, declara: "Precisa tarefa nossa torna-se, pois, a elaboração das ideias da nova classe dirigente e a organização de todo e qualquer esforço prático que a isso conduza".[9]

Mas Gobetti não se serve do conceito de classe política só como de um esquema de interpretação histórica: encontram-se em seus escritos algumas referências bastante precisas à própria teoria da classe política, tal como formulada por Mosca, e em geral uma avaliação positiva, ainda que com algumas reservas,[10]

---

9 *S.P.*, p.237. "Mas nossa tarefa declarada – pergunta-se na coluna 'Experiência liberal', de *La rivoluzione liberale*, 18 jun. 1922 (assinada por 'Antiguelfo') – não será precisamente a formação de uma classe política sobre novas bases de honestidade cultural e organicidade histórica?" (p.379).

10 Mesmo que tais reservas possam legitimamente ser referidas não tanto a Mosca, por quem mostrou repetidamente afetuosa devoção, quanto a Pareto, pelo qual não nutriu simpatia alguma por causa do declarado filofascismo dos últimos anos. Refiro-me à seguinte passagem: "[...] a teoria das elites é válido cânone de interpretação histórica, *mas cria todos os perigos do intelectualismo sociológico e científico de que nasce*. Mais rigoroso do que Mosca e do que Pareto será sempre Sorel (e dele, de fato, depois se aproximaria logicamente Prezzolini), o qual transporta a teoria das aristocracias para seu ambiente natural, ou seja, a luta de classes marxista" ("Il nazionalismo italiano", *La rivoluzione liberale*, 20 set. 1922); em seguida, com algumas variantes, no livro *La rivoluzione liberale*, em que se lê: "Porque a teoria das elites é um cânon válido de interpretação histórica, esconde todos os perigos do intelectualismo sociológico e científico de que nasce, *se não se transportar a lógica de Mosca e de Pareto até Georges Sorel*, o qual considera a teoria das aristocracias em seu ambiente natural, ou seja, na luta de classes" (*S.P.*, p.1022; os grifos são meus). É verdade que as reservas críticas atingem conjuntamente Mosca e Pareto; mas em escrito da semana seguinte sobre "Formentini", *La rivoluzione liberale*, 28 set. 1922, Gobetti fala exclusivamente da "simplificação paretiana do esquema das elites" (*S.P.*, p.408), ao passo que as citações só de Mosca, como se verá no texto, expressam sempre juízos claramente positivos.

de sua validade científica. Não se deve esquecer que Gobetti fora aluno de Mosca na Universidade de Turim, em que se matriculara em 1917, onde Mosca ensinava direito constitucional desde 1898. Num de seus últimos artigos, traçando um quadro da universidade turinense para a revista *Conscientia*, de Giuseppe Gangale, coloca Mosca, junto com Luigi Einaudi e Francesco Ruffini, entre os "homens europeus" da academia e justifica o juízo escrevendo: "Afinal, como todos sabem, a *ciência política* de Mosca teve mais leitores atentos e até discípulos no exterior do que na Itália".[11] A Mosca, por ocasião da reedição de *Elementi di scienza politica* pela Ed. Bocca (1923) e da transferência para a Universidade de Roma, Gobetti dedica belo e sólido ensaio, publicado primeiro em *L'Ora*, de Palermo, em 26 de fevereiro de 1924, com o título "Gaetano Mosca", em seguida em *La rivoluzione liberale*, de 29 de abril, com o título "Um cavalheiro conservador".[12] Desde as primeiras linhas contrapõe a fortuna de Pareto, célebre ao morrer, ao silêncio em que vive Mosca, o qual, no entanto, "precedera-o nas mais extraordinárias descobertas da ciência política".[13] Apreende com exatidão o principal título de mérito do escritor siciliano por ter iniciado aos 26 anos, com a obra sobre a *Teorica dei governi* (1884), a batalha "para tornar reconhecida e quase fundar pela segunda vez, na pátria de Maquiavel, a

---

11 O artigo, com o título "Le Università e la cultura. Torino", apareceu no número de *Conscientia* de 23 de janeiro de 1926, portanto poucos dias antes da morte, com o estranho pseudônimo Diogene Mastigaforo (S.P., p.911).
12 *S.P.*, p.652-7.
13 Na controvertida questão sobre qual dos dois pais da teoria das elites tenha sido o primeiro não digo a elaborá-la, mas a soltá-la no mundo, Gobetti, como se vê, colocava-se do lado de Mosca e tinha substancialmente razão. Em outro lugar, ainda mais claramente, depois de dizer que Prezzolini buscara em Mosca a ideia de classe política, acrescenta: "Pareto e Sorel deram sua contribuição à revisão deste conceito, mostrando com seus estudos a indiscutível verdade da proclamada circulação das classes dirigentes e a importância dos valores pessoais nos fatos políticos" ("La nostra cultura política", *La rivoluzione liberale*, II, 15 mar. 1923; *S.P.*, p.471).

ciência da política". Que uma das armas dessa batalha tivesse sido a teoria da classe política Gobetti tinha bem claro em mente e reconhece-o nesse mesmo ensaio com o seguinte juízo: "A teoria de Mosca sobre a classe dirigente é verdadeiramente uma daquelas ideias que abrem extensões infinitas de terra à investigação dos homens".[14]

Infelizmente, a teoria nem sempre fora compreendida em seu valor científico e servira como cômoda plataforma para defender posições políticas. Gobetti não ignorava a tentativa de captura, feita por Prezzolini e Papini em *Il Regno*, mas considerava-a fracassada.[15] Na realidade, também a ele a teoria interessava sobretudo pelo uso ideológico que dela se podia fazer, ainda que em direção contrária à percorrida pelos nacionalistas. Sua divergência, em relação a estes, não derivava tanto do fato de que uma teoria científica tivesse sido distorcida para fins políticos quanto da constatação de que a distorção tivesse ocorrido em sentido oposto ao que lhe parecia útil. A teoria das elites, que parecia aos nacionalistas ponto de apoio para uma política de reação antidemocrática, não deveria ser antes interpretada como preparação para uma fundamentação mais realista do liberalismo e da democracia? Na conclusão do ensaio sobre Mosca, Gobetti traça, ainda que esquematicamente, um programa de estudos nessa direção: "A tarefa da especulação política que dará prosseguimento à obra de Mosca é acentuar essa interpretação democrático-liberal, fazer concordar audaciosamente os dois

---

14 *S.P.*, p.656.
15 "Prezzolini e Papini, no tempo de *Il Regno*, tentaram fazer os nacionalistas entender Mosca e Pareto, mas esta tentativa de integração cultural encontrou os espíritos sem preparo e, de resto, não era suficiente para a realidade imprevista que se estava criando" (*S.P.*, p.1022). Em outro ponto: "O pensamento da elite a ser construída não era estranho a *La Voce* [...]. Prezzolini o buscara em *Elementos de ciência política*, de Mosca, onde se encontrava na forma de objetiva consideração, e dele fizera o programa para o futuro" ("La nostra cultura politica", p.471).

conceitos de elite e de luta política".[16] A condição para que esse programa possa ser realizado é que a teoria "cuidadosamente elaborada por Gaetano Mosca e por Vilfredo Pareto" conecte-se "mais diretamente com as condições da vida pública e com o conflito histórico dos vários estratos":[17] desse modo, a reintegração da teoria com base numa concepção agonística (dialética, como também se costumava dizer) da história permite sua conciliação seja com a doutrina liberal, seja com a democrática.

Gobetti considerava "puramente liberal" a teoria que via as elites formarem-se nos conflitos sociais, em oposição às teorias que explicam a história não realisticamente como teatro da luta de classes, mas, idealizando-a, como encarnação de abstratas idealidades metafísicas, como a justiça, o direito natural, a fraternidade dos povos: era um liberalismo, o seu, que se nutria da concepção agonística da história, própria de Einaudi, e ecoava a frequentemente reiterada impaciência crociana contra as abstrações jusnaturalistas. Quanto ao aspecto democrático da teoria, Gobetti limita-se a afirmar, de forma bem sibilina, que o processo de gênese da elite é "claramente democrático".[18] Com isso quer afirmar que as aristocracias não caem do céu, mas são a expressão, em cada circunstância, de forças sociais. É inútil acrescentar que esse conceito de democracia não era muito ortodoxo, mas Gobetti punha os problemas políticos em termos revolucionários, e a teoria tradicional da democracia como governo de maioria não lhe era de grande utilidade. Ainda mais claramente, em outra passagem, explica que a elite "deve ser entendida não no sentido de que exista quem faça a escolha, mas no sentido de um processo histórico através do qual se revelam os

---

16 *S.P.*, p.656.
17 *S.P.*, p.955.
18 *S.P.*, p.955. Transcrevo todo o trecho: "O processo de gênese da elite é nitidamente democrático: o povo, ou melhor, as várias classes oferecem nas aristocracias que as representam a medida de sua força e de sua originalidade".

melhores".[19] Com essa explicação, dá nitidamente a entender que tem em mente não o processo democrático artificial de uma elite através do método eleitoral, mas o fato natural ("fisiológico", dirá poucas linhas depois) da formação das elites através da luta política. Mas, se todas as elites são, como tais, democráticas, isto é, representativas, como é que podem ser distinguidas umas das outras? Aqui, ao juízo de fato se sobrepõe um juízo de valor, e a teoria se transforma mais uma vez de doutrina científica em ideologia. O trecho termina assim: "Neste sentido quase fisiológico, os governantes *devem* representar os governados. Não existe aristocracia onde a democracia está excluída".[20] Com aquele "devem", o problema dava um belo salto do reino dos fatos para o reino dos ideais: uma aristocracia que não pode existir sem democracia não é mais conceito histórico, mas ideal a ser propugnado. Era a ideia da nova aristocracia que deveria surgir no seio do movimento operário e contrapor-se à velha classe dirigente, a qual terminaria como paraninfa e serva do fascismo. Já em escrito dos primeiros anos, Gobetti disse em polêmica com Pareto: "Hoje, realiza-se uma revolução democrática no verdadeiro sentido da palavra. A elite que se formará será mais do que nunca flutuante e aberta a todos. Pareto não nos poderá negar que a história ensina isso. A classe dirigente torna-se cada vez menos rígida, cada vez mais ampla e popular. De casta transforma-se em classe e ordem".[21] Daí que, mais uma vez, a crítica atingia não a teoria em si mesma, mas sua interpretação.

3. Como quer que se devesse entender a relação entre democracia e elite, é certo que, no pensamento de Gobetti, a teoria das elites estava estreitamente ligada a uma concepção liberal e democrática da vida política. Interpretada a luta política como luta de aristocracias, a atenção do historiador e do político se

---

19 S.P., p.656.
20 S.P., p.657. O grifo é meu.
21 S.P., p.192.

deslocava da constatação de sua infalível presença em qualquer regime para o problema de seu variado modo de formação; e, entendida a democracia como um dos modos possíveis de formação de uma classe política, entre teoria da democracia e teoria da classe política ruía qualquer razão de conflito. Em Gobetti acaso se manifestava, por causa de não bem delineada separação entre o plano ideológico e o científico, bem como de ambíguo conceito de democracia, a tendência, diametralmente oposta à dos escritores reacionários, de interpretar a teoria das elites exclusivamente em sentido democrático, de não considerar outro processo de sua formação além do democrático, mediante a fórmula acima referida segundo a qual "não existe aristocracia onde a democracia está excluída".

Coube a Guido Dorso, tão afim, por ideias e temperamento, a Gobetti, retomar o tema, aprofundá-lo e dele expor uma elaboração, que é a primeira tentativa séria, ainda que incompleta e fragmentária,[22] de continuar a obra de Mosca. O ensaio de Dorso é interessante não só pelo conteúdo, mas também porque é o primeiro testemunho da efetiva aclimatação da teoria da classe política no campo democrático. Ele nos mostra, além disso, que tal aclimatação foi possível por duas razões: antes de mais nada, a teoria da classe política foi adotada cada vez mais como teoria científica e não como ideologia; em segundo lugar, por regime democrático e liberal se entende cada vez mais, realisticamente, um regime caracterizado não pela falta de classe política, mas por certo modo de formação e revezamento desta. A teoria da classe política, exatamente, torna-se expressão de atitude realista diante da política, de um modo de conceber os fenômenos

---

22 Dorso reconhecia que seu ensaio tinha só valor de esboço. A propósito da divisão da sociedade em classes escreve: "Naturalmente, este tema também justificaria a redação de um tratado ou até mesmo uma série de tratados. Mas, não sendo isso possível, limitar-me-ei a uma série de alusões, suficientes para estimular o pensamento do leitor e enquadrar o argumento" (*Classe*, p.136).

políticos que leva em conta a natureza humana, tal como é, e não tenta embelezá-la para ministrar programas irrealistas. Contra a oposta atitude utópica, Dorso escreve: "Toda a história das chamadas doutrinas políticas é cemitério de generosas utopias, que grandes talentos delinearam no papel em vã tentativa de corrigir a natureza humana".[23]

À consciência da importância da classe política como instrumento de interpretação histórica Dorso foi levado por um estudo da classe dirigente meridional, que empreendeu para redigir uma intervenção no seminário sobre os problemas do *Mezzogiorno*, realizado em Bari de 3 a 5 de dezembro de 1944. Durante esse estudo percebeu que "a formação de uma classe dirigente é mistério da história, que nem o materialismo nem o idealismo ainda conseguiram desvendar", e chegou à convicção de que "é tarefa própria da teoria política reconstruir em grandes linhas a gênese e a estrutura de uma classe dirigente".[24] A influência de Mosca é evidente e, de resto, várias vezes declarada: como para Gobetti, também para Dorso Mosca parece contar mais do que Pareto. O *Tratado de sociologia* é citado, mas a terminologia e o arcabouço geral são extraídos de *Elementos de ciência política*.[25] De qualquer forma, é bastante curioso que, em ambiente saturado de anticientificismo idealista, Dorso fale, sem piscar os olhos, de "ciência política", no sentido positivista de conhecimento empírico, baseado na observação, das constantes histórico-políticas, a fim de estabelecer "verdadeiras leis sociais e políticas",[26] e

---

23 *Classe*, p.162.
24 *Classe*, p.9.
25 Por exemplo, veja-se, em nota na p.127, a afirmação de que a terminologia paretiana é "bastante confusa" e a distinção entre eleitos e governantes, em Pareto, é "pouco aprofundada". De Pareto, Dorso mostra apreciar a teoria das derivações: "Pareto nos ensinou que as derivações não servem para nada quando os resíduos mudam" ("L'occasione storica", v. IV de *Opere*, p.41). Cf., também, p.150.
26 *Classe*, p.122.

chegue a proclamar em evidente polêmica com a visão individualizante do historiador: "se não nos servirmos do método classificatório, correremos o risco de não compreender nada de política e história".[27] O objetivo que se propõe é principalmente sistemático: mais do que por originalidade de ideias, seu ensaio, apesar de conter análises corretas e intuições felizes, distingue-se pela elaboração e o ordenamento de material habitualmente manipulado por escritores diletantes em busca de fórmulas de efeito. E é confirmação de que a teoria da classe política, destacada de seu primitivo contexto ideológico, não constitui mais espantalho para os escritores democráticos. Tomada diretamente de Mosca é a definição de classe política como minoria organizada: para Dorso, como para Mosca e Pareto, a existência dessa minoria que governa é fato objetivo do qual o estudioso deve ter consciência e diante do qual não deve ter razões de entusiasmo ou escândalo: "A imperfeição da natureza humana teve como consequência o fato de que as sociedades humanas não puderam organizar-se a não ser através destas formações oligárquicas que constituem a ossatura de toda a estrutura social".[28]

Dignos de destaque no breve estudo são sobretudo quatro pontos. Primeiramente, partindo da distinção mais ampla entre classe dirigente (que compreende em seu seio a classe política) e classe dirigida, Dorso mostra-se particularmente sensível ao problema da interdependência entre as duas classes, revelando a paixão democrática que o inspira e, de modo direto, a influência gobettiana. A classe dirigida "também recita seu papel na luta política".[29] Uma classe dirigente não nasce *ex nihilo*, mas é recrutada na classe dirigida, normalmente, sobretudo no passado, mediante cooptação; como consequência, ela é o espelho de um povo, daí ser verdadeira a máxima pela qual todo povo

---

27 *Classe*, p.139.
28 *Classe*, p.133.
29 *Classe*, p.168.

tem o governo que merece: uma classe dirigente decadente é a expressão de uma nação em decadência. "Essa interdependência entre povo e classe dirigente é fator constante, que surge sob luz claríssima nos períodos revolucionários, mas que opera sempre, ainda que em surdina."[30] O segundo ponto é a distinção, no âmbito da classe governante, entre classe dirigente e classe política: a primeira abrange todos aqueles que em determinada sociedade têm função diretiva, seja política, seja intelectual ou econômica, a segunda compreende a parte da classe dirigente que exerce exclusivamente funções políticas: é chamada, vez por outra, "comitê diretivo", "subseção especializada", "instrumento técnico" da primeira.[31] Essa distinção serve, por um lado, como esquema de interpretação histórica: pode haver mudança de classe política sem que mude a classe dirigente, como aconteceu, na Itália, na passagem da Direita para a Esquerda; só quando se tem mudança de classe dirigente, e não só de classe política, pode-se falar de revolução. Por outro lado, assinala a passagem da fase primitiva da doutrina, tal como formulada por Mosca, em que a classe política constitui um grupo indiferenciado, para fase mais madura, mais apropriada para interpretar a situação de poder de uma sociedade industrial, em que a classe política, entendida como classe dos políticos, é só um dos grupos detentores do poder, nem sempre o mais importante. Em terceiro lugar, para Dorso a classe política não é um todo monolítico: a tendência para fazer coercitivamente da classe dirigente uma unidade sem distinção é própria das ditaduras, no sentido moderno da palavra; mas é tendência que pertence à patologia social. Toda classe política tende a cindir-se, pela natureza mesma da luta política, em classe de governo e classe de oposição. Onde o mecanismo da luta política funciona regularmente, as duas classes tendem a se revezar; de outro modo,

---

30 *Classe*, p.131.
31 *Classe*, p.127, 134, 158.

uma das duas tende a manter o poder permanentemente, o que, aliás, não elimina a existência de uma oposição. Também Dorso, como Gobetti, inspira-se na concepção liberal que atribui valor positivo à luta no desenvolvimento e progresso da sociedade: para o homem, a luta é instinto e se expressa em grau máximo na luta ideológica, sufocada a qual "a vida humana retrocederia a uma etapa puramente biológica, passaria pela involução mais desastrosa".[32] A luta ideológica na sociedade moderna expressa-se através dos partidos, a propósito dos quais Dorso estabelece o quarto ponto que me interessa sublinhar: os partidos modernos são o cadinho no qual se elabora a classe política e, como tal, são "os instrumentos racionais para o intercâmbio entre classe dirigida, por uma parte, e classe dirigente e classe política, por outra".[33] E mais:

> a classe política é uma formação da classe dirigente técnico-política para o governo do país, mas sua elaboração ocorre constante e normalmente através do partido político, cuja função específica é exatamente selecionar de toda a massa os homens que têm aptidões para governar o país.[34]

E também quanto aos partidos a teoria de Dorso remetia à análise "magistral" de Mosca.

Essa teoria, por outro lado, não era tão impassível a ponto de não deixar transparecer, entre as malhas das noções gerais, o intento ideológico. De resto, exatamente a vocação de reformador político é que levara Dorso a tentar esclarecer alguns problemas de ciência política: era preciso investigar o segredo da formação da classe dirigente para conhecer a situação ideal em que a classe dirigente podia formar-se e operar. O problema

---

32 *Classe*, p.170.
33 *Classe*, p.180.
34 *Classe*, p.176-7.

político de fundo consistia sempre em garantir a classe governada contra os abusos de poder da classe governante; para esse problema Dorso buscava resposta na solução liberal mais ortodoxa, ou seja, na cisão permanente da classe política em duas frações opostas, destinadas a alimentar a luta política através dos partidos e a se revezarem pacificamente na direção do Estado. Quanto ao ideal democrático, estava claro para Dorso que a característica de uma sociedade democrática estava no intercâmbio constante, regular, contínuo, entre classe dirigida e classe dirigente através da luta organizada pelos partidos. A uma democracia direta em sentido absoluto, que jamais existira, opunha uma democracia direta em sentido histórico, isto é, "uma organização na qual se oponha o menor número possível de obstáculos ao duplo intercâmbio entre classe dirigida e classe dirigente e classe dirigida e classe política".[35] De tal modo, chegava a propor uma concepção da democracia que não só estava perfeitamente de acordo com a teoria do antidemocrático Mosca, mas dela se servia para dar um passo adiante na elucidação do problema.

4. A teoria das elites também constitui o fulcro de um programa político liberal-democrático na obra, erradamente esquecida, do paretiano[36] Filippo Burzio, *Essenza e attualità del liberalismo*,

---

35 *Classe*, p.79.
36 Burzio considera Pareto como o último de seus cinco mestres (os outros são Rousseau, Goethe, Bergson e Croce) na recordação de Pareto pronunciada em Genebra, em 1924. Veja-se o texto no pequeno volume *Ritratti*, com o título "Pareto e altri", p.9-35. Na mesma coletânea, cf. o ensaio "Appunti per un trattato" (1929), p.141-70, em que Burzio expressa o propósito de escrever um tratado de sociologia e declara querer colocá-lo "sob o signo de V. Pareto" (p.160). No volume *Politica demiurgica*, já citado, um dos autores mais mencionados, junto com Croce e Sorel, é Pareto. Em sua obra mais pessoal e ambiciosa, *Il demiurgo e la crisi occidentale*, já citada, escreve: "[...] quanto ao tom contemporâneo e aos aspectos práticos de meu problema, os homens de quem então me sentia mais perto foram dois ilustres engenheiros, os quais exerceram, inclusive culturalmente, notável influência sobre mim: Georges Sorel e Vilfredo Pareto" (p.146). Ao ensinamento de Pareto permaneceu fiel até seus últimos anos. Escreveu em 5 de dezembro

publicada logo depois da libertação, em 1945. Enquanto Dorso enfrenta o problema das elites na condição de historiador e de sociólogo, Burzio não evita apresentar-se diretamente como ideólogo, como elaborador do programa de um novo liberalismo adaptado aos tempos e ao progresso técnico e histórico. Mas é um ideólogo que pretende colocar os pés no terreno firme da "verdade experimental" e se vale, ou presume valer-se, contra seus adversários, de argumentos retirados da observação dos fatos.

Desde as primeiras afirmações, Burzio diz muito claramente ter chegado a hora de "explorar e aplicar à construção das ideologias e da arte da política os ditames das ciências econômicas e sociais, naquilo que estas têm de consolidado e incontroverso".[37] Ora, entre as descobertas científicas consolidadas e incontroversas, nas quais todos os partidos deveriam basear suas construções ideológicas "em lugar de fumaças retóricas e vazios ou mentiras demagógicas",[38] está a teoria das elites.

No entanto, o conjunto das descobertas científicas que receberam esse nome até agora fora orientado equivocadamente por seus próprios iniciadores para sustentar uma política conservadora, quando não diretamente reacionária, em direção antiliberal e antidemocrática, por obra de Pareto, em direção liberal e antidemocrática, por obra de Mosca. Burzio, ao contrário, está convencido de que os resultados da ciência política fortaleçam antes a ideologia liberal-democrática do que as ideologias adversárias: está perfeitamente consciente de que uma coisa é um

---

de 1946, a propósito da reedição dos ensaios paretianos reunidos em *Trasformazione della democrazia*, um artigo intitulado "Un insegnamento di Pareto", agora em *Repubblica anno primo*. E a ele dedicou alguns estudos científicos: "Introduzione alla sociologia", *Giornale degli economisti e Annali di economia*, p.139-61; "Le azioni non logiche di Pareto", na mesma revista, p.525-39; "Il concetto di residuo in Pareto", na mesma revista, p.125-38.

37 *Lib.*, p.XII.
38 *Lib.*, p.XIII.

discurso científico, outra um programa político (não seria o paretiano que professava ser, se não tivesse assimilado bem essa distinção); mas tem a ambição de mostrar que a ideologia que está em vias de propor é mais científica dos que as outras ou, pelo menos, baseia-se em verdades experimentais e não em ficções ou ilusões.

O procedimento com que o livro é construído pode ser resumido deste modo: dadas algumas leis sociológicas, deve-se encontrar a política que melhor as respeite ou, sem mais nem menos, lhes seja coadjuvante. As leis sociológicas fundamentais, que nosso autor crê poder aceitar incondicionalmente, são duas: a lei da desigualdade ou das elites e a lei da circulação das elites. Quanto à lei da desigualdade ou das elites, reúnem-se lado a lado duas afirmações diferentes, que deveriam ser mais bem distinguidas: por um lado, há a afirmação, que corresponde mais exatamente à primeira parte do lema, segundo a qual os homens nascem com diferentes aptidões e capacidades; por outro, a afirmação que corresponde mais à segunda parte, segundo a qual tudo o que se faz no mundo de original e criativo é obra de minorias. Dessa última afirmação decorre a consequência de que a direção política também é sempre exercida por minorias (a chamada "classe política"). A bem dizer, não se vê claramente a relação entre a primeira e a segunda afirmação: com a primeira, constata-se simplesmente que os homens são diferentes; com a segunda, diz-se alguma coisa a mais, isto é, que os homens, além de ser diferentes, o que implica só juízo de fato, são, também, uns melhores do que os outros, o que implica juízo de valor, ou seja, uma gradação estabelecida com base na atribuição de certas qualidades, como originalidade, criatividade etc. Na realidade, a afirmação que interessa a Burzio, e da qual, afinal de contas, extrai todas as consequências práticas, não é a primeira, mas, boa ou má, a segunda. Quanto à segunda lei, aquela sobre a circulação das elites, não é definida com muita exatidão: há pura e simplesmente o reconhecimento do fenômeno pelo qual nos estratos superiores da sociedade se verifica "perene subir e descer", de modo que quem não tem mais as qualidades específicas para ficar no alto se vê deslocado pelo impulso ascensional de quem nasce embaixo e é superiormente dotado.

Sobre a validade experimental dessas leis, será melhor não nos perdermos em sutilezas. Com ataviamento científico, Burzio repetia o que aprendera com os mestres: o governo da sociedade, tal como as atividades criadoras e diretivas são exercidos por minorias, e tais minorias tendem a se transformar mais ou menos rapidamente. Novas eram as consequências políticas que ele entendia ser possível extrair dessas afirmações. Às duas leis Burzio fazia corresponder dois postulados: à primeira o postulado liberal, à segunda o postulado democrático. Com o postulado liberal dava o próprio juízo sobre a formação das elites; com o postulado democrático, sobre sua transformação. Seu propósito era mostrar explicitamente que, uma vez aceitos os dados que a observação histórica submete necessariamente ao conhecimento do político, existem alguns princípios de ação (os chamados "postulados") que se adaptam melhor do que os outros à realidade dos fatos, e esses princípios de ação são o liberal, quanto à formação, e o democrático, quanto à transformação das elites.

Também para Burzio, o núcleo da concepção liberal era a luta regulada, a concorrência, o antagonismo como condição de progresso civil: ora, se era fatal que só pequenas minorias fossem chamadas ao governo da sociedade, o único modo para atenuar a dureza dessa condição humana consistia em promover a formação de diferentes elites, em livre e leal disputa umas com as outras. Diferentemente de Dorso, Burzio não pensava tanto na contraposição entre classe política de governo e classe política de oposição quanto no conflito entre elite política e elite econômica, conflito que via como garantia, por um lado, contra o capitalismo desenfreado, por outro, contra o despotismo político. Só a concepção liberal tende a promover "a pacífica coexistência, o igual estatuto, a natural influência em cada campo específico, o jogo equilibrado e livre não mais de uma só, mas de todas as elites emanadas do povo".[39]

Quanto ao postulado democrático, entendida a democracia no sentido tradicional como governo de baixo para cima, ou governo designado com método eletivo, ele provê, melhor do que o oposto aristocrático, que se baseia na hereditariedade dos cargos, a renovação das elites ao interpor menores obstáculos à passagem de uma classe para a outra. Também aqui, uma vez dado como certo, por um lado, que as elites não duram e, se não receberem sangue novo, decaem, e, por outro, que "do seio das massas populares surgem continuamente homens dotados de qualidades superiores em todo campo", ou, com juízo popular corrente, o povo é "o perene viveiro das elites",[40] pareceu mais razoável a Burzio o método de formação das elites que dava às massas maiores possibilidades de emergir e ascender. Contrariamente a Mosca, que fora um dos adversários mais encarniçados da ampliação do sufrágio, Burzio, atenuando a desconfiança inicial no *demos*, terminou por aceitar e propugnar o sufrágio universal. Deve-se perguntar se o reconhecimento da igualdade do voto não estava em contradição com a enunciada lei da desigualdade. Se é regra fundamental de justiça que os iguais sejam tratados de modo igual, os desiguais de modo desigual, o reconhecimento do sufrágio universal não implica tratamento igual de desiguais? Os argumentos que Burzio aduz em favor desse desvio são principalmente dois: 1) as diferenças existem, mas é difícil, quando não francamente impossível, defini-las de modo objetivo; 2) para além das diferenças individuais, existe em todos os homens uma parte comum na qual todos se encontram. O primeiro argumento não desmente a lei da desigualdade; só a considera, pelo menos em matéria de direitos políticos, inaplicável; o segundo, ao contrário, ainda que nosso autor não o saliente,

---

39 *Lib.*, p.29.
40 *Lib.*, p.54-5.

acrescenta à férrea lei da desigualdade uma outra, não menos férrea, lei da igualdade, como quem dissesse que os homens são em parte desiguais, em parte iguais. De resto, já disse que a parte mais sólida da lei da desigualdade ou das elites era a que se referia não à desigualdade, mas às elites. Importava a Burzio conciliar essa lei com um programa político democrático. Foi consciente desse esforço de conciliação a ponto de afirmar que, admitido o pressuposto democrático,

> as relações entre doutrina das elites e teoria igualitário-democrática (isto é, entre a realidade experimental e a formidável aspiração das massas hodiernas) perdem o caráter de recíproca incompatibilidade e oposição absoluta, que conservam, por exemplo, nos estudos de Pareto e de Mosca.[41]

Na obra de Burzio, a distinção entre validade científica e uso ideológico da teoria das elites torna-se transparente. Ficara cada vez mais claro que a constatação da presença de minorias ativas na história podia ser utilizada seja na direção de uma ideologia reacionária, seja na direção oposta. A teoria das elites, no fundo, só afirmava que a presença de minorias ativas, em contexto de massas passivas e desorganizadas, era inevitável. Mas seja quanto à formação, seja quanto à transformação, as elites podiam ser profundamente diferentes: a escolha entre uma e outra dependia de decisão política, em última análise de juízo de valor. Daí nascia a possibilidade de fazer chegar a teoria a diferentes portos. A escolha de Burzio estava orientada tanto por uma concepção liberal, oposta à totalitária, quanto por uma concepção democrática, oposta à aristocrática. A primeira revelava-lhe uma alternativa entre elites amplas, tolerantes e benéficas, próprias das sociedades em que se promove a livre competição das capacidades, e elites restritas e maléficas, características dos Estados

---

41 *Lib.*, p.70.

totalitários; a segunda conduzia-o a imaginar outra alternativa, que ele expressava de maneira eficaz contrapondo as elites que se propõem às que se impõem.[42]

5. Em todos os nossos três autores, como vimos, a teoria das elites apresenta-se ora como programa político, ora como doutrina científica. Mas não se deve negligenciar as diferenças: em Gobetti, prevalece o programa político, em Dorso a teoria científica, em Burzio, que escreve sobre o tema de maneira mais orgânica, estão clara e conscientemente presentes tanto um programa político quanto uma teoria científica. No entanto, as diferenças não são só de inspiração, mas também de substância. Gobetti e Dorso apoiam-se, no uso ideológico da teoria, na contraposição entre uma elite velha, que já esgotou sua missão, e uma elite nova, que deveria renovar o costume político italiano, entre uma elite real, ancorada nas classes patronais, e uma elite ideal, aliada às classes populares em movimento. Nessa contraposição, vê-se primeiramente o enxerto da teoria das elites numa concepção democrática da vida política. São sempre grupos restritos que dirigem a política: a diferença entre uma política conservadora e uma política democrática não está na presença ou não de minorias no governo, mas na diferente formação e na diferente inspiração desse grupo restrito. Uma política democrática é uma política elaborada por minorias que expressam exigências e ideais progressistas e levam as classes populares à consciência dos próprios direitos e da própria missão histórica. Em Burzio, ao contrário, emerge não tanto uma contraposição entre velhas e novas elites quanto, sobretudo, uma contraposição entre concepção monista das elites e concepção pluralista, que considera ótima sociedade aquela em que existem várias elites em luta entre si. Dever-se-ia falar nesse contexto, mais apropriadamente, de enxerto da teoria numa concepção liberal da vida política, entendida a sociedade liberal como aquela em que

---
[42] *Lib.*, p.19.

estão dadas as melhores condições para um aberto antagonismo entre os grupos rivais. Embora presente em Gobetti e em Dorso a ideia liberal, e embora sentida (apesar de certo atraso) por Burzio a ideia democrática, não parece haver dúvida de que os primeiros enfatizem a instância democrática, o segundo a instância liberal.

Com relação à teoria científica, a diferença entre Dorso e Burzio está fundamentalmente no fato de que o primeiro desenvolve Mosca, sem ignorar Pareto, o segundo desenvolve Pareto, sem ignorar Mosca. A opinião corrente, que considera Mosca e Pareto como irmãos gêmeos, é indício de análise pouco aprofundada do pensamento de ambos: o primeiro dirigiu a atenção principalmente à elite política, estritamente entendida, o segundo ao fenômeno geral das elites, entendidas como grupos eminentes em todo campo de atividade (do político ao econômico, do militar ao cultural). Burzio reconhece-o explicitamente:

> A classe política de Mosca é tão só uma – ainda que das mais importantes – entre as muitas elites consideradas por Pareto; o qual, por outro lado, teve o cuidado de distingui-la no seio das outras, chamando-a "classe eleita de governo" e atribuindo-lhe toda a importância que merece.[43]

Ora, a diversa fonte de Dorso e de Burzio revela-se no fato de que o pluralismo a que visa o primeiro é político, aquele a que visa o segundo é também social. O antagonismo entre grupos rivais, em Dorso, é antagonismo entre governo e oposição; em Burzio, entre as elites políticas, por um lado, e as econômicas, morais ou religiosas, por outro.

---

43 *Lib.*, p.40.

A *Essenza della politica*, de Gabriele Pepe

Entre os teóricos do elitismo democrático, deve-se também arrolar Gabriele Pepe,[44] de quem ainda não me ocupara quando apareceu a primeira edição desta coletânea de ensaios sobre a ciência política na Itália.

Nascido em 1899, morto em 1971, Pepe é conhecido sobretudo como historiador do Medievo. Escreveu as obras principais antes do fim da guerra: *Lo stato ghibellino di Federico II* (1938), *Il medioevo barbarico in Italia* (1941), *Introduzione allo studio del medio Evo latino* (1942). Depois da guerra, participou ativamente do debate político, primeiro no Partido Liberal, depois no Socialista, em posição que pode ser aproximada do socialismo liberal. Saíram sucessivamente, no curso de um só ano, 1945, quatro pequenos volumes, *La crisi dell'uomo, Le insidie della parola, Antifascismo perenne, Il Sillabo e la politica dei cattolici*. Escreveu artigos em *La città libera* e em *La Nuova Europa*, o respeitado semanário da ala moderada do Partido de Ação. Em 1946, publica o pequeno livro, que mereceria fortuna melhor, *Essenza della politica*, pela Ed. Bussola, de Roma, mas sem data. Então já deixara o Partido Liberal, não concordando com sua orientação filomonárquica, e aderira ao pequeno grupo da Concentração Republicana, nascido de cisão do Partido de Ação. De algumas referências muito explícitas tem-se a impressão de que um dos motivos para escrever o ensaio lhe tenha sido oferecido pelo rápido e imprevisto sucesso do movimento "L'Uomo Qualunque" [o homem comum] nas eleições para a Constituinte, em junho de 1946. Contra a renúncia ao comprometimento político, de que acusa simultaneamente o paternalismo dos velhos conservadores, o autoritarismo fascista e a pusilanimidade dos *qualunquistas*, o pequeno livro

---

44 Sobre G. Pepe, veja-se G. Musca, "Gabriele Pepe", *Nuova rivista storica*, p.728-48, e bibliografia de seus escritos, organizada pelo mesmo Musca. In: *Studi in onore di G. Pepe*, p.11-51.

apresenta-se como apaixonado convite à política. Naturalmente, para induzir à vida pública os italianos recalcitrantes ou desacostumados, é preciso antes de mais nada dar uma resposta à pergunta: "O que se deve entender por política?". Desde logo, a política – esta é a resposta – não é coisa suja, como muitos italianos parecem dispostos a pensar depois das ilusões e das desilusões provocadas pela suposta grandeza e a comprovada miséria do fascismo. Mas só não será coisa suja se a ação política não se desconectar jamais de uma inspiração moral. Os alvos são, por um lado, a teoria da razão de Estado e, por outro, na vertente oposta, a teoria gentiliana do Estado ético que serve de fundamento para a doutrina do fascismo.

Entre as fontes do pensamento político de Pepe, ocupa lugar proeminente a obra de Gaetano Mosca. Já em 1945 publicara breve "coleção" de *Pensieri inediti* do autor de *Elementos de ciência política*, na revista *Ethos*, por ele mesmo fundada e dirigida. No pequeno livro há pouco mencionado, *Essenza della politica*, Mosca é o autor de longe mais citado. Nas primeiras páginas, lê-se que "a obra mais útil para formar uma visão exata, profunda, serena da política é a de G. Mosca". Nesse trecho cita *Elementos*, mas em outro ponto também demonstra conhecer *Teoria*. Lamenta que o pensamento de Mosca não seja conhecido como deveria, "inclusive por parte dos empíricos da política". Citações extraídas da obra de Mosca também se encontram frequentemente em escritos de ocasião. Na premissa de *Un anno di dominio clericale*, escreve que a análise da classe dirigente do país "será conduzida essencialmente segundo a concepção 'científica' da política, aquela que aprendi na obra imortal de G. Mosca e que consiste em buscar, por trás das belas ideologias e dos teologismos, a realidade dos interesses, da cultura, da espiritualidade da classe dirigente". Em 1950, publica em *Belfagor* um ensaio, "Gaetano Mosca", no qual repete que, "caso se fale de ciência no sentido não de busca da verdade absoluta, mas de busca absolutamente desinteressada, desapaixonada, sem mitos nem ideologias, da realidade política, neste sentido Mosca é cientista". E mais adiante: "[...] fez mais, ou melhor, deu à investigação historiográfica valiosos instrumentos de pesquisas aprofundadas para o conhecimento das sociedades humanas organizadas como Estado".

Na obra de Mosca, o que fascina Pepe, como, de resto, Gobetti e Dorso, e podemos acrescentar Salvemini, é a solução dada por ele ao problema da formação e persistência de uma "classe política". Para todos os "mosquianos", a crise italiana era, antes de tudo, crise de sua classe dirigente. A Itália jamais tivera uma classe dirigente à altura da tarefa. E o fascismo fora a prova suprema e mais desastrosa disso. O ensaio citado sobre Mosca termina com estas palavras:

> Oito anos depois da morte de Mosca, enquanto continua sempre viva sua doutrina, podemos pôr a questão do socialismo à luz de sua doutrina e não de suas preocupações utopísticas: o socialismo será capaz de criar uma classe dirigente melhor do que a atual? Porque pior é mesmo impossível.

No momento em que transcrevo estas palavras (outubro de 1995), entre a primeira república que não morre nunca e a segunda ainda por vir, entre a exigência peremptória de novas eleições num dia e a exigência igualmente peremptória e motivada de adiamento no dia seguinte, as últimas palavras parecem, ai de mim, mais atuais do que nunca.

11.
A ciência política e a tradição de estudos políticos na Itália

1. Da ciência política na Itália pode-se estabelecer com certa exatidão a data seja do nascimento, no fim do século XIX, seja do renascimento, depois da Segunda Guerra Mundial. Tanto o nascimento quanto o renascimento estão ligados ao desenvolvimento do Estado liberal e democrático.

Sobre a data de nascimento, não há dúvida. Coincide com a publicação de *Elementos de ciência política*, de Gaetano Mosca, em 1896, pela Ed. Bocca, de Turim. Em 1896, Mosca vencera o concurso de professor titular de Direito Constitucional (observe-se, Direito Constitucional, e não Ciência Política) na Universidade de Turim. Foi chamado para a Faculdade de Jurisprudência da mesma universidade a fim de ensinar Direito Constitucional, mas também lhe atribuíram a cadeira de História da Ciência Política, que manterá até 1909. Como docente de Direito Constitucional, ficará em Turim até 1924, até ser chamado a Roma para ensinar História das Doutrinas Políticas. Junto com a Utet, que publicara as principais obras de Darwin em italiano, a editora turinense da família Bocca, que remontava ao final do século XVIII, distinguia-se no panorama das editoras italianas como estimuladora e propagadora da cultura positivista na Itália, a que a cidade de Turim fora particularmente sensível, tanto que me ocorreu chamá-la de cidade mais positivista da Itália.[1] Que o livro de Mosca tenha sido expressão significativa do clima de cultura criado pela difusão do positivismo, a começar de 1870 até o final do século, está fora de dúvida.

Antes da publicação da obra de Mosca, a ciência política não tivera na Itália (e talvez nem mesmo na Europa) nome bem definido, estatuto reconhecido e conteúdo de contornos precisos.

2. Começo pelo nome, sobre o qual faço algumas observações dispersas sem pretender dizer tudo. Por mais que a expressão "ciência política" remonte à Antiguidade – *politiké epistéme* é o termo grego –, na tradição dos estudos políticos da época moderna até o final do século XIX e até hoje, o nome mais difundido para designar o estudo da matéria que hoje chamamos habitualmente "ciência política" tem sido, por imitação da grande obra de Aristóteles, pura e simplesmente "política". As lições berlinenses de Treitschke, publicadas postumamente mais ou menos na mesma época de *Elementos*, foram intituladas *Vorlesungen über die Politik* [Palestras sobre política]. A tradução italiana quinhentista da *Política* aristotélica recebeu de seu tradutor, Bernardo Segni, o belo título de *Trattato dei governi*.

Quando apareceu a obra de Mosca, a expressão "ciência política" contrastava com a expressão muito mais difundida "ciências políticas": com essa expressão mais geral e abrangente, pretendia-se fazer entender que a matéria da política era ampla a ponto de requerer estudo que a considerasse de diferentes pontos de vista (histórico, sociológico, jurídico, psicológico etc.). Quando Brunialti (cf. mais adiante) encetou a benemérita iniciativa que recolheria em *corpus* de vários volumes as principais obras de política publicadas na Europa no século XIX, chamou-a

---

[1] Prefácio a E. R. Papa (Org.), *Il positivismo e la cultura italiana*, p.13. Veja-se, também, Prefácio a E. Gravela, *Giulio Bizzozzero*, p.8-11.

de *Biblioteca de ciências políticas*. As faculdades que surgiram pouco a pouco do seio das antigas faculdades de direito destinadas ao estudo das coisas da política foram chamadas faculdades de ciências políticas. Após a guerra, quando os estudos políticos tiveram rápida retomada, surgiu na Itália uma Associação de Ciências Políticas muito tempo antes da Associação de Ciência Política.

Enquanto a expressão "ciências políticas" era de derivação francesa, a expressão "ciência política" nascera na Alemanha (*politische Wissenschaft*), embora pudesse ser permutada por outras expressões análogas, como *Polizeiwissenschaft* [ciência política] e *Staatswissenschaft* [ciência do Estado]. Basta recordar que as célebres lições de Hegel sobre a filosofia do direito foram publicadas com este subtítulo: *Naturrecht und Staatswissenschaft im Grundrisse* [Direito natural e ciência do Estado em compêndio]. Por outro lado, enquanto não era de modo algum desconhecida a expressão no plural, e basta pensar nas famosas lições de von Mohl intituladas *Die Geschichte und Literatur der Staatswissenschaften* [História e literatura das ciências do Estado], publicadas em três volumes entre 1855 e 1858, a *Polizeiwissenschaft*, no singular, definida por Hans Maier como "a doutrina científica da política interna do velho Estado territorial alemão",[2] continha elementos

---

2 H. Maier, *Die ältere deutsche Staats- und Verwaltungslehre*, p.13. Chamo a atenção para o fato de que essa obra tem como subtítulo *Ein Beitrag für Geschichte der politischen Wissenschaft in Deutschland* [Uma contribuição sobre a história das ciências políticas na Alemanha], em que se emprega a expressão "ciência política" no singular. De fundamental importância sobre o tema a obra de P. Schiera, *Il cameralismo e l'assolutismo tedesco*, que tem como sobretítulo *Dall'arte di governo alle scienze dello stato*, em que se usa o plural em vez do singular. Limito-me aqui a recordar que na recensão das fontes o autor cita três autores da primeira metade do século XVIII, Peter Gasser, Christoph Dithmar, Friedrich Ulrich Stisser, que escreveram tratados de *oekonomisch--politisch-kameral-Wissenschaften*, disciplina que fora instituída com esse nome por Frederico Guilherme I, da Prússia, na primeira metade do século XVIII nas universidades de Halle e Frankfurt (Oder).

de política econômica e fiscal, de ciência da legislação e administração, como disciplina universitária destinada à formação dos funcionários públicos. O uso do mesmo termo no singular em vez do plural não implicava mais precisa delimitação de contornos da disciplina.

A distinção entre ciência política e filosofia política, sobre a qual hoje abrimos e nunca fechamos interminável controvérsia, também estava longe de ser clara. Enquanto se escreveu em latim, a expressão mais usada para indicar aproximadamente a disciplina que ora se chama indiferentemente política, ciência política ou ciências políticas, foi *philosophia civilis*, além de *politica* (recorde-se a *Politica methodice digesta*, de Althusius). No trecho tão discutido do cap. XIII de *De cive*, em que Hobbes afirma ser preciso ensinar nas universidades o saudável saber político para evitar a perturbação dos espíritos que induz à sedição, lê-se a expressão *doctrina civilis* (§ 9), que na edição inglesa se torna *civil doctrine* e na coeva tradução francesa é *politique*. Um dos tratados mais difundidos na Itália, no século XIX, foi o de Henry Brougham, intitulado *Political Philosophy* (Londres, 1843), traduzido para o italiano em 1850 com ampla introdução do economista palermitano Raffaele Busacca, que define a matéria do livro, a filosofia política, "conhecimento de todas as leis da natureza moral que governam o ritmo e o desenvolvimento progressivo da sociedade rumo a seu objetivo", num conjunto e mistura de palavras tão vagas a ponto de abraçar todo o universo do que hoje constituiria o objeto das ciências sociais, acrescentando-se a confiança oitocentista na descoberta de leis morais objetivas, tema central do saber filosófico como supremo saber. Mas a seguir, lamentando o Estado de abandono dos estudos políticos na Itália, diz: "A Itália só tem pouquíssimos escritores a quem se pode dar merecidamente o título de *cientistas políticos*" (grifo meu), mostrando assim o uso indiferenciado dos termos "filosofia" e "ciência". E, como estou falando de uma obra inglesa, não será descabido recordar que poucos anos antes da publicação de

Elementos, de Mosca, surgira a tradução francesa de conhecido livro de sir Frederick Pollock (uma coletânea de escritos vários e de conferências), intitulada *Introduction à l'étude de la science politique* (Paris, 1893), cujo título inglês era *An Introduction to the History of the Science of Politics* (Londres, 1890).

Quanto aos Estados Unidos, leio no livro de Albert Somit e Joseph Tanenhaus, *The Development of Political Science* (1967), que a disciplina ensinada nas universidades americanas foi chamada desde o início *political science*, e o primeiro curso aconteceu na Columbia University a partir de 1880, sob o influxo da *Staatswissenschaft* alemã, particularmente do grande publicista jurídico de origem suíça, Johann Kaspar Bluntschli, segundo o qual a ciência política era a ciência do Estado.

3. Sobre o estatuto da ciência política, incertezas, ambiguidades, confusões, sobreposições de vários campos eram ainda maiores. A variedade das denominações refletia a multiplicidade de conteúdos, pontos de vista e perspectivas, ou, inversamente, as incertas fronteiras da matéria justificavam as denominações mais diversas. Hoje, não temos dúvida em considerar a ciência política uma ciência descritiva e/ou explicativa, ainda que julguemos poder atribuir-lhe função prática ao orientar a atividade política. A nítida distinção entre a tarefa do cientista e a do político, entre teoria e ideologia, entre juízos de fato e juízos de valor é um legado do positivismo que influenciou profundamente alguns pais fundadores da sociologia contemporânea, como Pareto e Max Weber, e se tornou patrimônio comum de todos aqueles que, mesmo com diferentes metodologias e técnicas de investigação, conduzem pesquisas "científicas" no campo do comportamento humano.

No século XIX, ao contrário, era muito frequente a consideração da ciência política como ciência normativa, como forma de saber ou de conhecimento cujo objetivo é principalmente fornecer preceitos para a ação dos governantes ou apresentar propostas para corrigir as instituições vigentes. De tal modo, seu objeto específico não era tanto o governo, mas o bom governo, segundo o grande modelo aristotélico, pelo qual o fim da cidade ou da sociedade política é permitir aos homens associados não propriamente viver, mas viver bem. Na "Introdução" à *Biblioteca de ciências políticas*, já recordada, intitulada "As ciências políticas no Estado moderno" (1884), Brunialti escreve entre outras coisas: "A ciência política [observe-se o uso indiferente de plural e singular] deve combater, antes de mais nada, os adversários da liberdade moderna e educar o povo para também lhes opor a mais eficaz defesa" (p.43), em que logo se vê que, naquele "antes de mais nada", a função prática da ciência política é predominante. Félix Esquirou de Parieu, cujo livro *Principes de la science politique* (Paris, 1870) Brunialti acolhe em sua "Biblioteca" (no volume segundo), escreve que tarefa da ciência política é "julgar os governos existentes e definir o que devem ser em dado país" (p.68), e cita Ahrens, bem conhecido na França porque seu *Cours de droit naturel* fora publicado inicialmente em francês (1838), o qual escreve: "A ciência política não tem só por resultado elevar os espíritos até uma esfera mais alta e mais serena do que a da arte; ela também tem por efeito moralizar a política" (p.69).

Comentar expressões desse tipo é supérfluo: soam tão duras a nossos ouvidos que nos parece quase impossível terem servido para definir uma disciplina que cada vez mais se transformou em conjunto de análises, conduzidas com método "científico", daquilo que acontece de fato, e não se preocupa, a não ser indiretamente, por reflexo, com aquilo que deve ser.

4. Quanto à matéria da ciência política, a razão pela qual teve durante séculos fronteiras incertas deve ser buscada em sua contínua colisão com o direito público. A colisão, que gera confusão, nasce do fato de que ciência política e direito público têm o mesmo objeto: o Estado. Se existe diferença que justifique as duas diversas denominações, em que consiste? Para estabelecer distinção, é preciso assinalar uma linha de demarcação entre uma e outra. Mas por onde passa essa linha? A disputa é

antiga e se renovou em cada época. Ainda que aproximativamente, pode-se dizer que a ciência política nasceu na Grécia, o direito público em Roma. Daí que a distinção entre a primeira e o segundo, antes ainda de ser conceitual, é histórico-cultural. E é uma distinção que, exatamente por estar enraizada numa dimensão histórica e cultural mais difícil de apreender, nem sempre foi percebida. Pode-se dizer, repito, que a definição de Estado que se encontra em Aristóteles é uma definição histórico-sociológica: a pólis nasce da união de aldeias, que nascem por sua vez da união de famílias. Trata-se de definição que hoje não temos nenhuma dificuldade em inserir no âmbito da ciência política, ao passo que a definição que de Estado, *"res publica"*, dá Cícero, *"coetus multitudinis iuris consensu et utilitatis communione sociatus"* (*Rep.*, I, 25, 39),* é antes definição jurídica ou, pelo menos, definição que contém referência ao vínculo jurídico de que não existe vestígio na aristotélica.[3]

Por influência da grande tradição jurídica romana, os que se ocuparam do Estado foram por séculos juristas. Os principais temas relativos ao Estado foram desenvolvidos através de aparato conceitual jurídico: palavras-chave desse aparato são *dominium, pactum, imperium, translatio* e *concessio imperii, mandatus* etc. O grande tema dos limites do poder é essencialmente jurídico, daí que se encontrem as conhecidas expressões *lex facit regem*

---

* "Multidão associada pelo consenso do direito e pela utilidade comum". (N. E.)
3 Ao lado da tradição grega e da romana, também influenciou o curso do pensamento político europeu a hebraica. Mas o grande acervo de exemplos dos escritores políticos que tiravam da lição da história ensinamentos para seu tempo esteve mais na história grega e na romana do que na hebraica, embora seja preciso uma investigação circunstanciada (que não sei se terá sido feita alguma vez). Tomem-se autores famosos, desde Grotius, Pufendorf, Bodin até Rousseau, e se vejam quantos os exemplos extraídos de escritores clássicos e quantos os da Bíblia. Um livro como o de Bossuet, *Politique tirée des propres paroles de l'Ecriture sainte* (segunda metade do século XVII), é um caso bastante singular que jamais exerceu influência comparável à dos comentadores da história romana, de Maquiavel até Montesquieu.

[A lei faz o rei], *lex sub lege* [lei sob a lei], *rule of law* [domínio da lei], *Rechtsstaat* [Estado de direito] etc. A tarefa fundamental do Estado, cuja característica essencial é a soberania, é *condere leges*, criar o direito, e tornar possível, através do exercício do poder coercitivo, sua observância. Apesar de a obra da qual se faz começar a ciência política moderna, *O príncipe*, de Maquiavel, não ser obra jurídica (mas *O príncipe* é considerado pelos contemporâneos e pelos sucessivos partidários e detratores mais obra de arte política do que de ciência), os grandes estudos sobre o Estado que acompanham a formação do Estado moderno são obras de juristas, de Bodin até Pufendorf. São em grande parte juristas os teóricos da razão de Estado, e foi extraída de típica argumentação jurídica, a derrogação da lei geral em casos excepcionais expressamente previstos, a interpretação a ela dada. Filósofos, como Hobbes, Locke e Kant, quando tratam do tema do Estado ou do governo, empregam categorias jurídicas, a começar pela do contrato e dos vários tipos de contrato que fundamentam a origem e a própria legitimidade do poder político. O estudo kantiano dos problemas relativos ao Estado ocorre na parte da *Metafísica dos costumes* que se intitula "Doutrina do direito" (*Rechtslehre*); o hegeliano, na obra intitulada *Princípios da filosofia do direito* (*Grundlinien der Philosophie des Rechts*). *Um fragmento sobre o governo*, de Bentham, é um pequeno tratado jurídico no qual o autor comenta e critica os *Comentários ao direito inglês*, de Blackstone. O próprio Bentham persegue por toda a vida o ideal, tipicamente iluminista, da reforma da legislação ou da reforma política através da reforma das leis.

Um modo diferente de olhar as coisas da política nasce com os primeiros economistas, no final do século XVIII, e com os primeiros sociólogos, no início do século XIX; ou seja, nasce com a descoberta, por parte de ambos, da sociedade econômica ou civil (no sentido de burguesa) subjacente ao Estado, da qual o Estado no sentido tradicional da palavra, como aparelho e ordenamento jurídico, é só o momento institucional. Surge o problema:

como nascem e se transformam as instituições a partir da sociedade, das relações econômicas, dos movimentos sociais? Os juristas não consideram o Estado a partir de fora, em seu processo de formação e transformação por meio das mudanças que ocorrem na sociedade. Olham-no a partir do ordenamento jurídico, de que estudam os mecanismos, as relações entre as várias partes da máquina, seu funcionamento e sua produtividade. A análise jurídica, exclusivamente jurídica, que é análise das estruturas consideradas em si mesmas e cada vez mais destacadas da base real, termina com o triunfo do formalismo. É preciso, então, associar ao estudo formal ou formalista (em sua degeneração) do Estado uma análise mais atenta aos movimentos externos, em uma palavra, mais realista, que leve em conta os dados que emergem das análises de ciências novas, como a economia e a sociologia. Assim, pouco a pouco toma corpo e consistência a ciência política distinta do direito público. Não casualmente, um dos maiores tratados de teoria geral do Estado de início do século XX, verdadeiro clássico da ciência do Estado, *Allgemeine Staatslehre* [Teoria geral do Estado], de Georg Jellinek (1910), amplamente adotado em nossas universidades a partir da tradução italiana (1921), divide a matéria em duas partes, respectivamente chamadas doutrina sociológica e doutrina jurídica do Estado. Todavia, com Kelsen, seu aluno, o ponto de vista formal é conduzido às extremas consequências mediante a identificação total do Estado com o ordenamento jurídico, ou, em outras palavras, mediante a juridificação total do Estado.

No decorrer do século XIX, não há tratado de ciência política ou de direito público que não se preocupe em evidenciar quer a distinção entre as duas disciplinas, quer o nexo entre elas. Ainda que, de fato, as sobreposições sejam inevitáveis, já que as fronteiras são incertas e provavelmente é muito mais fácil traçá-las num mapa ideal do que respeitá-las na prática, são propostos vários critérios de distinção. Um dos mais frequentes é o que recorre à distinção de origem comtiana entre o momento dinâmico e o estático do estudo dos fatos sociais, entre a dinâmica e a estática social: a ciência política representa o primeiro momento, o direito público o segundo. Critério adotado pelo grande jurista Joachim Holtzendorff, cujo tratado, *Die Principien der Politik* (1879), foi traduzido para o francês com o título *Principes de la politique* (1887), com um subtítulo, *Introduction à l'étude du droit public contemporain*, que é por si só prova da duradoura mistura entre política e direito. O critério fora sugerido por Bluntshcli, que, em *Geschichte der neueren Staatswissenschaft, allgemeines Staatsrecht und Politik* [História da ciência do Estado moderno, teoria geral do Estado e política] (cuja primeira edição remonta a 1864), tratado que desde o título mostra ao mesmo tempo a diferenciação e a inevitável conexão das várias partes em que se articula o estudo do Estado, distingue entre o estudo do ordenamento do Estado em sua forma e em seu desenvolvimento, o *Staatsrecht* ou direito público propriamente dito, e o estudo da mutável vida ou práxis do Estado, a *Staatswissenschaft*, ou ciência do Estado, que estuda seus aspectos não jurídicos ou extrajurídicos.

Não é o caso aqui de perguntar se este ou outros critérios são aceitáveis e qual é o mais aceitável. Hoje, a tese de que uma coisa é o estudo do Estado do ponto de vista jurídico, outra o estudo do ponto de vista sociológico, é universalmente aceita. Assim como se aceita, para dizer a verdade mais na teoria do que na prática, a exigência de que, uma vez reconhecida a distinção, juristas e cientistas políticos deem um jeito de se encontrarem e não sigam separadamente pelo próprio caminho, como frequentemente aconteceu nesses anos por influência da ciência política americana, formada completamente fora da tradição do direito público europeu.

5. Essas rápidas anotações, de cuja incompletude sou o primeiro a estar consciente, ainda que não pense em aduzir como justificação a tirania de tempo e espaço, porque sua incompletude decorre exclusivamente da insuficiência de minha

informação, tiveram o objetivo de pôr o leitor em condição de ter pelo menos uma ideia dos três problemas relativos, respectivamente, ao nome, ao estatuto e à matéria da ciência política, que mencionei no final do § 1, tal como Mosca se viu a enfrentá-los quando se aventurou no esforço de escrever um tratado completo de ciência política.

Retomando o caminho feito até aqui, o primeiro problema é o da escolha do nome. A esse respeito, Mosca não tem nenhuma hesitação. Mais do que de ciência política – ele observa – hoje se fala, é verdade, de ciências políticas, mas as ciências políticas são, a seu juízo, um acúmulo de que emergem pouco a pouco ciências particulares e especializadas, que devem ser tomadas em consideração por si mesmas e destacadas de uma vez por todas do tronco comum. Uma dessas ciências é a economia política, que, "por causa da segurança e abundância dos resultados conseguidos, ultrapassa notavelmente todas as outras".[4] Daí se vê que a razão principal de distanciamento de uma nova ciência do tronco comum é a gradual e cada vez maior aproximação do ideal da ciência segundo o modelo positivista, cujos critérios essenciais são o rigor do método e a fecundidade dos resultados. Agora chegou o momento, assim considera, da separação do tronco comum de outra ciência, a que estuda "as tendências que regulam o ordenamento dos poderes políticos", e se trata da ciência política, precisamente aquela "que forma o objeto do presente trabalho".[5] A definição está longe de ser clara e precisa, ainda que seja repetida a seguir mais ou menos com as mesmas palavras: provavelmente, Mosca julga que a natureza de uma ciência se revela ao praticá-la – ao praticá-la de um certo modo. As razões pelas quais escolhe essa denominação são três: *a)* sua Antiguidade; *b)* o fato de não ter caído em desuso; *c)* a

---

4 G. Mosca, *Elementi di scienza politica*. In: *Scritti politici*, org. por G. Sola, v. II, p.551.
5 Ibid., p.552.

inexistência de outros nomes mais adequados, levando em conta sobretudo "sociologia", nome demasiadamente genérico que demonstra não apreciar.

Para provar que a expressão "ciência política" não caíra em desuso, cita algumas obras do tempo, que, por outro lado, não acredito devam ser tomadas em sentido estrito como fontes de seu pensamento. Já mencionamos em grande parte os autores dessas obras: Brougham, Holtzendorff, de Parieu, Pollock e Bluntschli. Deste último tinham sido traduzidas em italiano seja a obra fundamental, *Die Lehre vom modernen Staat* (1851-1852), em três volumes (*Dottrina dello stato moderno*, 1879-1883), seja *Politik als Wissenschaft* (1876), num volume (*La politica come scienza*, 1879). Além disso, cita *La politique expérimentale*, de Léon Donnat (1885), e *The Science of Politics*, de Sheldon Amos (1883).[6] Dos autores italianos, o único citado é Saverio Scolari, professor de direito administrativo e constitucional, autor de volumosa obra de mais de setecentas páginas, hoje completamente esquecida, *Istituzioni di scienza politica*, publicada em Pisa, em 1871, na qual se combinam noções de história do pensamento político com noções de história das instituições dos Estados teocrático-orientais até a Revolução Francesa, enquadradas numa teoria geral de política e de progresso. Mosca recorda uma vez, com louvor, a tese de Scolari segundo a qual o estudioso de ciências sociais não pode prever o que acontecerá, mas pode prever o que não pode acontecer, porque contrário à natureza humana. Tese, esta, muito cara a Mosca, o qual diz tê-la ouvido diretamente da boca do "ilustríssimo" colega.[7]

---

6 Sobre a relação dessas obras, veja-se a nota de G. Sola em *Elementi*, p.552, n.6. Não deve surpreender que Mosca citasse obras alemãs, mesmo sendo certo que não sabia alemão: cf. S. Segre, *Mosca e Weber. Ricostruzione ipotetica dei rapporti intellettuali e analisi comparata delle teorie politiche*, 1984, p.40, nota 9. Como vimos, das obras alemãs citadas por Mosca existiam traduções francesas ou italianas.

7 G. Mosca, *Elementi*, p.875.

6. No tocante ao estatuto da ciência política como ciência, a tomada de posição de Mosca é muito clara, especialmente em relação à concepção da ciência política como ciência normativa. Um dos principais propósitos de Mosca, quando escreve *Elementos*, é certamente desembaraçar a disciplina de qualquer horizonte finalista e de qualquer preocupação imediatamente prática. Para Mosca, a ciência política não é ciência normativa, o que não impede que ele revele suas preferências, por exemplo, em favor do governo misto, e sua confiança na utilidade da descoberta de algumas verdades de fato acerca da natureza dos governos para a melhoria da ação política.

Segundo Mosca, se a ciência política queria ser ciência, devia adequar-se aos cânones metodológicos das ciências empíricas ou positivas mais avançadas: vale dizer, recolher a maior quantidade possível de dados da história de todos os tempos e todos os lugares, e daí extrair, quando possível, leis de tendência. Conforme uso difundido entre os estudiosos das ciências morais (distintas das ciências físicas pelo objeto, mas não pelo método, segundo o modelo positivista de ciência), chamou seu método de "histórico", mas poderia tê-lo chamado, com expressão equivalente, de positivo. Estava perfeitamente consciente do fato de que uma das maiores dificuldades que a ciência política devia superar em relação às ciências naturais era a maior influência, a que está submetido o estudioso de política, de preconceitos, crenças, paixões políticas. Mas também estava convencido de que o cientista devia pôr de lado os próprios juízos de valor, quando se propunha fazer pesquisa, e exercer seu ofício com a honestidade e a serenidade que permitem o necessário distanciamento do próprio objeto. Seriam inconcebíveis, para ele, as definições de ciência política de que dei alguns exemplos no § 3 ou a dada, no Prefácio da "Biblioteca" de Brunialti, pelo doutor Luigi Moriondo, então diretor da Utet, segundo a qual as ciências políticas ensinam o modo de viver em liberdade, com a mais eficaz garantia de igualdade jurídica e justiça, de tal modo que desta garantia e das liberdades públicas derivem o maior bem-estar dos cidadãos, a maior grandeza e potência dos Estados. (p.5)

Pode-se tranquilamente acrescentar também que, depois de Mosca, ninguém na Itália jamais faria afirmação semelhante.[8]

7. Sobre o objeto da ciência política, a contribuição essencial de Mosca consistiu em separar de uma vez por todas a ciência política do direito público ou, para usar as expressões habituais nas universidades alemãs, a *Staatswissenschaft* do *Staatsrecht*. Essa separação respondia, por um lado, a uma exigência didática, à exigência de evitar a híbrida mistura entre o ponto de vista histórico-sociológico e o ponto de vista jurídico no estudo do Estado e, por reflexo, nos tratados de direito público; por outro, à necessidade de favorecer o desenvolvimento autônomo de um estudo da política que levasse em conta o progresso das ciências sociais em geral.

Deve-se também dizer que essa separação entre ciência política e direito público caminhou *pari passu* com a separação igual e contrária entre direito público, ciência política e sociologia em geral. Na trilha da já avançada ciência do direito alemã, também na Itália se afirmou, nos últimos anos do século XIX, a escola chamada técnica ou formalista do direito público, que elevou a cânon metodológico exclusivo o tratamento do direito com "método jurídico", ou seja, com aquele método exegético e reconstrutivo do direito positivo contraposto polemicamente ao direito natural, que permitira ao direito privado avanços na elaboração conceitual e na reconstrução sistemática desconhecidos pelo direito público, contaminado, como se costumava dizer, por

---

[8] Sobre o modo de entender a ciência política, por parte de Mosca, remeto a meu artigo "Mosca e a ciência política", neste mesmo volume, e à análise de G. Sola na "Introdução" à edição de *Scritti politici* de Mosca, p.32 et seq.

elementos estranhos, juridicamente espúrios, retirados da história, da sociologia e da filosofia. É de 1889 a famosa palestra de Vittorio Emanuele Orlando na Universidade de Palermo, em que o ainda jovem jurista, como Mosca, siciliano, e de Mosca companheiro de universidade, sustentou que as ciências de direito público interno deviam ser referidas "a sua verdadeira natureza de ciências jurídicas", segundo o costume do direito privado, porque até então se fizeram demasiadas concessões às "teorias puramente filosóficas", àquelas que ele chamava goethianamente "prólogo no céu", a "uma excessiva filosofia que lesou muito gravemente o caráter jurídico de nossa ciência".[9] Que, afinal, essa separação tão marcada e até hostil, com o tempo, tenha acabado por esterilizar o direito público e empobrecer a ciência política é coisa conhecida, tanto que agora já ocorreu uma inversão de tendência com a qual só podemos nos alegrar.

Com relação à pureza da ciência política diante do direito público, os *Elementos* mantêm-se fiéis ao propósito. Quem simplesmente passar os olhos pelo índice dos capítulos só encontrará um que pode fazer pensar em contaminação com as ciências jurídicas: aquele sobre a "defesa jurídica". Mas, lendo-o, logo se reconhece que o tema é mais uma vez essencialmente político, de teoria política no sentido tradicional da palavra, sendo esse capítulo dedicado predominantemente à distinção entre boas e más formas de governo e à primeira elaboração da teoria do governo misto como a melhor forma de governo.[10] Entre

---

[9] V. E. Orlando, I criteri tecnici per la ricostruzione giuridica del diritto pubblico, que cito a partir da edição de 1925, organizada pela Universidade de Modena, p.2 e 9. Orlando evoca dois de seus escritos precedentes: a palestra modenense, "Ordine giuridico e ordine politico", 1885, e a messinense, "Sulla necessità di una ricostruzione giuridica del diritto costituzionale", 1886. Sobre as relações entre Mosca e Orlando, cf. M. Fioravanti, Mosca e Vittorio Emanuele Orlando. Due itinerari paralleli (1881-1897). In: VV.AA., *La dottrina della classe politica di Gaetano Mosca ed i suoi sviluppi internazionali*, p.349-66.

[10] Detive-me mais demoradamente nesse tema no artigo "Mosca e o governo misto", nesta mesma coletânea.

outras coisas, a razão por que Mosca chamou de "defesa jurídica" o objeto desse capítulo jamais ficou muito clara para mim. Ainda que, pela quantidade dos temas tratados, os *Elementos* sejam difíceis de definir e inserir numa disciplina específica, o fato é que não contêm sequer uma das questões habitualmente tratadas nos manuais de direito público. Mais do que o Estado em seus tradicionais elementos constitutivos, o povo, o território, a soberania, e em seus diferentes e distintos poderes, legislativo, judiciário, executivo, o objeto principal da obra é a organização da sociedade em seus sujeitos primários (a classe política), nos instrumentos de controle (a fórmula política e a defesa jurídica), nos movimentos e nas instituições que contribuem seja para sua estabilidade interna ou sua dissolução (um capítulo está dedicado ao fenômeno das revoluções), seja para sua defesa externa (o último capítulo está dedicado à guerra e ao exército). Por sua novidade, e também pela ainda não alcançada, naquela época, autonomia da ciência política, o livro de Mosca é difícil de comparar com outras obras que trazem o mesmo título ou títulos afins. De qualquer modo, é completamente diferente das obras de direito público contemporâneas e sucessivas, bem como dos subsequentes tratados de doutrina do Estado, disciplina universitária na qual se exercitarão com resultados variadíssimos um jurista como Giorgio Balladore Pallieri e um historiador das doutrinas políticas como Alessandro Passerin d'Entrèves.

8. Para conhecer o Estado das ciências políticas na Itália nos anos em que Mosca escreveu *Elementos*, temos felizmente à disposição um instrumento excepcional, a já várias vezes citada *Biblioteca de ciências políticas*, promovida e organizada por Attilio Brunialti (1849-1920), professor de direito constitucional, ele também, na Universidade de Turim, onde ensinou de 1881 até 1893 e teve exatamente Mosca como sucessor, além de político (deputado em nove legislaturas). A *Biblioteca* foi publicada pela editora turinense Utet, já mencionada, a mesma editora da conhecidíssima *Biblioteca do economista*, que então chegara, na

terceira série, ao 40º volume e de que a nova biblioteca constituiu não menos importante, ainda que menos afortunada, imitação. O primeiro volume apareceu em 1884, mas sua premissa, escrita pelo Dr. Moriondo, que relaciona explicitamente essa nova iniciativa à precedente, a *Biblioteca do economista*, nascida em 1850, traz a data de 1º de maio de 1883. Dela saíram três séries: a primeira em oito volumes, divididos em onze partes, de 1884 até 1892; a segunda, intitulada *Biblioteca de ciências políticas e administrativas*, em dez volumes, divididos em onze partes, de 1894 até 1914; a terceira, em cuja direção Oreste Ranelletti e Giulio Cesare Buzzati se juntam a Brunialti, em oito volumes saídos entre 1914 e 1915.

Brunialti antepôs ao primeiro volume o longo ensaio já mencionado, "As ciências políticas no Estado moderno", e escreveu introduções e comentários nos volumes sucessivos, movimentando-se com autoridade de um tema para outro. Pertencente à escola que precede o avanço do formalismo jurídico, considerava que ciência política e direito público fossem estreitamente ligados e inseparáveis: o Estado – dizia – tem uma face política e uma face jurídica, mas a política pressupõe o direito na medida em que o direito põe as condições indispensáveis para a ação concreta e normal da política. Esse arcabouço geral das relações entre ciência política e direito público explica por que, em sua grande coleção, ele incluísse obras políticas e jurídicas em síntese que se pode julgar eclética, mas, mesmo assim, foi altamente benéfica para o desenvolvimento dos estudos políticos e jurídicos em nosso país.

Para destacar a importância da iniciativa, bastam poucas referências. No segundo tomo da primeira parte, aparece a primeira tradução italiana de *A democracia na América*, de Tocqueville; no segundo tomo do quarto volume, *A tática parlamentar*, de Bentham; no quinto, *A liberdade*, de John Stuart Mill e o ensaio de Constant sobre a liberdade dos antigos comparada à dos modernos. Dois volumes recolhem escritos variados sobre o sistema parlamentar e, em geral, as instituições inglesas. Um volume está dedicado às instituições dos Estados Unidos, outro compreende escritos sobre o Estado federal, além do ensaio de Humboldt sobre os limites da ação do Estado, o livro de Gneist sobre o Estado segundo o direito e a obra de Lorenz von Stein sobre a ciência da administração. Todo um volume está dedicado às constituições de Japão, Austrália, Hungria, Suécia, Finlândia, Turquia. Nos últimos volumes publicados às vésperas da Primeira Guerra Mundial, que interrompe definitivamente a grande e insuperada iniciativa, encontram-se textos de Laband, de Triepel e nada menos do que *O Estado*, de Woodrow Wilson, por duas vezes presidente dos Estados Unidos (1912-1920).

Nesses volumes se formou toda uma geração de estudiosos, aquela que assistiu ao crescimento do Estado liberal italiano depois da Unidade, viu e em muitos casos decretou sua morte (ou tentou justificá-la). Como, afinal, a maior parte dos juristas italianos, apesar de se considerar liberal e de não ser de modo algum provinciana, colocou sua doutrina a serviço da instauração de uma ditadura que subverteu o Estatuto, sem nunca considerá-lo ab-rogado – eis uma história que ainda não foi contada como merece.

9. Brunialti pertencia à legião dos constitucionalistas da velha guarda sobre os quais recaiu, inexorável, a condenação dos *neóteroi*. Junto com seus escritos ficou sepultada nas bibliotecas sua corajosa coleção de textos que, por amplitude, continuidade (durou ininterruptamente trinta anos), importância dos textos publicados, não teve paralelo mesmo nos anos mais recentes, em que muitas foram as traduções, mas sem visão de conjunto.

De resto, não coube melhor fortuna à ciência política, tal como concebida e desenvolvida por Mosca em seus *Elementos*. Não me refiro à teoria da classe política, adotada e celebrada por estudiosos insignes e de variada orientação, desde Croce, Einaudi, Salvemini, Guglielmo Ferrero, Michels até Dorso, Filippo Burzio, Gobetti. Refiro-me à ciência política como disciplina, desbaratada antes ainda pelo novo método jurídico do que pelo fascismo, o qual, como todos os Estados policiais deste mundo, não podia permitir o livre desenvolvimento das ciências sociais. Como escrevi há alguns anos, "os mitos nos quais o fascismo se sustentava e aos quais atribuía o próprio prestígio diante da multidão aclamadora eram demasiado grosseiros para suportar o controle de uma desinteressada pesquisa científica".[11] Mas acrescentei, e creio poder repetir agora meu pensamento sem modificação, que o fascismo chutara um cachorro morto. O estudo e o ensino relativos ao Estado foram monopólio exclusivo dos juristas. Não se instituíram cátedras de ciência política, mas sim de doutrinas do Estado com a precisa intenção de transformá-las em lugares, se não exatamente de propaganda política de um regime que fizera do restabelecimento da autoridade do Estado seu ponto de honra, pelo menos de renovadas reivindicações da majestade do Estado.[12]

Pelo que sei, não se ensinou ciência política sequer no Instituto Superior de Ciências Sociais Cesare Alfieri, fundado em 1888 a partir da precedente Escola de Ciências Sociais, inaugurada em 1875. No relatório do subcomitê executivo sobre o ordenamento do currículo (que traz a data de 11 de junho de 1874), observa-se considerável predominância de matérias jurídicas. Também aparece uma estranha disciplina que se chamou Literatura Política, justificada com a constatação de que não se pode distinguir entre o ensino de ciências e arte do Estado e o estudo das letras. Segue-se uma censura ao excesso de ciência, e daí que a nova cátedra, que provavelmente não tinha precedentes e não teria muita fortuna (afortunadamente!), seja apresentada

---

11 N. Bobbio, Teoria e ricerca politica in Italia, p.217.
12 Durante os anos do ensino turinense, Mosca esteve encarregado da cátedra de ciência política na Univesidade Bocconi, de Milão, entre 1918 e 1923, além da de direito constitucional administrativo entre 1902 e 1918. Sobre essas vicissitudes, veja-se S. Violante, Vent'anni di magistero di Gaetano Mosca nell'università commerciale Luigi Bocconi di Milano, p.422-33.

como "nobre e elevado protesto contra a tendência de uma época que despreza toda e qualquer cultura científica que não sirva para enriquecer as pessoas". A bravata continua contra a corrida precipitada rumo ao bem-estar de uma sociedade "desejosa da ciência só por causa das vantagens que pode obter de sua aplicação".[13]

10. Poucas palavras, por fim, sobre o renascimento da ciência política depois da queda do fascismo. Poucas palavras, porque, com referência àquele pouco que se podia dizer, tratei da questão em 1960 no volume *Politische Forschung* [Pesquisa política], editado pela Freie Universität de Berlim por iniciativa do prof. Otto Stammer, e não teria muito a acrescentar. Como certidão de nascimento, ou melhor, de renascimento, pode ser considerada a publicação do primeiro número da revista *Il Politico* (1950), dirigida por Bruno Leoni, o qual, aliás, ensinava doutrina do Estado. Por ocasião do início do ano acadêmico em Pavia, em 1950, Leoni pronuncia um discurso programático, "Ciência política e ação política", no qual lamenta que tantos problemas políticos tenham sido subtraídos à análise científica. Nele, estimula os estudos políticos em polêmica, por um lado, contra o formalismo jurídico, por outro, contra o diletantismo e a improvisação dos políticos.[14] Em 1952, aparece a revista *Studi politici* na Universidade de Florença: no primeiro número, Giovanni Sartori publica um artigo, "Ciência política e conhecimento retrospectivo", que por si só já é um programa de renovação dos estudos políticos, a que se segue no ano seguinte, sempre na mesma revista, um artigo intitulado "Filosofia da política e ciência empírica da política", no qual argumenta que a ciência empírica, para abrir caminho, deveria desembaraçar-se da submissão às ideologias, por um lado, e da filosofia política, por outro.

---

13 Extraio essas informações e as saborosas citações de G. Spadolini, *Il Cesare Alfieri nella storia d'Italia*, p.148.
14 In: *Annuario dell'Università di Pavia (anno accademico 1949-1950)*, p.19-37.

Tanto eu quanto Leoni, em nossos comentários sobre a ciência política renovada, publicados ao mesmo tempo,[15] estranhamente esquecemos a intervenção apresentada por Giuseppe Maranini no Primeiro Congresso de Estudos Metodológicos acontecido em Turim, em dezembro de 1952 (digo "estranhamente", porque ambos estávamos entre os promotores desse congresso). Nessa intervenção, intitulada "Legitimidade da ciência política", Maranini se perguntava justamente por que tal legitimidade da ciência política se via continuamente posta em questão, sendo evidente a qualquer um com o mínimo de conhecimento de história da ciência que toda e qualquer ordem de fenômenos pode ser objeto de investigação metodologicamente conduzida, daquele tipo de investigação que leva a estabelecer a distinção entre ciência e opinião. Precisava: "Admito, sem dúvida, a extrema dificuldade e a imaturidade atual da ciência da política, mas isso nada tem a ver com o problema de sua legitimidade científica".[16]

A observação, repito, era corretíssima, mas o próprio fato de que nos anos 1950 o problema da legitimidade da ciência política ainda estivesse em aberto, a ponto de ser proposto como tema de discussão em congresso de estudos metodológicos, é confirmação do atraso em que ainda se encontravam tais estudos na Itália, que, no entanto, tiveram início promissor com a obra de Mosca havia cinquenta anos. Sem contar que, entre a legitimidade e a efetividade, como bem sabem os juristas, o passo é ainda muito largo: de fato, não está dado que um poder, só pelo fato de ser legítimo, seja também efetivo, como ocorre com os soberanos no exílio. Se, afinal de contas, esse soberano no exílio que foi por tantos anos a ciência política (os *Elementos*, de Mosca, foram

---

15 O texto de Leoni, intitulado significativamente "Un bilancio lamentevole: il sottosviluppo della scienza politica in Italia", foi publicado por *Il Politico*, p.31-41.
16 G. Maranini, Legittimità della scienza politica, *Atti del congresso di studi metodologici*, promovido pelo Centro de Estudos Metodológicos, p.332-5.

traduzidos, como bem se sabe, nos Estados Unidos em 1939, ano em que na Itália se inaugurava a Câmara dos Fáscios e das Corporações) também se tornou soberano de fato, é juízo que deixo a quem se ocupa do Estado atual da disciplina.

Em minha opinião, o Estado de saúde da ciência política é bom, apesar de ter crescido muito apressadamente. A crise do formalismo jurídico favoreceu seu desenvolvimento. De resto, se a separação entre ciência política e direito público, ou seja, sua recíproca autonomia, pode ter sido útil em certa fase de seu desenvolvimento, hoje é muito mais útil seu conhecimento recíproco e, portanto, desejável sua colaboração.[17]

---

[17] Esse ensaio foi escrito em 1984. Dois anos depois seria publicado o primeiro *Manuale di scienza della politica*, organizado por Gianfranco Pasquino, com a colaboração de cientistas políticos da nova geração. O primeiro capítulo, do próprio Pasquino, está dedicado à "Natureza e evolução da disciplina", p.13-37. Sobre o mesmo tema, sucessivamente, veja-se o volume *Scienza politica*, organizado por Leonardo Morino, que reúne escritos de cientistas políticos sobre diferentes tópicos da disciplina. O capítulo sobre "As elites políticas" foi escrito por Mauro Calise, p.181-98.

12.
Quase uma conclusão

1. Na história das teorias das elites, aconteceu edição em escala reduzida, e um pouco menos suntuosa, do fenômeno que um de nossos velhos filósofos chamaria de "circulação do pensamento", pelo qual a filosofia moderna voltava para a Itália, onde nascera, depois de longo giro e permanência nas principais nações europeias. A teoria das elites, nascida ou pelo menos credenciada primeiramente na Itália (no final do século XIX ou no princípio do século XX), por obra de Mosca e Pareto, em ambiente favorável à investigação científica dos fenômenos sociais e políticos, abandonada pelas correntes filosóficas que prevaleceram depois, também foi transplantada para outros países; e, estabelecida bastante solidamente nos Estados Unidos, para aqui voltou de além-mar, se não exatamente como novidade ou descoberta, como doutrina respeitável, a ser levada a sério, discutida, tratada com os devidos cuidados, guarnecida de provas e sustentada por documentos. Entre os livros sociológicos de maior sucesso aportados na Itália nestes últimos anos, ninguém pode hesitar em arrolar *A elite do poder*, de C. Wright Mills, e *Classes e conflito de classes na sociedade industrial*, de R. Dahrendorf.

Nem um nem outro poderia ser concebido sem o fundamento da teoria das elites. Embora o modo polêmico como a elite do poder nos Estados Unidos foi descrita por Wright Mills tenha reacendido velhos ressentimentos dos escritores democráticos contra a teoria, já tive oportunidade de dizer, e aqui me permito repetir, que a ideologia democrática não sofrerá nenhum dano se se deixar ver de braços dados com a teoria das elites,[1] desde que se tenha a prudência de introduzir desde o princípio uma distinção que habitualmente não se faz ou se deixa propositalmente subentendida: falo da distinção, na qual já me detive outras vezes, entre o valor científico de uma teoria e seu valor persuasivo. Devemos sobretudo a Pareto um estudo acurado e penetrante da diferença entre verdade, eficácia persuasiva e utilidade social de uma teoria; razão pela qual, por exemplo, uma teoria verdadeira pode ser menos persuasiva do que uma falsa, uma teoria falsa mais útil do que uma verdadeira e assim por diante.[2]

Ampliando a análise paretiana, aqui insisto não tanto na diferença entre o valor científico de uma teoria e seu valor persuasivo quanto na diferença entre seu valor científico e seu uso ideológico (que, afinal, pode se traduzir em graus diversos de força persuasiva). O valor científico de uma teoria decorre da maior ou menor correspondência de suas asserções aos fatos ou, em outras palavras, da verificabilidade de suas asserções: os valores que entram em jogo quando se julga a cientificidade de uma teoria são os valores de verdade e falsidade. Ao contrário, o uso ideológico que se pode fazer de uma teoria decorre da avaliação que se considera dever dar sobre os fatos constatados, ou seja, de uma série mais ou menos coerente e ordenada de juízos de

---

[1] Esta tese foi demonstrada com uma série de observações, com as quais não se pode deixar de concordar, por G. Sartori, *Democrazia e definizioni*, p.80-105. Veja-se também a edição inglesa e os acréscimos e esclarecimentos nela contidos: *Democratic Theory*, especialmente p.110-5.

[2] Sobre este ponto remeto ao ensaio "Pareto e a crítica das ideologias", nesta mesma coletânea.

valor que, mesmo referindo-se aos fatos em que se apoia a teoria, deles não derivam necessariamente. Que uma asserção seja verdadeira não implica, de modo algum, ser bom o que a partir dela é enunciado; que uma asserção seja falsa não implica, de modo algum, ser mau o que a partir dela é enunciado. Quem elabora uma teoria científica geralmente é movido pelo desejo de conhecer e fazer conhecer; quem dá juízos de valor sobre os fatos que o cientista traz à luz é movido pelo impulso de influenciar o comportamento alheio para modificar a situação existente. Uma desgraça se o estudioso, ao chegar a certa fase de sua investigação, substituísse o desejo de conhecer pelo de influir no comportamento do outro: a objetividade da investigação correria o risco de ser irreparavelmente comprometida. Uma vez que o juízo de valor sobre os fatos não decorre da verdade da teoria que os pôs em destaque, valor científico e uso ideológico de uma teoria são coisas que devem ser bem distinguidas. De outro modo, correremos o risco de agir como quem se escandaliza tanto com a corrupção política que não quer nem ouvir falar dela e tacha de mentiroso os que a denunciam (a atitude do filisteu), ou, ao contrário, como quem está convencido da virtude do sistema representativo a ponto de não reconhecer que ele não funciona ou funciona através de uma relação que não é, absolutamente, a de representação (os incorrigíveis otimistas).

2. Diante da teoria das elites, uma coisa é pôr o problema se é teoria cientificamente digna de crédito, o que significa perguntar se uma asserção como aquela bem conhecida de Mosca, segundo a qual "em todas as sociedades [...] existem duas classes de pessoas: a dos governantes e a dos governados" etc. etc., é verdadeira ou falsa; outra coisa é utilizá-la para favorecer antes uma política reacionária do que outra progressista. É claro que esse uso depende não da comprovada verdade da doutrina, mas da avaliação positiva ou negativa que eu tiver feito de alguns fatos afirmados pela teoria. Pode-se aceitar a afirmação de Mosca e, ao mesmo tempo, ser convicto adepto dos ideais democráticos

a ponto de considerar que uma teoria como essa, suscitando reação nas massas, sirva para promover uma democracia mais madura. Pode-se refutar a afirmação de Mosca, sustentando que infelizmente as coisas não são assim como ele as descreve, e ao mesmo tempo ser convicto reacionário a ponto de considerar que a teoria, mesmo falsa, possa igualmente servir para mostrar a necessidade de o governo estar nas mãos de poucos. Em outras palavras, o uso reacionário ou democrático da teoria decorre não do fato de ser a teoria verdadeira ou falsa, mas do tipo de avaliação que fazemos sobre os fatos por ela evidenciados.

Considere-se, para fazer referência a obra conhecida, o livro, há pouco mencionado, de Wright Mills. Que o plano científico e o ideológico se sobreponham continuamente no livro, o qual se propõe, de modo alterado, tarefas descritivas e prescritivas, não quer dizer que não possam nem devam ser bem distinguidos pelo crítico, que deverá se perguntar não só se é verdadeiro ou falso o que o autor descreve, mas também se é bom ou mau o que propõe. E poderá concordar talvez com o primeiro ponto, discordar do segundo, ou vice-versa, ou então concordar ou discordar ao mesmo tempo a propósito de ambos. Wright Mills se propõe a duas coisas: primeiro, provar, recorrendo aos fatos, que existe na atual sociedade norte-americana um grupo muito restrito, bastante compacto, fechado, que concentrou e vem concentrando cada vez mais o poder nas próprias mãos; segundo, persuadir seus leitores de que esse estado de coisas deve ser reprovado e quem se importa com o destino da democracia na América deveria dar sua contribuição para mudá-lo. À medida que a investigação procede, o autor passa da análise científica à crítica social, da descrição à peroração, até alcançar nas últimas páginas do livro o tom de inflamado libelo. O primeiro propósito é realizado mediante a elaboração de uma teoria científica (ou que pretende sê-lo); o segundo, mediante o apelo a alguns valores fundamentais pressupostos e postulados, que não são postos em discussão. Ora, os dois propósitos são distintos a tal ponto que um leitor pode concordar com a denúncia da situação de fato e discordar da avaliação, considerando, por exemplo, que a concentração de poder seja necessária para enfrentar ameaças externas e, no fundo, vantajosa; ou então pode refutar a tese geral sobre a concentração de poder, considerando-a exagerada, não suficientemente provada, fruto de uma espécie de mania de perseguição, que faz ver conspirações por toda parte, e, no entanto, estar completamente de acordo com a avaliação do perigo que tal estado de coisas, caso se efetivasse precisamente assim como foi descrito, constituiria para o futuro da democracia.

3. A distinção entre valor científico e uso ideológico da teoria das elites estava bem presente em Mosca e em Pareto. Que ambos fossem conservadores em política e vissem na existência de minorias dirigentes o melhor argumento para combater o mito democrático do autogoverno e a instituição do sufrágio universal é indiscutível e pode também explicar a particular satisfação com que expuseram e difundiram sua descoberta. Mas não se pode negar que, antes de mais nada, estavam convencidos da validade científica de suas afirmações e consideravam a teoria da classe política, ou das elites, como um dos mais importantes frutos da aplicação do método positivo ao estudo dos fatos sociais. Se é verdade que essa teoria veio ao mundo com uma carga ideológica bem precisa – e é uma carga abertamente antidemocrática –, é igualmente verdade que ela é produto, e não dos menos relevantes, da tendência a introduzir no domínio das disciplinas sociais e políticas o método, seguido pelas ciências naturais, da observação controlada, daquilo que se chamou orientação científico-positiva no âmbito dos estudos sociais e políticos. Não se pode esquecer que Mosca buscou por toda a vida a miragem de uma nova ciência política, baseada exclusivamente na observação dos fatos históricos, imune a preconceitos e a deformações de diletantes e politiqueiros, sem outro escopo a não ser o de constatar a "verdade efetiva" e orientar os governantes a tomar decisões extraídas de adequado conhecimento da situação real.

Conhece-se bem a obstinação com que Pareto por toda a vida insistiu na necessidade de distinguir a atitude do cientista, que deve ser neutra diante dos fatos examinados, daquela do ideólogo, que manipula os fatos para influir no comportamento de seus semelhantes, bem como a perseverança com que continuou a repetir que sua atitude era a primeira, não a segunda; e certamente, para ele, a teoria das elites era o protótipo de uma teoria lógico-experimental, derivada de exame desapaixonado dos fatos, o oposto exato de uma "derivação".

Que existisse em toda sociedade uma minoria organizada não era, para Mosca, coisa boa nem má: era um fato, do qual o estudioso devia tomar consciência para denunciar a falsidade das "fórmulas políticas", empregadas pelos detentores do poder para justificar seu domínio. Tão distante estava de atribuir valor positivo à existência das elites que preferiu chamá-las, com expressão destituída de força evocativa, "classe política", porque – explicava – "as expressões *elite* ou *aristocracia* implicam elogio a classes que, na verdade, em si mesmas, em muitos casos estão bem longe de merecê-lo".[3] Quanto a Pareto, é muito significativo este episódio: diante da declaração de filiação, feita pelos escritores nacionalistas de *Il Regno* através de um artigo de Prezzolini, "L'aristocrazia dei briganti" [A aristocracia dos bandidos] (15 de dezembro de 1903), respondeu que falara de surgimento e decadência das elites "de modo puramente objetivo", do mesmo modo que poderia "ter investigado qual, entre as muitas espécies de formiga, é a mais belicosa". E concluiu: "Não me move amor nem ódio por esta ou aquela parte"; Prezzolini, assimilada a recriminação, rebateu que não se podia nunca estar envolvido nos estudos sociais e políticos livre de fins pessoais, concluindo: "Para dizer brevemente, o senhor vê na teoria das aristocracias uma teoria científica; ao contrário, nela vejo a justificação

---

3 Aristocrazie e democrazie (1904), p.333.

científica de uma pessoal necessidade política".[4] Tanto Mosca quanto Pareto gostavam de se apresentar como escritores realistas, desmascaradores de ideologias, instauradores de mais severa disciplina no estudo dos fatos sociais; as "fórmulas políticas" de um, as "derivações" do outro (como, afinal, os mitos para Sorel) eram farinha do mesmo saco, úteis mas enganosos filtros para seduzir as massas, obra de magia, que a ciência deveria desvendar ou tornar inócuos, embora Pareto, mais sarcástico do que Mosca, jamais tenha acreditado no advento da política científica, para a qual este tendia. Não compreenderemos a teoria das minorias dirigentes se não a inserirmos no quadro das origens da ciência política positiva, da qual foi e é ainda, em parte, a filha primogênita e predileta.

4. Caso se queira uma prova do duplo aspecto, científico e ideológico, da teoria das elites, considere-se a singularidade do curso de seu destino na Itália. Na primeira década do século XX, por mais que dela se apoderassem alguns escritores nacionalistas, que a agitaram como arma contra a democracia (mas seu sucesso foi declinando com a passagem dos nacionalistas para o imperialismo, que ocorreu mediante a utilização antes da ideia de nação proletária do que de nação eleita), deu os melhores frutos com os estudos de Robert Michels sobre as tendências oligárquicas dos partidos, isto é, com uma teoria que só pretendia ser o reflexo científico de uma dura realidade e se inspirava mais nos ideais do democrata desiludido do que nos do conservador complacente (como fora Mosca). Que a democracia tendesse inevitavelmente à oligarquia era, também para Michels, um fato que não devia fazer rir ou chorar. Mas, logo que instado a tomar posição sobre esse fato, avaliava a democracia oligárquica, apesar

---

[4] A resposta de Pareto e a réplica de Prezzolini foram publicadas com o título "La borghesia può risorgere?", *Il Regno*, jan. 1904; e republicadas a seguir no volume: G. Papini e G. Prezzolini, *Vecchio e nuovo nazionalismo*, p.49 et seq. As duas citações no texto se encontram respectivamente nas p.49 e 53.

de tudo, melhor do que a oligarquia *tout court*. A atitude geral de Michels diante do objeto de seu estudo foi aquela comum a Mosca e a Pareto, a do investigador neutro, que, antes de entrar no templo da ciência, busca desembaraçar-se de qualquer preconceito e paixão facciosa.

> Como qualquer outra lei sociológica – ele escreve no prefácio à primeira edição alemã (1910) –, a lei que estabelece a tendência imanente de todo grupo humano à formação de camarilhas e subclasses – de oligarquias, em suma – também está além do bem e do mal.[5]

Depois de declarar ter sido movido "exclusivamente por propósitos científicos", expõe seu método deste modo: "Fiz o melhor que podia, mantendo-me distante de qualquer influência além da exercida pelo próprio peso do conjunto de fenômenos sociais, psicológicos e econômicos tomados em exame".[6]

Quando, em seguida, estabeleceu-se com o fascismo um regime que parecia sob certos aspectos a completa encarnação dos preconceitos antidemocráticos de todos os apologistas das aristocracias, a teoria das elites teve menor impacto do que se poderia imaginar.[7] A ideologia oficial preferiu seguir ideias mais nebulosas, consagradas por nomes ilustres, como a do Estado ético e, em geral, do Estado-total, superior a suas partes. Nos dois principais artífices doutrinários do fascismo, o filósofo Gentile e o jurista Rocco, a teoria das elites não teve nenhum papel, nem mesmo de segunda ordem. O primeiro retomou e

---

5 *Il partito politico nella democrazia moderna*, p.XIII. A obra foi reeditada com o título da primeira edição, *La sociologia del partito politico nella democrazia moderna*, e com ampla introdução de Juan J. Linz. Essa nova edição teve como base a segunda edição alemã (1925).
6 Ibid., p.XII.
7 Para reconstrução mais ampla da fortuna da teoria da classe política na Itália, cf. E. A. Albertoni, *La teoria della classe politica nella crisi del parlamentarismo*, especialmente §§ 3, 4, 5, 6 da Parte Primeira.

endureceu os temas da direita hegeliana, fazendo algumas concessões, com o coração, a Mazzini; o segundo inventou uma tradição itálica de filosofia política, de que o fascismo era continuação e síntese, com São Tomás, Maquiavel, Vico, Croce e Mazzini.

A teoria da classe política teve fortuna não entre os escritores fascistas, mas sim entre os democráticos e os antifascistas. Pense-se em Piero Gobetti, aluno de Mosca na Universidade de Turim, que, como já tivemos ocasião de dizer, escreveu: "A teoria de Mosca sobre a classe dirigente é verdadeiramente uma daquelas ideias que abrem extensões infinitas de terra à investigação dos homens";[8] e, bem consciente da velha tentativa dos nacionalistas de empregar a teoria para seus fins, queria a eles contrapor "audaciosamente" a conciliação dos dois conceitos de elite e luta política.[9] A única tentativa séria, realizada na Itália, de retomar e aprofundar as ideias de Mosca sobre a classe política foi a do democrata-radical gobettiano Guido Dorso; e a única reelaboração das ideias de Pareto sobre a função e a circulação das elites foi a do paretiano liberal e democrata (liberal por convicção, democrata um pouco forçadamente) Filippo Burzio. Nem ao primeiro nem ao segundo democracia e classe política pareceram noções incompatíveis: o primeiro definiu a democracia, servindo-se da noção de classe política, como o regime em que existem pelo menos duas classes políticas que se alternam pacificamente no poder; o segundo distinguiu entre as elites que se autoconstituem e depois se impõem (como fora a que havia originado o fascismo) e as que se autoconstituem e depois se propõem (como a que nascera da Resistência e se preparava para dar vida ao novo regime democrático italiano). Em particular, Burzio retomou o tema mosquiano e paretiano do valor científico da teoria das elites, insistindo na existência de leis da sociedade que

---

8 Un conservatore galantuomo. In: *Coscienza liberale e classe operaia*, p.78.
9 Ibid., p.78.

a ciência deve descobrir, e a política, uma vez descobertas, respeitar. Como se vê, não se cancelava o valor científico da teoria, mas se invertia completamente seu uso ideológico.

5. Que a consideração da teoria das elites como teoria reacionária seja, no plano crítico, arma um tanto gasta pode ser provado pelo fato de que, diante do sucesso de uma obra como a de Wright Mills, os críticos da teoria tentaram avançar em outro terreno, que não era mais o escorregadio das ideologias, mas o sólido dos fatos, formulando esta pergunta: a teoria das elites é verdadeiramente, como pretende ser, uma teoria científica? Se se mantiver firme a distinção entre valor científico e uso ideológico de uma teoria, diante de um livro como o de Wright Mills, que é ao mesmo tempo estudo científico de uma situação e libelo, está claro que a quem quiser refutá-lo estão abertas duas vias: ou negar que a existência das elites, tal como descritas, seja um mal evitável, e se tratará nesse caso de demonstrar que a investigação é ideologicamente orientada e apela a valores geralmente não compartilhados; ou então negar que as elites existam, afirmando que são um espantalho inventado pelo medo – em síntese, provar que a teoria é falsa.

Este, por exemplo, foi o caminho tomado por Robert A. Dahl, afirmando, em artigo muito discutido,[10] que a hipótese da existência de uma elite (usa a expressão *ruling elite*) só pode ser provada se: 1) a hipotética *ruling elite* for um grupo bem definido; 2) existir suficiente amostragem de casos que comportem decisões fundamentais, nas quais as preferências da hipotética elite contrastam com as de outros grupos; 3) em todos esses casos, prevalecerem as preferências da elite. Mas como, segundo Dahl, nem o primeiro ponto nem o terceiro foram provados, a teoria da elite não tem fundamento científico. No congresso internacional de sociologia, realizado em Stresa, em setembro de 1959, a tese

---

[10] R.A. Dahl, A critique of the ruling elite model, *American Political Science Review*, p.463-70.

de Dahl foi retomada e defendida por Joseph La Palombara, o qual disse drasticamente que a teoria das elites lhe parecia "associada a afirmações bastante vagas, quase metafísicas, sobre o modo como se formam as decisões políticas", e previu que quem continuasse a se valer desse modelo para suas investigações terminaria por se dar conta de que "não era geralmente possível identificar a *ruling elite* em dado sistema".[11] Para que um grupo, dotado de considerável "potencial de controle", possa ser identificado como *ruling elite* – esclarecia –, é preciso demonstrar empiricamente a realização destas três condições: 1) as demandas desse grupo devem encontrar certa oposição por parte de outros grupos; 2) seus pontos de vista devem prevalecer sobre os da oposição, pelo menos nas decisões políticas mais importantes; 3) essa prevalência deve ser constante e relativamente imutável por um período suficientemente longo.

Tenho a suspeita, não mais do que a suspeita, de que esse ataque combinado à teoria das elites (em particular, ao livro de Wright Mills) se insere na tarefa de domesticação dos fatos que muitas vezes assumiu a sociologia norte-americana diante dos grandes problemas sociais de nosso tempo, uma espécie de tratamento *public relations* entre o sociólogo e a história. Por muitos anos (mas agora as coisas estão mudando), os sociólogos norte-americanos informaram-nos que nos Estados Unidos não existiam classes sociais. Em seguida, veio o momento em que começaram a proclamar o fim das ideologias. Cabe perfeitamente nessa tendência de enfraquecimento de toda concepção realista da luta social e política a tese de que não existem elites. Com isso não quero fazer crer que as coisas ditas por Dahl

---

11 Extraio essas citações da comunicação intitulada "Conceptual and operational shortcomings of the political elite model", no caderno (não publicado, mas distribuído aos congressistas) Informal Discussion Meeting on Political Sociology, organizado pelo Centro Nazionale di Prevenzione e Difesa Sociale. No mesmo caderno, as teses de Dahl são refutadas por G. E. Lavau, Note sur les élites politiques, p.27-9.

e pelos que o seguem não são sérias nem merecem ser tomadas em consideração. Só quero observar que exigir provas empíricas para afirmar a existência de uma elite em determinada sociedade (louvável exigência) não significava ter provado a não existência e muito menos ter proposto solução alternativa. Com referência ao problema das elites, dever-se-á dizer, antes, que a teoria política até agora não conseguiu provar empiricamente nem uma tese, nem a tese contrária, ou seja, é uma teoria aberta, não completa, à espera de ser abandonada ou completada. Mas, mesmo quando se consiga provar que, em determinada sociedade, nenhuma decisão política fundamental foi tomada em lapso de tempo razoavelmente longo por influência de um grupo bem definido, a teoria das elites ainda não seria desmentida, na medida em que isso poderia ser consequência não da inexistência de elites, mas da existência de várias elites em concorrência entre si.

6. Por fim, há outra observação a fazer: nem todas as teses que se veem sob o nome de teoria das elites caem sob os golpes da crítica que provém daqueles que requerem acertadamente uma verificação empírica. Mostramos que a teoria conheceu diferentes usos ideológicos. Para concluir, importa-nos mostrar que a mesma teoria não teve, sequer no terreno científico, significado unívoco. O hábito de falar de teoria das elites, sem qualquer outra especificação, faz crer que em todos os autores que a sustentaram ela teve o mesmo significado. Ao contrário, é necessário distinguir, no âmbito da mesma teoria tomada em bloco, várias intenções e planos de investigação, bem como diferentes resultados.

Para começar, continua-se a falar da teoria de Mosca e Pareto como se as teses de um ou de outro se sobrepusessem perfeitamente.[12] Ora, o que ambas as teorias tinham em comum era a

---

[12] Sobre as diferenças entre a teoria de Mosca e a de Pareto, cf. C. Marletti, *Classi ed élites politiche*, p.147-8.

afirmação muito geral (e, tomada literalmente, nem tão excepcional assim)[13] de que, em toda sociedade, existem governantes e governados e de que os governantes sempre constituem minoria. Nos dois autores, essa afirmação tinha um único objetivo polêmico bem preciso: a refutação da teoria democrática do governo do povo, ou da maioria, ou, em termos mais candentes, o desmascaramento do mito do autogoverno. Ora, com referência a essa asserção, que, observe-se, talvez seja o único elemento comum entre Mosca e Pareto, a teoria das elites não é minimamente atingida pelas críticas recentes. De fato, ela não pretende indicar quem são, em cada sociedade, os detentores do poder, mas simplesmente afirmar que as decisões políticas fundamentais, mesmo em regime de democracia, são tomadas por um grupo restrito de pessoas, sem o conhecimento do povo soberano. Poder-se-á dizer que sustentar a tese do governo da minoria é banalidade. No entanto, é uma dessas banalidades deliberadamente esquecidas, se for verdade que um sociólogo norte-americano, resenhando a sociologia política nos Estados Unidos, sentia a necessidade de chamar de "corajosa" a declaração de seu colega V. O. Key, evocando a teoria de Mosca, segundo a qual "as funções de direção ou governo são exercidas por um círculo restrito ou por vários círculos restritos concorrentes entre si", e "a massa dos cidadãos só pode escolher entre vários

---

13 Na famosa polêmica entre Mosca e Pareto sobre a precedência, Pareto escreve secamente, com leve dar de ombros: "Mas o princípio de que a minoria governa já é conhecido há muito tempo, é lugar-comum que se encontra não só em obras científicas, mas até em produções exclusivamente literárias" (*Manuale di economia politica*, p.403). Em carta, ainda mais secamente: "Este homem [Mosca] vive bradando que eu o plagiei, e eu o deixo grasnar, porque tenho mais o que fazer além de me preocupar com estas tolices. Bem verdade que ele, antes de mim, disse que são sempre as minorias que governam, mas igualmente verdade que, *antes dele*, disseram-no infinitos autores desde as eras mais remotas". Carta a Carlo Placci, de 4 de janeiro de 1904. In: Giacalone-Monaco, T. *Vilfredo Pareto. Dal carteggio con Carlo Placci*, p.82.

círculos concorrentes".[14] Acrescentemos que, voltando a florescer nos movimentos políticos de vanguarda o ideal da democracia direta, um olhar mais desembaraçado para a formação, a transmissão e a tendência à concentração do poder em qualquer sociedade, como aquele que deu origem à doutrina da classe dirigente, pode servir como antídoto, freio e saudável despertar. Por fim, da afirmação geral acerca dos grupos minoritários nasceram as análises de Michels sobre os partidos políticos, bem como a formulação da lei da degeneração oligárquica das democracias, diante da qual o ônus da contraprova eventualmente ainda cabe, depois de tantos anos, aos que não a aceitam.

Além desse ponto em comum, os caminhos de Mosca e de Pareto se separavam: o primeiro se sentia atraído principalmente pelo estudo da classe política, estritamente entendido, o segundo pelo das classes eleitas, nelas inserida qualquer pessoa que em determinado campo tivesse alcançado os índices mais elevados de capacidade. Da classe política, interessava a Mosca principalmente conhecer as razões de seu domínio e os vários modos de exercê-lo; das classes eleitas, interessava a Pareto determinar as qualidades necessárias para delas fazer parte (a teoria dos resíduos) e as causas da diversificada dinâmica de desenvolvimento e decadência (a teoria das circulação das elites). Mosca via-se surpreendido pelo funcionamento nada exemplar do governo parlamentar na Itália: por trás de sua teoria da minoria organizada, que monopoliza o poder, havia a crítica ao parlamentarismo. Pareto via-se obcecado e exasperado pela decadência da burguesia e pelo advento, por um lado, da classe dos especuladores, e, por outro, do operariado: sua ideia fixa era a história como cemitério de aristocracias. Enquanto Mosca propunha e tentava resolver um problema de ciência política, o problema da formação e organização do poder, Pareto colocava um problema muito mais geral de dinâmica social, o problema da formação e

---

14 J. S. Roucek, La sociologia politica negli U.S.A., p.350.

transformação das aristocracias. Considere-se então que, a respeito de Mosca, a teoria da classe política compreende, além do princípio geral da distinção entre uma classe governante e uma classe governada, a tese de que em toda sociedade existe uma tendência à oligarquia e à monopolização do poder; a respeito de Pareto, a mesma teoria significa que a história humana é feita de aristocracias que sobem e caem.

Em todas essas duas acepções mais específicas, a teoria das elites deu lugar, e ainda pode dar, a pesquisas fecundas. A noção de classe política de Mosca serve, por exemplo, para chamar a atenção sobre o fenômeno da especialização da função política, da formação de uma classe de profissionais da política, que caracteriza o Estado parlamentar dotado de partidos extraparlamentares e é fenômeno típico de nossos tempos, longe de se encaminhar para o esgotamento; sobre a distinção entre classe política propriamente dita e classe dirigente, da qual a primeira às vezes é pura e simplesmente o instrumento operativo (Dorso); sobre as relações entre o poder político propriamente dito e a constelação dos poderes circunstantes; entre as pessoas que tomam formalmente as decisões e aquelas que as influenciam e as determinam. Por outro lado, a noção de circulação das elites de Pareto está na base dos estudos sobre a composição das classes superiores e as mudanças que nelas ocorrem em determinado ciclo histórico. Para realizar investigações nos campos assim indicados, parte-se da consideração de certos *status* e de certas funções, sem observar o tipo e a intensidade da influência que as pessoas com tais *status* e funções exercem sobre a formação das decisões políticas; ou seja, parte-se de situações que são perfeitamente identificáveis e se subtraem às dificuldades de prova em que se vê qualquer pesquisa sobre o percurso da formação das decisões.

Concluindo, a teoria da classe política ou das elites não teve só significado polêmico, dificilmente contestável, contra toda e qualquer concepção ingênua e simplista da democracia como governo do povo, autogoverno etc., mas ofereceu e ainda oferece a base para numerosa série de investigações sobre formação, composição, transformação da classe política ou das elites em diferentes etapas da evolução social, econômica, política de determinado país. Dessas investigações, entre outras coisas, pode-se esperar legitimamente conhecimento mais amplo e profundo dos efeitos da instauração e evolução de um regime democrático sobre a direção política de um país do que aquele que possa advir das velhas e persistentes definições da democracia que se referem a noções tão incompreensíveis e, tanto quanto se pode compreender, tão pouco claras, como governo do povo ou, pior, da opinião pública.

Referências bibliográficas

ALBERTONI, E. A. *La teoria della classe politica nella crisi del parlamentarismo*. Milano: Istituto Editoriale Cisalpino, 1968.

ALBERTONI, E. *Governo e governabilità nel sistema politico e giuridico di G. Mosca*. Milano: Giuffrè, 1983.

ALBERTONI, E. A. *La teoria della classe politica nella crisi del parlamentarismo*. Milano: Istituto Editoriale Cisalpino, 1968.

AMOS, S. *The Science of Politics*. London, 1883.

ARON, R. La signification de l'oeuvre de Pareto, *Cahiers Vilfredo Pareto*, I, 1963, n.1, p.7-26.

ARON, R. La sociologie de Pareto, *Zeitschrift für Sozialforschung*, VI, 1937.

ARON, R. Préface. In: PARETO, V. *Traité de sociologie générale*. Genève: Librairie Droz, 1968.

BERGMANN, G. *The Metaphysics of Logical Positivism*. New York: Longmans, Green and Co., 1954.

BOBBIO, N. Governo misto. In: BOBBIO, N.; MATTEUCCI, N.; PASQUINO, G. *Dizionario di politica*. 2.ed. Torino: Utet, 1983. [Ed. bras.: *Dicionário de política*. 3.ed. Brasília: Editora UnB, 2008-2010. 2v.]

BOBBIO, N. Hegel e le forme di governo, *Studi hegeliani*, 2.ed. Torino: Einaudi, 1981, p.115-56.

BOBBIO, N. Il giusnaturalismo come teoria della morale. *Giusnaturalismo e positivismo giuridico*. Milano: Edizioni di Comunità, 1965, p.179-85.

BOBBIO, N. La teoria della classe politica negli scrittori democratici in Italia, p.54-8. In: *Le élites politiche: atti del IV Congresso mondiale di sociologia*. Bari: Laterza, 1961.

BOBBIO, N. Politische Theorie und Forschung in Italien. In: STAMMER, O. (Hg.), *Politische Forschung*. Köln-Opladen: Westdeustcher Verlag, 1960, p.65-80. [Ed. ital.: Teoria e ricerca politica in Italia, *Il Politico*, Milano XXV, 1961.]

BOBBIO, N. Teoria e ricerca politica in Italia, *Il Politico*, XXVI, 1961.

BOBBIO, N. Un dimenticato teorico del diritto: Ernest Roguin. In: *Diritto e potere. Saggi su Kelsen*. Napoli: Scientifiche Italiane, 1992.

BOBBIO, N. *Italia civile*. Manduria: Lacaita, 1964.

BOBBIO, N. *Pareto e il sistema sociale*. Firenze: Sansoni, 1973.

BONGIORNO, A. A Study of Pareto's Treatise on General Sociology, *The American Journal of Sociology*, XXXVI, 1930, p.349-70.

BORGATTA, G. L'opera sociologica e le feste giubilari di V.P., *Riforma sociale*, XXVIII, 1917, p.601-41.

BORKENAU, F. Vom Kreislauf der Eliten, *Monat*, ago. 1953.

BORKENAU, F. *Pareto*. New York: John Wiley and Sons, 1936.

BOSSUET, J.-B. *Politique tirée des propres paroles de l'Ecriture sainte*, 1709.

BOTTOMORE, T. B. *Elites and Society*. London: C.A. Watts and Co., 1964 [Ed. ital.: *Elite e società*. Milano: Il Saggiatore, 1967. Ed. bras.: *As elites e as sociedades*. 2.ed. Rio de Janeiro: Zahar, 1964.]

BOTTOMORE, T. B. *Le élites politiche*. Bari: Laterza, 1961.

BOUSQUET, G. H. Pareto sociologue, *Revue d'économie politique*, LIX, 1949, p.545-54.

BOUSQUET, *Pareto. Le savant e l'homme*. Lausanne: Payot, 1960, p.149.

BRUNI, Luigino. *Gli anelli mancanti. La genesi del Trattato di sociologia generale di Pareto alla luce di lettere e manoscritti inediti*, Università degli Studi di Firenze, dez.1995

BURDEAU, G. La classe politique, *Archiv für Rechts- und Sozialphilosophie*, XLIV, 1958, p.207-21.

BURDEAU, G. *Méthode de la science politique*. Paris, 1959.
BURNHAM, J. *The Machiavellians*. 2.ed. London: Routledge, 1943. [Ed. it.: *I difensori della libertà*. Milano: Mondadori, 1947.]
BURNHAM, J. *The Machiavellians*. New York, 1943. [Ed. it.: *I difensori della libertà*. Milano, 1947.]
BURZIO, F. Antifascismo etico, *La Rivoluzione liberale*, III, n.8, 19 fev. 1924.
BURZIO, F. Il concetto di residuo in Pareto, *Giornale degli economisti e Annali di economia*, VII, 1948, p.125-38.
BURZIO, F. Introduzione alla sociologia, *Giornale degli economisti e Annali di economia*, VI, 1947, p.139-61.
BURZIO, F. Le azioni non logiche di Pareto, *Giornale degli economisti e Annali di economia*, VI, 1947, p.525-39.
BURZIO, F. Un insegnamento di Pareto. In: *Trasformazione della democrazia*, um artigo intitulado agora em *Repubblica anno primo*. Torino: Casa editrice Egea, 1948.
BURZIO, F. *Dal superuomo al demiurgo*. Bologna: Zanichelli, 1952.
BURZIO, F. *Essenza e attualità del liberalismo*. Torino: Utet, 1945.
BURZIO, F. *Il demiurgo e la crisi occidentale*. Milano: Bompiani, 1933.
BURZIO, F. *Il demiurgo*. Torino: Teca, 1965.
BURZIO, F. *La nascita del demiurgo*. Torino: Lattes, 1948.
BURZIO, F. *Ritratti*. Torino: Ribet, 1929.
BUSINO, G. (Org.). *Studi e ricerche di storia economica italiana dall'età del Risorgimento*. Milano: Banca Commerciale Italiana, 1989.
BUSINO, G. Cinque anni di studi sulla vita e sull'opera di Vilfredo Pareto (1960-1965), *Nuova rivista storica*, LI, 1967.
BUSINO, G. Contributi alla storia del pensiero politico contemporaneo: Ernest Roguin e Vilfredo Pareto, *Cahiers Vilfredo Pareto*, 1964, n.4, p.189-210.
BUSINO, G. Ernest Roguin e Vilfredo Pareto, *Cahiers Vilfredo Pareto*, n.4, 1964.
BUSINO, G. Les études paretiennes aujourd'hui. In: PARETO, V. *Programme et sommaire du Cours de sociologie suivi de Mon Journal. Œuvres completes*, 1967, t.XI.
BUSINO, G. Pareto au Congrès international de philosophie de Genève, *Archiv für Geschichte der Philosophie*, XLVI, 1963, p.33-47.

BUSINO, G. Pareto e le autorità di Losanna, *Giornale degli Economisti*, XXII, 1963.

BUSINO, G. *La sociologia di Vilfredo Pareto*. Genève: Librairie Droz, 1967.

CAPPA, A. *Vilfredo Pareto*. Torino: Piero Gobetti, 1924.

CARCATERRA, G. *Il problema della fallacia naturalistica*. Milano: Giuffrè, 1969.

CARR, E. H. *Sei lezioni sulla storia*. Torino: Einaudi, 1966.

CÍCERO. *De republica*.

COLONNA, A. *Per la scienza del diritto. Critica delle dottrine giuridiche tradizionali e programma metodologico per l'attuazione della scienza del diritto*. Torino: Tipografia editrice Arduini, 1938.

CROCE, B. *Conversazioni critiche*, série IV, Bari, 1932, p.167-70.

CROCE, B. *Terze pagine sparse*. Bari: Laterza, 1955, v. 1, p.93.

DAHL, R. A. A Critique of the Ruling Elite Model, *American Political Science Review*, LII, 1958.

DE MEO, G. Circolazione delle aristocrazie e ricambio sociale, In: *Vilfredo Pareto. L'economista e il sociologo*. Milano: Rodolfo Malfasi, 1949, p.368-400.

DE ROSA, G. (Org.). *Carteggi paretiani*. Roma: Banca Nazionale del Lavoro, 1962.

DE RUGGIERO G. *La filosofia contemporanea*. 4.ed. Bari: Laterza, 1941, v. 2, p.230 e 233.

DE STEFANI, A. Vilfredo Pareto, *Gerarchia*, II, 1923.

DEMARIA, G. L'opera economica di Vilfredo Pareto. In: PARETO, V. *Scritti teorici*. Milano: Rodolfo Malfasi, 1952, p.VII-XXX.

DONNAT, L. *La politique expérimentale*. Paris, 1885.

DORSO, G. *Dittatura, classe politica e classe dirigente*. In: *Opere*, a cura di C. Muscetta. Torino: Einaudi, 1949. v.II.

DORSO, G. *Dittatura, classe politica e classe dirigente*. Torino: Einaudi, 1949.

DUVERGER, M. *Méthodes de la science politique*. Paris, 1959.

EASTON, D. *A System's Analysis of Political Life*. New York: John Wiley and Sons, 1965.

EISERMANN, G. Vilfredo Pareto als Wissenssoziologe, *Kyklos*, XV, 1962, p.427-64.

EISERMANN, G. Vilfredo Pareto in Deutschland, *Kölner Zeitschrift für Soziologie und Sozialpsychologie*, VIII, 1956.

EISERMANN, G. *V. Pareto als Nationalökonom und Soziologe*. Tübingen: Mohr, 1961.

FARIS, E. An Estimate of Pareto, *The American Journal of Sociology*, XLI, 1938, p.657-78.

FAUL, E. *Der moderne Machiavellismus*. Colônia-Berlim: Kiepenheuer und Witsch, 1961.

FIORAVANTI, M. Mosca e Vittorio Emanuele Orlando. Due itinerari paralleli (1881-1897). In: VV.AA., *La dottrina della classe politica di Gaetano Mosca ed i suoi sviluppi internazionali*. Palermo: Società italiana per la storia patria, 1982.

FOTIA, M. Classe politica, liberalismo e democrazia in G. Mosca, *Rivista di sociologia*, IV, 1966, p.5-68.

GABEL, J. *La fausse conscience: essai sur la réification*. Paris: Minuit, 1962.

GIACALONE-MONACO, T. Vilfredo Pareto e la critica del marxismo in Italia, *Rivista internazionale di scienze economiche e commerciali*, XIV, 1967, p.226-34.

GIACALONE-MONACO, T. *Pareto e Sorel*. Padova: Cedam, 1960, I.

GIACALONE-MONACO, T. *Pareto e Sorel*. Padova: Cedam, 1961.

GIACALONE-MONACO, T. *Vilfredo Pareto. Dal carteggio con Carlo Placci*. Padova, 1957.

GIACALONE-MONACO, T. *Vilfredo Pareto: dal Carteggio con Carlo Placci*. Padova: Cedam, 1957.

GIDDINGS, F. H. *Principes de sociologie*. Paris: Giard et Brière, 1897.

GINSBERG, M. The Sociology of Pareto, *The Sociological Review*, XXVIII, 1936, p.221-45.

GOBETTI, P. Politica e storia. Polemica sul "Manifesto", *La Rivoluzione liberale*, I, n.3, 25 fev. 1922.

GOBETTI, P. *Scritti politici*. In: *Opere complete*, a cura di P. Spriano. Torino: Einaudi, 1960

GRAVELA, E. *Giulio Bizzozzero*. Torino: Allemandi, 1989.

GRIZIOTTI, B. Alla scuola di Vilfredo Pareto e Maffeo Pantaleoni. In: VV.AA. *Vilfredo Pareto: l'economista e il sociologo*. Milano: Rodolfo Malfasi, 1949.

HALÉVY, E. *Revue de métaphysique et de morale*, XII, 1904, p.1106-13.

HANDMAN, M. S. The Sociological Methods of Vilfredo Pareto. In: RICE, S. A. (ed.). *Methods in Social Science*. The University of Chicago Press, 1931, p.139-53.

HOUSE, F. N. Pareto in the Development of Modern Sociology, *Journal of Social Philosophy*, I, 1935, p.78-89.

HUGHES, H. Stuart. Gaetano Mosca and the Political Lessons of History. In: *Teachers of History: Essays in Honor of Laurence Bradford Packard*. Ithaca: Cornell University Press, 1954.

JANNACCONE, P. Vilfredo Pareto, il sociologo. In: VV.AA., *Vilfredo Pareto. L'economista e il sociologo*. Milano: Malfasi, 1949.

JOUVENEL, R. de. *La repubblica dei compari*. A cura di E. Bruzzone. Torino: Il Segnalibro, 1995. [Ed. franc.: *La république des camarades*. Paris: B. Grasset, 1914.]

LA FERLA, G. Georges Sorel e Vilfredo Pareto, due spiriti inattuali, *Nuova Antologia*, XCVII, 1963, p.303-12.

LA FERLA, G. *Vilfredo Pareto, filosofo volteriano*, Firenze: La Nuova Italia, 1954.

LABRIOLA, A. Del materialismo storico. Delucidazione preliminare, *Zeitschrift für Sozialwissenschaft*, 1, 1898, p.149-53.

LANDI, L. *L'Inghilterra e il pensiero politico di Montesquieu*. Padova: Cedam, 1981.

LANZILLO, A. L'equilibrio sociale e il classismo. In: *Vilfredo Pareto. L'economista e il sociologo*. Milano: Rodolfo Malfasi, 1949, p.349-68.

LARROBEE, Harold A. Pareto and the Philosophers, *The Journal of Philosophy*, XXXII, 1935, p.505-15.

LASSWELL, H. D.; KAPLAN, A. *Power and Society: A Framework for Political Inquiry*. New Haven: Yale University Press, 1950.

LEONARDI, F. *Sociologia dell'ideologia*. Catania: Giannotta, 1966.

LEONI, B. Un bilancio lamentevole: il sottosviluppo della scienza politica in Italia, *Il Politico*, XXV, 1960, p.31-42.

LEONI, B. Un bilancio lamentevole: il sottosviluppo della scienza politica in Italia, *Il Politico*, XXV, 1960.

LÉVI-STRAUSS, C. Intervista a Claude Lévi-Strauss. A cura di Paolo Caruso, *Aut Aut*, n.77, set. 1963, p.41.

LUKIC, R. D. La théorie de l'élite chez Pareto et Marx, *Cahiers Vilfredo Pareto*, n.4, 1964, p.95-108.

MACCHIA, G. *La scuola dei sentimenti*. Caltanissetta-Roma: Sciascia, 1963.

MACCHIORO, A. Marxismo ed economia politica fra XIX e XX secolo, *Rivista storica del socialismo*, n.27, 1966.

MAGNI, C. *Teoria del diritto ecclesiastico civile. Parte generale. La funzione normativa*. Padova: Cedam, 1948.

MAIER, H. *Die ältere deutsche Staats- und Verwaltungslehre: Ein Beitrag für Geschichte der politischen Wissenschaft in Deutschland*. Neuwied am Rhein: Luchterhand, 1966.

MANNHEIM, K. *Ideology and Utopia*. London: Routledge and Kegan Paul, 1936.

MARANINI, G. Legittimità della scienza politica, *Atti del congresso di studi metodologici*. Torino: 17-20 dez. 1952, Torino: Ramella, 1954.

MARLETTI, C. Classi ed élites politiche. In: ALBERONI, F. (Org.). *Questioni di sociologia*. Brescia: La Scuola editrice, 1966.

MASTROPAOLO, A. *Il ceto politico: teoria e pratica*. Roma: La Nuova Italia Scientifica, 1993.

MASTROPAOLO, A. *Saggio sul professionismo politico*. Milano: Franco Angeli, 1984,

MATTEUCCI, N. Per una facoltà di scienze storiche, *Il Mulino*, XI, 1962.

MCDOUGALL, W. Pareto as Psychologist, *Journal of Social Philosophy*, I, 1935, p.36-51.

MEISEL, J. H. A Question of Affinities. Pareto and Marx, *Cahiers Vilfredo Pareto*, n.5, 1965, p.165-74.

MEISEL, J. H. *Pareto and Mosca*. Englewood Cliffs, N.J.: Prentice Hall, 1965.

MEISEL, J. H. *The Myth of Ruling Class. Gaetano Mosca and the Elite*. Ann Harbor, 1958.

MEYNAUD, J. La scienza politica in Italia: un convegno del Centro studi metodologici, *Tempi moderni*, XI, n.12, 1963, p.80-7.

MEYNAUD, J. La scienza politica in Italia: un convegno del Centro studi metodologici, *Tempi moderni*, XI, n.12, 1963.

MEYNAUD, J. *Introduction à la science politique*. Paris, 1959.

MICHELS, R. Pareto e il materialismo storico, *Giornale degli economisti e rivista di statistica*, LXV, 1924.

MICHELS, R. *Il partito politico nella democrazia moderna*, Torino: Utet, 1924.
MICHELS, R. *La sociologia del partito politico nella democrazia moderna.* Bologna: Il Mulino, 1966.
MILLIKAN, M. Pareto's Sociology, *Econometrica*, IV, 1963, p.324-37.
MONGARDINI, C. Considerazioni sull'interesse sociologico dell'opera di Sorel, *Cultura e scuola*, n.10, 1964, p.183-6.
MONGARDINI, C. Mosca, Pareto e Taine, *Cahiers Vilfredo Pareto*, 1965, n.5, p.175-86.
MONGARDINI, C. *Storia del concetto di ideologia*. Roma: Mario Bulzoni, 1968.
MONTESQUIEU. *De l'Esprit des lois*. Paris: Garnier, 1973.
MORSELLI, E. *Scienza ed arte politica in Vilfredo Pareto e i fasti della nuova politica italiana*. Alessandria, 1924.
MOSCA, G. Aristocrazie e democrazie (1904). In: *Partiti e sindacati nella crisi del regime parlamentare*. Bari: Laterza, 1949.
MOSCA, G. Il Principe di Machiavelli quattro secoli dopo la morte del suo autore (1927). In: *Ciò che la storia potrebbe insegnare. Scritti di scienza politica*. Milano: Giuffrè, 1958, p.673-721.
MOSCA, G. La sociologia del partito politico nella democrazia moderna (1912). In: *Partiti e sindacati nella crisi del regime parlamentare*. Bari: Laterza, 1949.
MOSCA, G. Lo stato-città antico e lo stato rappresentativo moderno. In: *Partiti e sindacati nella crisi del regime parlamentare*. Bari: Laterza, 1949.
MOSCA, G. Stato liberale e stato sindacale (1925) In: *Partiti e sindacati nella crisi del regime parlamentare*. Bari: Laterza, 1949.
MOSCA, G. *Elementi di scienza politica*. 5.ed. Bari: Laterza, 1953. 2v.
MOSCA, G. *Mosca, la classe politica*. A cura e con un'introduzione di Norberto Bobbio. Bari: Laterza, 1966.
MOSCA, G. *Partiti e sindacati nella crisi del regime parlamentare*. Bari: Laterza, 1949.
MOSCA, G. *Storia delle dottrine politiche*. 5.ed. Bari: Laterza, 1945. [8.ed., 1962.]
MOSCA, G. *Sulla teorica dei governi e sul governo parlamentare*. Torino: Ed. Loescher, 1884.

MOSCA, G. *Teorica dei governi e governo parlamentare*. Milano: Istituto Editoriale Scientifico, 1884. [2d., 1925].

MUSCA, G. Gabriele Pepe, *Nuova rivista storica*, LV, 1971, p.728-48.

MUSCA, G. *Studi in onore di G. Pepe*. Bari: Dedalo, 1969.

OPPENHEIM, F. E. *Moral Principles in Political Philosophy*. New York: Random House, 1968. [Ed. it.: *Etica e filosofia politica*. Bologna: Il Mulino, 1971.]

PANTALEONI, M. In occasione della morte di Pareto: riflessioni, *Giornale degli economisti e rivista di statistica*, LXV, 1924, p.15.

PAPA, E. R. (org.). *Il positivismo e la cultura italiana*. Milano: Franco Angeli, 1985, p.13.

PAPINI, G.; PREZZOLINI, G. (orgs.). *Vecchio e nuovo nazionalismo*. Milano, 1914.

PARETO, V. Comment se pose le problème de l'économie pure (1898). In: *Oeuvres complètes: Marxisme et économie pure*. Genève: Librairie Droz, 1966, t.IX.

PARETO, V. Il metodo sperimentale nelle scienze sociali. In: *La libertà economica*, XV, 15 ago. 1917, p.207-12.

PARETO, V. L'économie et la sociologie au point du vue scientifique, *Rivista di scienza*, I, 1907, p.293-312.

PARETO, V. L'individuel et le social, *Comptes rendus du IIme. Congrès international de Philosophie, Genève, 4-8 sept. 1904*, Genève, Henry Kündig Editeur, 1905.

PARETO, V. Lettres de V. Pareto à G.H. Bousquet, *Revue d'histoire économique et sociale*, XXXI, 1953, p.278.

PARETO, V. *Alcune lettere di V. Pareto*. Pubblicate e commentate da A. Antonucci. Roma: Maglione, 1938.

PARETO, V. *Cronache italiane*. A cura di C. Mongardini. Brescia: Morcelliana, 1965, p.27-70.

PARETO, V. *Fatti e teorie*. Firenze: Vallecchi, 1920.

PARETO, V. *Introduction à une histoire de sociologie de Pareto*. Genève: Librairie Droz, 1966.

PARETO, V. *La rivoluzione liberale*, I, n.37, 14 dez. 1922.

PARETO, V. *La Ronda*, set.-out. 1922, p.541-8.

PARETO, V. *Les systèmes socialistes*. Paris: V. Giard & E. Brière, 1902-03.

PARETO, V. *Lettere a Maffeo Pantaleoni*, A cura di G. De Rosa. Roma: Banca Nazionale del Lavoro, 1960, 3v.

PARETO, V. *Lettere a Maffeo Pantaleoni*. Roma: Banca Nazionale del Lavoro, 1960.

PARETO, V. *Manuale d'economia politica*. Milano: Società editrice libraria, 1906. [Ed. bras.: *Manual de economia política*. São Paulo: Abril Cultural, 1996. Col. Os Economistas.]

PARETO, V. *Marxisme et économie pure*. Genève: Librairie Droz, 1966.

PARETO, V. *Mon Journal*. Padova: Cedam, 1958.

PARETO, V. *Pareto*. A cura di P. M. Arcari. Firenze: L'Arco, 1948.

PARETO, V. *Pareto's General Sociology. A Physiologist's Interpretation*. Cambridge: At the University Press, 1937.

PARETO, V. Questions de sociologie. In: *Oeuvres complètes: Sommaire du Cours de Sociologie suivi de Mon journal*. sous la dir. de G. Busino. Genève: Librairie Droz, 1967

PARETO, V. *Scritti paretiani con 47 lettere inedite di Vilfredo Pareto ad Alfonso de Pietri-Tonelli*. A cura di Pietro de Pietri-Tonelli. Padova: Cedam, 1961.

PARETO, V. *Scritti sociologici di Vilfredo Pareto*. A cura di G. Busino. Torino: Utet, 1966.

PARETO, V. *Sociological Writings*. London: Pall Mall Press, 1968.

PARETO, V. *Trasformazione della democrazia*. Milano: Corbaccio, 1921.

PARETO, V. *Trattato di sociologia generale*. Milano: Edizioni di Comunità, 1964, v.II.

PARETO, V.; PREZZOLINI, G. La borghesia può risorgere?, *Il Regno*, jan. 1904.

PARSONS, T. Pareto's Central Analytical Scheme, *Journal of Social Philosophy*, v.I, 1936, p.244-62.

PARSONS, T. *La struttura dell'azione umana*. Bologna: Il Mulino, 1962.

PARSONS, T. *The Structure of Social Action*. New York, 1937 [Ed. it.: *La struttura dell'azione sociale*. Bolonha: Il Mulino, 1962.]

PASSIGLI, S. La scienza politica, *Rassegna italiana di Sociologia*, VII, 1966, p.287-317.

PEPE, G. *Un anno di dominio clericale*. Manduria: Lacaita, 1949.

PERELMAN, Chaïm. *Traité de l'argumentation*. Paris: Presses Universitaires de France, 1958, 2v.

PERELMAN, Chaïm. *Trattato dell'argomentazione*. Torino: Einaudi, 1966.

PERRIN, G. Thèmes pour une philosophie de l'histoire dans le *Traité de Sociologie Générale*, *Cahiers Vilfredo Pareto*, n.1, 1963, p.27-38.

PINELLI, C. Il ricorso alla nozione di classe politica nella giuspubblicistica italiana. Implicazioni e raffronti, *Teoria politica*, XII, n.3, 1995.

PORTINARO, P. P. La dottrina del governo misto e il pluralismo liberale nella critica di Carl Schmitt, *Nuovi studi politici*, n.3, 1979, p.25-49.

PORTINARO, P. P. Tipologie politiche e sociologia dello Stato. Gaetano Mosca e Max Weber, *Annali della Fondazione Luigi Einaudi*, Torino, v.XII, 1978, p.405-38.

PORTINARO, P. P. *La crisi dell jus publicum europaeum. Saggio su Carl Schmitt*. Milano: Edizioni di Comunità, 1982.

PORTINARO, P. P. *La rondine, il topo e il castoro. Apologia del realismo politico*. Bologna: Il Mulino, 1993

ROGUIN, E. *La science juridique pure*. Lausanne: Librairie F. Rouge, 1923, v.I.

ROSSI, P. Liberalismo e regime parlamentare in Gaetano Mosca, *Giornale degli economisti*, VIII, 1949.

ROUCEK, J. S. La sociologia politica negli U.S.A., *Il Politico*, 1957.

SAPEGNO, N. De Monarchia, *La Rivoluzione liberale*, I, n.29, 12 out. 1922.

SARTORI, G. La ripresa della scienza politica in Francia, *Rivista internazionale di scienze sociali*, 1960, p.461-9.

SARTORI, G. *Democratic Theory*. New York: Frederick A. Praeger, 1965.

SARTORI, G. *Democrazia e definizioni*. 2.ed. Bologna: Il Mulino, 1957, p.80-105.

SCALFATI, S. G. Pareto e il fascismo (1930), *Studi paretiani*, Roma, 1932, p.93-133.

SCHIERA, p.*Il cameralismo e l'assolutismo tedesco: Dall'arte di governo alle scienze dello stato*. Milano: Giuffrè, 1968.

SCHMITT, C. *Verfassungslehre*. München: Duncker-Humblot, 1928, p.200. [Ed. it.: *Dottrina della Costituzione*. Milano: Giuffrè, 1984.]

SCHUMPETER, J. A. Vilfredo Pareto (1848-1923), *The Quarterly Journal of Economics*, LXIII, 1949.

SCHUMPETER, J. A. Vilfredo Pareto (1848-1923), *The Quarterly Journal of Economics*, LXIII, 1949, p.147-73.

SEGRE, S. *Mosca e Weber. Ricostruzione ipotetica dei rapporti intellettuali e analisi comparata delle teorie politiche*. Genève: Ecig, 1984.

SENSINI, G. *Corrispondenza di Vilfredo Pareto*. Pádua: Cedam, 1948.

SOLA, G. Per un'analisi della teoria della classe politica nelle opere di Gaetano Mosca, *Annali della Facoltà di Giurisprudenza della Università di Genova*, IX, 1970, fasc. 2, p.732 et seq.

SOROKIN, P. *Les théories sociologiques contemporaines*. Paris: Payot, 1938.

SPADOLINI, G. *Il Cesare Alfieri nella storia d'Italia*. Firenze: Le Monnier, 1976.

SPREAFICO, A. Studi politici e scienza politica in Italia, *Annuario politico italiano*, Milano, Edizioni di Comunità, 1964, p.202-30.

SPREAFICO, A. Studi politici e scienza politica in Italia, *Annuario politico italiano*, Milano, Edizioni di Comunità, 1964, p.202-30.

TASHJEAN, E. Borkenau on the Political Sociology of Pareto, *Cahiers Vilfredo Pareto*, n.13, 1967, p.163-70.

TIMASHEFF, N. S. Law in Pareto's Sociology, *American Journal of Sociology*, XLVI, 1940, p.139-49.

TOPITSCH, E. *Sozialphilosophie zwischen Ideologie und Wissenschaft*. Neuwied: Hermann Luchterhand, 1961

TOPITSCH, E. *Vom Ursprung und Ende der Metaphysik*. Wien: Springer, 1958.

VECCHINI, F. *La pensée politique de Gaetano Mosca et ses différentes adaptations au cours du XX e. siècle en Italie*. Paris: Cujas, 1968.

VECCHINI, F. *La pensée politique de Gaetano Mosca et ses différentes adaptations au cours du XXe. siècle en Italie*. Paris: Cujas, 1968.

VOLT [Vincenzo Fani], Uomini d'Italia: Vilfredo Pareto, *Gerarchia*, II, 1923.

VOLT [Vincenzo Fani], Vilfredo Pareto e il Fascismo, *Gerarchia*, I, 1922.

WEINBERGER, O. Die Marx-Kritik Vilfredo Paretos, *Kyklos*, III, 1949.

Referências bibliográficas

WEINBERGER, O. Metodologia paretiana, *Giornale critico della filosofia italiana*, XIX, 1938, p.363-73.

WIESE, L. von. Vilfredo Pareto als Soziologe, *Zeitschrift für National-Oekonomie*, VII, 1936, p.433-46.

WILHELM, W. *Zur juristischen Methodenlehre im 19. Jahrhundert*. Frankfurt, 1958.

WOLF, J. *Zeitschrift für Sozialwissenschaft*, I, 1898, p.78-80.

WORTHINGTON, R.V. Pareto, The Karl Marx of Fascism, *The Economic Forum*, 1933.

ZIEGLER, O. Ideologienlehre, *Archiv für Sozialwissenschaft und Sozialpolitik*, LVII, 1927, p.657-700.

ZUCCARINI, O. Politica e sociologia di Vilfredo Pareto, *Comunità*, n.94, 15 nov. 1961, p.84-101.

ZUCCARINI, O. Ricordo di Vilfredo Pareto, *Nuova Antologia*, nov. 1965, p.389-95.

SOBRE O LIVRO

Formato: 14 x 21 cm
Mancha: 23 x 39 paicas
Tipografia: Iowan Old Style 10/14
Papel: Off-white 80 g/m² (miolo)
Cartão Supremo 250 g/m² (capa)
1ª edição: 2016

EQUIPE DE REALIZAÇÃO

Capa
Estúdio Bogari

Edição de texto
Luís Brasilino (Copidesque)
Carmen T. S. Costa (Revisão)

Editoração eletrônica
Sergio Gzeschnik (Diagramação)

Assistência editorial
Alberto Bononi

Impresso por :

Tel.:11 2769-9056